Willi Erzgräber

W0245178

Virginia Woolf

Eine Einführung

Francke Verlag Tübingen und Basel

Willi Erzgräber ist o. Professor am Englischen Seminar
der Universität Freiburg.

Die Deutsche Bibliothek - CIP-Einheitsaufnahme

Erzgräber, Willi:
Virginia Woolf : eine Einführung / Willi Erzgräber. – 2., überarb.
und erw. Aufl. – Tübingen ; Basel : Francke, 1993
   (UTB für Wissenschaft : Uni-Taschenbücher ; 1696)
   1. Aufl. bei Artemis Verl., München
   ISBN 3–8252–1696–9 (UTB)
   ISBN 3–7720–1680–4 (Francke)

NE: UTB für Wissenschaft / Uni-Taschenbücher

2., überarbeitete und erweiterte Auflage

© 1993 · A. Francke Verlag Tübingen und Basel
Dischingerweg 5 · D-7400 Tübingen
ISBN 3–7720–1680–4

Einbandgestaltung: Alfred Krugmann, Stuttgart
Frontispiz: Ullstein Bilderdienst, Berlin
Satz: rhr computerpublishing, Tübingen
Druck: Gulde, Tübingen
Verarbeitung: Geiger, Ammerbuch-Poltringen
Printed in Germany
ISBN 3–8252–1696–9 (UTB-Bestellnummer)

Vorwort zur zweiten Auflage

Ich danke dem Francke Verlag Tübingen, der sich bereit erklärte, eine zweite erweiterte Auflage der Monographie *Virginia Woolf* zu publizieren, die 1982 in erster Auflage im Rahmen der Artemis Einführungen erschien. In das VII. Kapitel habe ich eine Abhandlung über »Feminismus und Androgynie bei Virginia Woolf« eingearbeitet, die zunächst in dem von Therese Fischer-Seidel herausgegebenen Band *Frauen und Frauendarstellung in der englischen und amerikanischen Literatur,* Tübingen, Gunter Narr Verlag 1991, S. 115–140, veröffentlicht wurde. In den übrigen Kapiteln erfolgten nur drucktechnische Revisionen. Der bibliographische Überblick wurde überarbeitet und durch Angaben insbesondere zu wichtiger Forschungsliteratur ergänzt, die seit Beginn der 80er Jahre erschien. Eine Zeittafel und sechs Illustrationen sollen den biographischen Hintergrund von Virginia Woolfs Werk verdeutlichen.

Bei allen Arbeiten standen mir Frau Vera Eckstein, MA, Frau Bettina Krukemeyer, MA, Frau Isabel Ummenhofer und Jürgen Meyer zur Seite. Für ihre unermüdliche Mitarbeit und ihre stete Hilfsbereitschaft möchte ich ihnen herzlich danken.

Freiburg i.Br., im Juli 1992 — Willi Erzgräber

INHALT

Abkürzungsverzeichnis

AWD	*A Writer's Diary* (1953; 1969)
BA	*Between the Acts* (1941; 1976)
CDB	*The Captain's Death Bed and other Essays* (1950; 1950)
CR I	*The Common Reader, First Series* (1925; 1962)
CR II	*The Common Reader, Second Series* (1932; 1959)
GR	*Granite and Rainbow* (1958; 1960)
JR	*Jacob's Room* (1922; 1960)
MD	*Mrs. Dalloway* (1925; 1960)
ND	*Night and Day* (1919; 1960)
O	*Orlando* (1928; 1960)
R	*A Room of One's Own* (1929; 1978)
RF	*Roger Fry* (1940; 1969)
TL	*To the Lighthouse* (1927; 1963)
VO	*The Voyage Out* (1915; 1957)
W	*The Waves* (1931; 1960)
Y	*The Years* (1937; 1958)

(Die erste Jahreszahl nennt das Erscheinungsdatum der Erstausga-
be, die zweite das Erscheinungsdatum der Ausgabe in der Hogarth
Press, nach der zitiert wurde.)

EINLEITUNG

In der ersten Hälfte des zwanzigsten Jahrhunderts wurden vor allem von zwei Autoren neue Möglichkeiten des Erzählens erschlossen: James Joyce und Virginia Woolf. Wenngleich in ihrer Wirklichkeitsauffassung und im künstlerischen Temperament verschieden, sind ihre Werke Dokumente der Abkehr vom viktorianischen Roman und der Hinwendung zu einer neuen »Bewußtseinskunst«. Beide Autoren wurden im gleichen Jahre geboren: Virginia Woolf am 25. Januar 1882 in London, James Joyce am 2. Februar 1882 in Dublin. Ihre Anfänge als Romanciers fallen in die Zeit des Ersten Weltkrieges: Virginia Woolf publizierte *The Voyage Out* 1915, James Joyce *A Portrait of the Artist as a Young Man* 1916. Beide schlossen ihre schriftstellerische Karriere um die gleiche Zeit ab: Joyces *Finnegans Wake* wurde 1939, Virginia Woolfs Roman *Between the Acts* (postum) 1941 veröffentlicht. Virginia Woolf schied am 23. Februar 1941 freiwillig aus dem Leben. Joyce war am 13. Januar 1941 in Zürich gestorben.

Während der literarische Ruhm von James Joyce nach seinem Tod in der englischsprachigen Welt, aber auch in allen übrigen Ländern, in denen englische Literatur rezipiert wird, stetig wuchs, schien Virginia Woolfs Ansehen insbesondere beim Lesepublikum in England nach dem Zweiten Weltkrieg von Jahr zu Jahr nachzulassen. Hermann Fischer stellte daher im Jahre 1971 in einem Essay über Virginia Woolf fest: »Es hat sich vollzogen: Virginia Woolf gilt in ihrem Heimatland als *passée*. Die Zeit, ihr Hauptproblem und -thema, scheint an ihrem literarischen Werk gründlich ihr Werk getan zu haben. Der modische Enthusiasmus einer – ehrlich oder snobistisch – begeisterten Lesergemeinde von einst ist ebenso verklungen wie die leidenschaftlich aggressive Verdienstschmälerung von seiten einer meist aus weltanschaulichen Gründen ablehnenden Kritik. Es fängt an still zu werden um V. Woolf« (In: *Englische Dichter der Moderne,* hg. v. Rudolf Sühnel, Dieter Riesner, Berlin 1971, S. 299).

Von 1992 aus gesehen läßt sich dieses Urteil jedoch nicht mehr bestätigen. Während der 70er Jahre trat ein grundlegender Wandel im Verhältnis englischsprachiger Leser zu Virginia Woolf ein. In England und Amerika erschien ein gutes Dutzend Monographien über diese Autorin, und die Frauenbewegung ließ Virginia Woolf geradezu zu einer Kultfigur werden. Das Bulletin of the New York Library widmete Virginia Woolf im Winter 1977 ein Sonderheft (vol. 80, number 2); auch die Zeitschrift Women's Studies brachte im gleichen Jahr einen Band heraus, der nur Studien zu Virginia Woolf enthält (vol. 4, numbers 2/3); 1981 gab Jane Marcus einen Band *New Feminist Essays on Virginia Woolf* heraus, in dem nahezu alle Werke Virginia Woolfs neu gedeutet werden. Insbesondere der Roman *The Years* (1937), der lange Zeit als eines ihrer schwächsten Werke galt, wurde völlig neu gewertet.

Ralph Freedman hat in einem von ihm edierten Band, der den bezeichnenden Titel *Virginia Woolf: Revaluation and Continuity* (Berkeley, Los Angeles, London 1980) trägt, die neue Phase der intensiven Beschäftigung mit Virginia Woolf in den feministischen Kreisen Amerikas mit der Hermann Hesse-Renaissance verglichen, die zwanzig Jahre vorher in den Vereinigten Staaten zu beobachten war. Die Tatsache, daß beide Autoren ihre Sensibilität mit einer Unmittelbarkeit zum Ausdruck brachten, die bei Romanciers des 19. Jahrhunderts selten zu beobachten ist, ermöglichte den Lesern eine weitgehende Identifikation mit den Autoren und ihrer in den Romanen vorgenommenen Selbstdarstellung. Hermann Hesse und Virginia Woolf galten gleichsam als Leitfiguren in einer Zeit der kulturellen Krise und des gesellschaftlichen Umbruchs.

Dieser Rezeptionsvorgang führte dazu, daß bestimmte Aspekte beider Autoren, insbesondere die Wechselbeziehung zwischen Biographie und Werk, schärfer als je zuvor ins Blickfeld der Leser und Kritiker rückten. Gelegentlich werden diese Zusammenhänge allzu scharf akzentuiert und die Romane nur als »Texte« gelesen, die eine bestimmte »sozialkritisch relevante Aussage« enthalten. Es ist bei solchen Rezeptionsvorgängen immer daran zu erinnern, daß Virginia Woolf ebenso wie Hermann Hesse in ihren Romanen moderne Erfahrungen gestaltet haben, daß ihre Einsichten ästhetisch vermittelt sind.

Die vorliegende Einführung in die Romankunst Virginia Woolfs, die aus einer wiederholten Beschäftigung mit dieser Autorin in Vorlesungen und Seminaren hervorging, zielt darauf ab, sowohl die Thematik als auch die Form der Romane zu charakterisieren und den Blick des Lesers auf die spezifischen Züge eines jeden Werkes zu lenken. Virginia Woolf war Sozialkritikerin und Erzählerin zugleich. Ihr besonderer künstlerischer Status ist dadurch gekennzeichnet, daß sie für jeden ihrer Romane eine eigene Form wählte. Ihre erzählerischen Werke sind im Sinne T. S. Eliots »raids on the inarticulate«, »Vorstöße in das Sprachlose«, Entdeckungsfahrten in eine Wirklichkeit, die für sie einen mysteriös-rätselhaften Charakter hatte, weil sie weithin auf überlieferte religiöse, philosophische oder wissenschaftliche Deutungsschemata verzichtete und versuchte, mit den Mitteln der modernen Erzählkunst die vielfältigen Aspekte der inneren wie der äußeren Erfahrungswirklichkeit zu entdecken und darzustellen. Eine umfassende Deutung ihres Lebenswerkes kann innerhalb des zur Verfügung stehenden Raumes ebensowenig geleistet werden wie eine eingehende Auseinandersetzung mit der bereits vorliegenden Forschung, der diese Darstellung in vielfacher Weise verpflichtet ist. Einige wesentliche Arbeiten werden am gegebenen Ort erwähnt. Das Schlußkapitel gibt dem Leser einige Hinweise auf die Hauptvertreter und Haupttendenzen in der Virginia Woolf-Kritik. Die vorliegende Darstellung soll vor allem helfen, Zugang zu finden zu einer Autorin, deren subtile und komplexe Darstellungskunst sich naiver Lektüre entzieht. Daher nimmt die eigentliche Textinterpretation und die Analyse exemplarischer Passagen einen breiten Raum ein. Leser, die über eine deutsche Übersetzung den ersten Zugang zu Virginia Woolf gewinnen möchten, seien auf die neue deutschsprachige Ausgabe ihrer erzählerischen Werke, der Essays, Tagebücher und Briefe im S. Fischer Verlag verwiesen. Jedoch sollte niemand die Mühe scheuen, sich mit den Originalen zu befassen: ihr Rhythmus, ihr Klang, ihre stilistische Prägnanz sind unnachahmlich und im Deutschen kaum nachzubilden. Die englischen Zitate, die in den fortlaufenden Text aufgenommen wurden, vermitteln davon eine erste Vorstellung.

I

VORAUSSETZUNGEN

Leslie Stephen – Die »Bloomsbury Group«: Der Einfluß G. E. Moores, Desmond MacCarthys und Roger Frys – Virginia Woolfs Kritik an den »Materialisten« Bennett, Wells und Galsworthy – Ihre Ziele als Erzählerin – Probleme der Kommunikation mit dem Leser – Die neue Form des Romans

Ehe Virginia Woolf im Jahre 1915 ihren ersten Roman *The Voyage Out* veröffentlichte, hatte sie sich bereits mit den verschiedensten ästhetischen und philosophischen Anschauungen auseinandergesetzt, die zu Beginn des 20. Jahrhunderts die intellektuelle Atmosphäre in England bestimmten. Den stärksten Einfluß übte dabei seit ihrer frühen Jugend ihr Vater Sir Leslie Stephen auf sie aus, dem sie ihre ganze Erziehung, ihre literarische und philosophische Bildung verdankte. Leslie Stephen, einer der Freunde Thomas Hardys, hatte sich in den 70er Jahren des 19. Jahrhunderts zum Anwalt des Agnostizismus gemacht, 1873 seine *Essays on Free Thinking and Plain Speaking* und 1876 *An Agnostic's Apology* veröffentlicht. Die Aufklärung, die englische Literatur des 18. Jahrhunderts forderten ihn zur ständigen Beschäftigung und Auseinandersetzung auf, wovon nicht nur seine Monographien *Samuel Johnson* (1878), *Alexander Pope* (1880) und *Swift* (1882), sondern auch seine umfassenden Darstellungen *History of English Thought in the 18th Century* (1876) und *English Literature and Society in the 18th Century* (1904) zeugen.

Obwohl Virginia Woolf nach eigenen Äußerungen unter der geistigen Autorität des Vaters sehr litt, blieb sie ihr ganzes Leben hindurch der aufklärerisch-kritischen Haltung verpflichtet, die er ihr vorgelebt hatte. In ihren Tagebü-

Leslie Stephen (1832–1904), Virginia Woolfs Vater; nach einer Photographie von Julia Margaret Cameron. Leslie Stephen machte sich durch das von ihm begründete *Dictionary of National Biography*, seine Schriften zum 18. Jahrhundert und zum Agnostizismus einen Namen.

chern, ihren Essays ebenso wie in ihren Romanen ist die Neigung zu einer skeptischen Befragung aller Traditionen und zu einer kritischen Durchdringung aller Bereiche des modernen Alltags deutlich zu spüren. Hatte sich Leslie Stephen vom Theologen zum Agnostiker entwickelt, so stand Virginia Woolf von Anfang an auf diesem agnostischen Standpunkt: Kritik an den überlieferten Formen des religiösen Lebens ist bereits in ihren ersten Romanen nachzuweisen, und die satirisch-skeptische Distanz bleibt auch in ihren reifen Werken erhalten. Allenfalls im letzten Roman *Between the Acts* kann von einer Dämpfung ihrer kritischen Haltung gegenüber der religiösen Tradition die Rede sein. Wichtiger aber als die Distanzierung von religiösen Dogmen ist bei Virginia Woolf das Bemühen, den Menschen im Roman als ein Wesen zu erfassen, das sich selbst als Mittelpunkt seiner Existenz begreift, sich zu einer autonomen Ethik bekennt und sich dem Erlebnis des zeitlichen Wandels, der Begegnung mit anderen Menschen, der Natur, der Gesellschaft aussetzt, ohne dabei auf überlieferte Konventionen und Traditionen zu rekurrieren, in denen sich der einzelne vor der Übermacht der ihm entgegenwirkenden Kräfte zu bergen vermag.

Der Tod des Vaters im Jahre 1904 bedeutete für Virginia Woolf einen ersten Schritt zur schriftstellerisch-kreativen Selbstentfaltung. Vielfältige Anregungen erfuhr sie dabei durch den Freundeskreis der Künstler, Philosophen, Kunstkritiker und Wissenschaftler, der sich vom Oktober 1904 an im Londoner Stadtteil Bloomsbury (zunächst in einem Haus am Gordon Square, ab 1907 Fitzroy Square Nr. 29 und ab 1911 Brunswick Square Nr. 38) versammelte. Bereits 1899 hatte Virginia Woolfs Bruder Thoby Stephen zusammen mit Leonard Woolf (Virginia Woolfs späterem Ehemann), Clive Bell, Saxon Sidney Turner und Lytton Strachey im Trinity College in Cambridge die »Midnight Society« gegründet; nach ihrem Studium setzten die Freunde die Zusammenkünfte in London fort, und es bildete sich die »Bloomsbury Group«, der nun auch Adrian, Virginia und Vanessa Stephen und ab 1906 Maynard Keynes, der spätere Nationalökonom, der Maler Duncan Grant und ab 1909 der Kunstkritiker Roger Fry angehörten. Um das Jahr 1913 zählten zur »Bloomsbury Group« weiterhin E. M. Forster und David Garnett, Molly und Desmond MacCarthy, Sidney Waterlow, Gerald Shove, H. T. J. Norton und Francis Birrell.

Wenn in der Forschung gelegentlich von einer »Bloomsbury Philosophy« gesprochen wurde, dann verstand man darunter eine intellektuelle Einstellung, die Clive Bell in seinem Buch *Civilization* (London 1928) auf folgende Formel brachte:

> [...] a taste for truth and beauty, tolerance, intellectual honesty, fastidiousness, a sense of humour, good manners, curiosity, a dislike of vulgarity, brutality, and over-emphasis, freedom from superstition and prudery, a fearless acceptance of the good things of life, a desire for complete self-expression and for a liberal education, a contempt for utilitarianism and philistinism, in two words – sweetness and light *(Civilization,* S. 104).

Auch wenn diese Formel nicht als *das* Bloomsbury-Programm bezeichnet werden kann, so ist doch festzuhalten, daß die Mitglieder dieses Freundeskreises sich alle – wenngleich in unterschiedlicher Akzentuierung – gegen die utilitaristische Mentalität der Viktorianer, gegen Aberglaube und Prüderie, gegen Gewalt und Brutalität wandten und sich zur Idee der Toleranz, der geistigen Offenheit, der intellektuellen Ehrlichkeit, zur unabhängigen Entfaltung eines jeden einzelnen und zu den Idealen der Wahrheit und der Schönheit bekannten.

Bereits in Cambridge hatte sich die Midnight Society von den philosophischen Ideen G. E. Moores bestimmen lassen, der 1903 mit den beiden Publikationen *The Refutation of Idealism* und *Principia Ethica* hervorgetreten war. G. E. Moore verfocht die These, daß das Erlebnis der Freundschaft und der Schönheit die erstrebenswertesten Bewußtseinszustände im menschlichen Dasein seien; »the most valuable things, which we know or can imagine, are certain states of consciousness, which may be roughly described as the pleasures of human intercourse and the enjoyment of beautiful objects« *(Principia Ethica,* Cambridge 1959, S. 188). Durch G. E. Moore fühlten sich die Mitglieder des Bloomsbury-Kreises in ihrer Einstellung zu ethischen Fragen bestärkt; vor allem aber bewunderten sie seine klare, einprägsame Sprache und seine leidenschaftliche Hingabe an die Durchdringung philosophischer Probleme. Quentin Bell, der Neffe Virginia Woolfs, geht in seinem Buch *Bloomsbury* sogar so weit zu sagen, daß der eigentümliche Konversationsstil, wie er sich in diesem Kreis herausgebildet hatte, von G. E. Moore stamme:

> [...] the tone was, I think, derived from G. E. Moore, which meant that there was a certain high seriousness in the conversation despite its gaiety, that there was quite as much argument as gossip, and that in argument it was supposed, at all events, that the contributions were looking for truth, not victory (Quentin Bell, *Bloomsbury,* London 1968, S. 33).

Wie Virginia Woolf selbst auf G. E. Moores Philosophie reagierte, ist einem Brief zu entnehmen, den sie am 29. 8. 1908 an ihre Schwester richtete. Dort heißt es:

> I finished Moore last night; he has a fine flare of arrogance at the end – and no wonder. I am not so dumb foundered as I was; but the more I understand, the more I admire. He is so humane in spite of his desire to know the truth [...] *the Letters of Virginia Woolf,* ed. Nigel Nicolson, Joanne Trautmann, Vol. I: 1888–1912. *The Flight of the Mind,* London 1975, S. 364).

Aus dieser Bemerkung geht hervor, daß sie nicht so sehr von der Behandlung philosophischer Spezialprobleme beeindruckt war als vielmehr von der humanen Haltung, die sich G. E. Moore nach ihrer Auffassung trotz aller intensiven Bemühungen um die Erkenntnis der Wahrheit stets bewahrte.

Zu den engsten Freunden Virginia Woolfs gehörten im

Bloomsbury-Kreis der Theaterkritiker Desmond MacCarthy, der dazu beitrug, daß die kritisch-skeptische Einstellung, die sie von ihrem Vater übernommen hatte, gefestigt wurde, und der Kunsttheoretiker Roger Fry, der mit seiner Ausstellung postimpressionistischer Künstler in London im Jahre 1910 nicht nur die Bloomsbury-Freunde, sondern auch das Londoner Publikum mit der neuen Art, Natur und Mensch zu sehen, konfrontierte, wie sie insbesondere von den Malern Cézanne, van Gogh und Gauguin entwickelt worden war. Theorien, die er später in seinen Schriften *Vision and Design* (1920) und *Cézanne* (1927) vortrug, übten auf die Kunstauffassung Virginia Woolfs eine tiefgreifende Wirkung aus. Obwohl Roger Fry nicht direkt von G. E. Moore beeinflußt war, ließen sich seine ästhetischen Theorien mühelos mit den ethischen Theorien des Philosophen verbinden. Auch Fry wandte sich gegen die Konventionen des 19. Jahrhunderts; er kritisierte insbesondere in der Malerei alle Tendenzen eines photographischen Realismus, und er förderte wie Moore all jene Richtungen, die im Zeichen des »l'art pour l'art« standen und von der Autonomie des Kunstwerks überzeugt waren.

Fry wendet sich gegen die Überbetonung einer mimetischen Kunstauffassung und möchte einer modern expressiven Kunsttheorie die Bahn ebnen. Nicht die nüchterne photographisch exakte Beobachtung erschließt die Wirklichkeit, sondern die visionäre Erfahrung. Aufgabe des Künstlers ist es, das visionäre Erlebnis der Wirklichkeit in Gestalt umzusetzen, »significant relations« oder – wie Fry in Anlehnung an Clive Bell auch sagt – »significant form« zum Vorschein zu bringen. Wenngleich seine theoretischen Einsichten primär aus der künstlerischen Praxis und den theoretischen Erwägungen der postimpressionistischen Maler gewonnen wurden, sind sie auch für die erzählerische Praxis Virginia Woolfs von Bedeutung gewesen. Auch sie strebte weder nach einem photographischen Realismus noch nach einer rein abstrakten Kunst, sondern sie entwickelte einen Erzählstil, der das Faktische ins visionär wahrgenommene künstlerische Muster aufnimmt, der die Realität auf ihre »significant form« hin transparent werden läßt. Hatten G. E. Moore und Desmond MacCarthy in ihr das vom Vater übernommene Verlangen nach intellektueller Unabhängigkeit und nach rationalistischer Präzision gestärkt, so trug Roger Fry, der um 16 Jahre ältere Freund und in vieler Beziehung eine ›Vaterfigur‹ für Virginia Woolf, zur Verfeinerung ihrer künstlerischen Sensibilität, zur Ausbildung ihrer intuitiven Fähigkeiten, Realität zu erfassen, wesentlich bei.

Virginia Woolf fand Bestätigung für ihre künstlerischen Grundüberzeugungen bei Thomas Hardy und Joseph Conrad, aber auch bei den russischen Autoren Tolstoi, Dostojewski und Tschechow, die in dem Jahrzehnt vor dem Ersten Weltkrieg in zunehmendem Maße das Interesse des englischen Lesepublikums erregten. Auch bei Henry James stieß sie auf kritische Bemerkungen über den Oberflächenrealismus und den Naturalismus. Sie griff Äußerungen dieser Romanciers auf und wandte sich insbesondere gegen H. G. Wells, Arnold Bennett und John Galsworthy. Sie nannte diese Autoren ›Materialisten‹, verstand diesen Begriff jedoch nicht in einem politologischen, sondern in einem ästhetischen Sinn: Diese Romanciers reproduzieren nach Virginia Woolf nur die Fassade, die materielle Oberfläche der Wirklichkeit; die wahre menschliche Natur, wie sie etwa von einer Mrs. Brown (für Virginia Woolf eine beliebige Frau in einem Eisenbahnabteil) verkörpert wird, entgeht ihnen:

> [...] not one of the Edwardian writers has so much as looked at her [i. e. Mrs. Brown]. They have looked very powerfully, searchingly, and sympathetically out of the window; at factories, at Utopias, even at the decoration and upholstery of the carriage; but never at her, never at life, never at human nature (*CDB*, 103).

Virginia Woolfs Interesse gilt dem einzelnen Menschen, seiner eigentümlichen Sensibilität, seiner Art, auf das Leben zu reagieren und es in seinem Bewußtsein auszulegen. Ihre

Aufmerksamkeit richtet sich nicht auf Handlungen und
Entscheidungen, sondern auf Impressionen und Bewußtseinszustände. In dem Bemühen, die wahre menschliche
Natur hinter allen Masken des alltäglichen Daseins zu erkennen, fühlte sich Virginia Woolf insbesondere durch die
russischen Autoren bestärkt. So bemerkt sie in ihrem Essay
»The Russian Point of View«:

> Indeed, it is the soul that is the chief character in Russian fic-
> tion. Delicate and subtle in Tchekov, subject to an infinite
> number of humours and distempers, it is of greater depth
> and volume in Dostoevsky; it is liable to violent diseases
> and raging fevers, but still the predominant concern (CR, I,
> 225).

Russische Autoren loten die Tiefe der Psyche aus, lassen dabei oft Fragen, auf die sie stoßen, unbeantwortet, öffnen
den Lesern jedoch den Blick für die irrationalen Schwingungen des Lebens. Virginia Woolfs Hinwendung zu den russischen Romanciers zeigt, daß sie sich bei aller rationalistischen Grundeinstellung doch auch offen hielt für alle irrationalen, gelegentlich mystischen, (neo)romantischen Tendenzen der beginnenden Moderne. Ihre intensive Beschäftigung mit der Tradition der Aufklärung ließ sie zugleich
skeptisch werden gegenüber allem szientifischen Pragmatis-
mus und Instrumentalismus, in dem die kreative Vernunft
verkümmert und nur noch für mechanisch regulierbare
Dienstleistung tauglich ist. Je stärker im 20. Jahrhundert
eine Verwissenschaftlichung aller Lebensgebiete einsetzte,
je mehr der Fortschrittsglaube der Viktorianer in der Ausge-
staltung des zivilisatorischen Alltags Triumphe feierte, um
so mehr rückte Virginia Woolf von dem utilitaristischen Gebaren ihrer Zeitgenossen ab und wandte sich einer künstlerischen Einstellung zur Realität zu, die in der Romantik bereits vorgebildet war. Sie gewährte der Imagination und Intuition einen breiten Spielraum, weil sie überzeugt war, daß
auf diesem Wege dem tragenden Lebensgrund näher zu
kommen sei als mit Hilfe des Intellekts. Virginia Woolf

konnte sich dabei durch die philosophischen Lehren Bergsons bestätigt sehen, aber sie hat sich weder die Lebensphilosophie noch die Psychoanalyse, die ihr bei der künstlerischen Erforschung und Durchdringung bisher kaum erkannter Phänomene hätte behilflich sein können, in einer systematischen Weise zu eigen gemacht. Solche intellektuellen Positionen wurden im Bloomsbury-Kreis erörtert, und es war für sie genug, wenn sie durch diese Gespräche Anregungen empfing, die ihre schöpferische Arbeit in Bewegung setzten.

Die Aufforderung, die Virginia Woolf in ihrem Essay »Modern Fiction« an die modernen Erzähler und d. h. im Grunde an sich selbst richtet, lautet:

> Examine for a moment an ordinary mind on an ordinary day. The mind receives a myriad impressions – trivial, fantastic, evanescent, or engraved with the sharpness of steel. From all sides they come, an incessant shower of innumerable atoms; and as they fall, as they shape themselves into the life of Monday or Tuesday, the accent falls differently from of old [...] *(CR*, I, 189).

Virginia Woolf möchte in ihren Romanen zeigen, wie durchschnittliche Menschen (etwa eine Mrs. Dalloway) eine Fülle von Impressionen aufnehmen und in ihrem Bewußtsein verarbeiten. Wenngleich sich in den einzelnen Charakteren bestimmte Vorstellungen von der Wirklichkeit herausbilden, vermag niemand genau zu sagen, was »life«, »truth«, »reality« bedeuten. Der Sinn dieser Termini, die in der Sprache Virginia Woolfs und der Sprache der Romancharaktere oft als Synonyme gebraucht werden, läßt sich mit begrifflichen Mitteln nicht erfassen; der Zugang zum Leben, zur Wirklichkeit, erschließt sich allenfalls in quasi-mystischen Augenblicken. Diese visionären Augenblicke können durch Bilder – meist sind es Lichtmetaphern wie »a match burning in a crocus« – umschrieben werden; eine eindeutige rationale Auslegung dieser Erfahrungen ist jedoch nicht möglich. Obwohl sich Virginia

Woolf mit ihrer Diktion sehr häufig in die Nähe mystischer Literatur begibt, hebt sie immer wieder hervor, daß diese visionären Augenblicke nicht an eine religiöse Lebensführung gebunden sind. Die »moments of vision« (oder auch »moments of being«) sind vielmehr Ausdruck einer ganz aufs Weltliche gerichteten Lebensweise: In der Konfrontation mit der Realität, mit der Natur, mit der Kunst, mit anderen Menschen gewinnen die Personen, die sie schildert, Einsichten, die für sie über den Erlebnismoment hinaus von Bedeutung sind und die sowohl ihrer eigenen Existenz als auch der Wirklichkeit, die sie erlebend aufnehmen, Sinn verleihen.

Durch die erzählerische Gestaltung ihrer Erlebnisse, Einsichten und Erfahrungen versucht Virginia Woolf im Leser ein Bewußtsein für psychische Vorgänge, aber auch für Aspekte der Wirklichkeit zu erzeugen, die er zuvor überhaupt nicht oder nur vage wahrnahm. Virginia Woolf schreibt »Bewußtseinsromane« und zielt damit auf eine »Bewußtseinserweiterung« und »Bewußtseinserhellung« ab, ohne daß sie dabei in einem didaktischen Sinne ein bestimmtes weltanschauliches, politisches oder religiöses Bewußtsein erzeugen möchte. Ihre Absicht ist es vielmehr, den Leser aus einer allzu kurzsichtigen Bindung an alltägliches Geschehen, an utilitaristische Handlungsschemata herauszulösen und ihn zu einer kontemplativen Einstellung hinzuführen, die G. E. Moore als das erstrebenswerte Ideal menschlicher Lebenserfahrung hingestellt hatte. Wenn sich Virginia Woolf daneben in Essays zu Fragen des Feminismus äußerte, waren diese tagespolitischen Stellungnahmen aus ihrer Sicht auch Beiträge zur Selbstbefreiung des Menschen aus jenen Fesseln, die die menschliche Zivilisation, die politischen und sozialen Konventionen, insbesondere dem weiblichen Geschlecht anlegten. Virginia Woolf verstand ihre schriftstellerische Arbeit als einen Beitrag zur Freisetzung der schöpferischen Kräfte, nicht nur im Künstler, sondern in jedem Menschen.

Die Frage, die sich Virginia Woolf immer wieder stellte,

war, ob es ihr in der besonderen geistigen, kulturellen Situation der 20er und 30er Jahre möglich sei, ihre künstlerische Vision dem Leser überhaupt mitzuteilen. Der Kommunikationsprozeß, der sich zwischen Autor und Publikum immer wieder abspielt, wurde im 20. Jahrhundert in Frage gestellt, weil die Wertmaßstäbe, die von den viktorianischen Erzählern noch vorausgesetzt werden konnten, in einem Zeitalter des Relativismus, Pluralismus und Skeptizismus ihre Gültigkeit einbüßten. Jeder Autor der Moderne ist daher gezwungen, eine eigene Sprache, einen eigenen Code zu entwickeln und im erzählerischen Prozeß zu vermitteln. Virginia Woolf wollte einerseits auf die Integrität ihrer künstlerischen Vision nicht verzichten und Erfahrungen durch erzählerische Kommentare zerreden; sie sah aber andererseits die Notwendigkeit, ihre Leser an die Bewußtseinslage des modernen Künstlers heranzuführen, und sie nannte zwei ihrer bedeutendsten Essay-Sammlungen *The Common Reader*, weil sie mit ihren Darlegungen eine ästhetische »community of belief« schaffen wollte. Mit dem Terminus »the common reader« nahm sie eine von Dr. Johnson im 18. Jahrhundert geprägte Formel auf, und sie gab durch diesen programmatischen Titel zu erkennen, daß sie im Sinne Dr. Johnsons den Leser des 20. Jahrhunderts ›aufklären‹, sein Bewußtsein erhellen und eine Kommunikationsbasis für eine angemessene Rezeption moderner Literatur herstellen wollte.

In ihren Essays zeichnet sich seit 1919 in zunehmendem Maße auch die Auffassung von der neuen Form des Romans ab, um deren Verwirklichung sich Virginia Woolf von *Jacob's Room* an in immer neuen Anläufen bemühte. In »Modern Fiction« erklärte sie:

> [...] if a writer were a free man and not a slave, if he could write what he chose, not what he must, if he could base his work upon his own feeling and not upon convention, there would be no plot, no comedy, no tragedy, no love interest or catastrophe in the accepted style [...] *(CR, I, 189)*.

Sie wandte sich gegen die Tyrannei des »plot«, weil sie der
Überzeugung war, daß die streng kausale Anordnung der
einzelnen Teile der Handlung bereits eine Verfälschung der
Realität darstelle; ebenso widersetzte sie sich den strengen
Gattungskonventionen (wie sie durch die Termini »comedy«, »tragedy« bezeichnet werden). Schließlich lehnte sie
es auch ab, geschlossene Charakterporträts zu entwerfen.
An die Stelle von »plot« und »character« treten bei Virginia
Woolf »theme« und »pattern«. Das Geschehen in einem Roman wird nicht mehr auf eines der überlieferten Handlungsschemata bezogen, sondern auf ein durchgängiges Thema
oder einen thematischen Kontrast wie »life« –»death«. Die
Personen und Situationen werden als Varianten des Themas verstanden; in den Wechselbeziehungen der Personen
bilden sich stets neue Konfigurationen oder Muster (»pat-
terns «) aus, die durch leitmotivisch verwendete Bilder oder
Symbole gestützt und verdeutlicht werden.

Damit der Roman, wie er Virginia Woolf vorschwebte,
zu einer angemessenen Manifestation des modernen Bewußtseins werden kann, müssen in ihm nicht nur die drei
herkömmlichen Stilarten des Epischen, Lyrischen und Dramatischen, sondern auch Poesie und Prosa auf eine neue
Weise miteinander verbunden werden. Virginia Woolf
strebte nach einem Stil der »inclusiveness«; d. h. sie glieder-
te Ausdruckselemente aus Lyrik und Drama in den Roman
ein und versuchte, die Übergänge zwischen Poesie und Prosa fließend zu gestalten. In der Erzählkunst herkömmli-
cher Art war nach ihrer Meinung die Prosa eng an die faktischen Gegebenheiten des Alltags gebunden und die Poesie
(in der lyrischen Gattung) auf die Höhepunkte des menschlichen Erlebens bezogen. Die Prosa des neuen Romans soll
sich demgegenüber flexibel der jeweiligen Situation und
Thematik, der Erlebnislage der einzelnen Personen und der
Stimmungskurve des gesamten Werkes anpassen. Bereits
Sir Leslie Stephen hatte in *Hours in a Library* (London
1892, Vol. I, S. 21) bemerkt: »[...] a novelist is on the border-
line between poetry and prose, and novels should be as if it

were prose saturated with poetry«. Diesen Gedanken führte Virginia Woolf weiter und charakterisierte die Prosa, die ihr als Ausdrucksmittel für den Bewußtseinsroman angemessen erschien, auf folgende Weise:

> It will be written in prose, but in prose which has many of the characteristics of poetry. It will have something of the exaltation of poetry, but much of the ordinariness of prose. It will be dramatic, and yet not a play. It will be read, not acted *(GR*, 18).

Der ›innere Monolog‹, eines der bevorzugten erzähltechnischen Mittel des Bewußtseinsromans, bot ihr die Möglichkeit, lyrische und dramatische Stilmittel miteinander zu verbinden: Als Monolog steht er der Formensprache des Dramas nahe; insofern er andererseits in Bildern, Metaphern und Symbolen momentane Stimmungen zum Ausdruck bringt, hat er zugleich Anteil am lyrischen Genre. Durch die Verknüpfung der Vorgänge, die sich im Bewußtsein mehrerer Personen abspielen und durch den inneren Monolog mitgeteilt werden, ergibt sich eine epische Breite eigener Art, einerlei ob der äußere chronologische Rahmen auf einen Tag oder die Spanne eines Menschenlebens fixiert ist.

II

THE VOYAGE OUT

Milieudarstellung – Die Entwicklung der Heldin: Die Begegnung mit Richard Dalloway, Helen Ambrose, St. John Hirst und Terence Hewet – Die Darstellung des Liebeserlebnisses – Rachels Liebestod

NIGHT AND DAY

Der Komödienstil: Handlungsschema und Dialog – Sozialkritische Ideen – Öffentliches und privates Leben – Das »happy ending«

In ihren ersten Romanen gelang es Virginia Woolf noch nicht in der Weise wie in ihren späteren Werken, die einzelnen Ausdruckselemente und Stilarten aufeinander abzustimmen und ineinander zu verzahnen. In *The Voyage Out* (1915) folgte sie im Aufbau des Romans noch dem chronologischen Schema eines realistischen Reise-, Erziehungs- und Entwicklungsromans. Auch die Darstellung des Milieus ist weitgehend am Vorbild des viktorianischen Romans orientiert. Bei der Darstellung der Reisegesellschaft auf dem Schiff und in Santa Marina konnte sich Virginia Woolf überdies auf persönliche Anschauungen und Erfahrungen verlassen, die sie auf Reisen nach Portugal und Griechenland gewonnen hatte. Für die Schilderung der exotisch-tropischen Landschaft war sie allerdings auf literarische Vorbilder angewiesen; wie Winifred Holtby gezeigt hat, schloß sie sich sehr eng an Sir Walter Raleighs *Discovery of Guiana* an (W. Holtby, *Virginia Woolf,* London 1932, S. 78 f.). Dazu kamen Anregungen, die sie aus der impressionistischen und postimpressionistischen Malerei aufnahm und die sie literarisch zu verarbeiten verstand.

Die realistisch-satirische Stilart herrscht insbesondere in den Kapiteln vor, die von dem gesellschaftlichen Milieu handeln, in dem sich Rachel Vinrace, die Heldin des Romans, bewegt. In London, auf dem Schiff und in Südamerika sind es Engländer und Engländerinnen, die der »upper middle class« zuzurechnen sind. Zur Reisegesellschaft gehören von Lissabon an auch Richard und Clarissa Dalloway, die sich zu den Idealen der Konservativen bekennen: Aufrechterhaltung der Klassenunterschiede, tatkräftige Verteidigung und Erweiterung des British Empire. Richard Dalloways Ziel ist: »The dispersion of the best ideas over the greatest area« (VO, 69), und Clarissa erklärt voll Stolz auf die Leistungen der Engländer:

> One thinks of all we've done, and our navies, and the people in India and Africa, and how we've gone on century after century, sending out boys from little country villages – and of men like you, Dick, and it makes one feel as if one couldn't bear *not* to be English! (VO, 53).

Die Skala der satirisch gezeichneten Charaktere reicht von den beiden gelehrten Pedanten Ridley Ambrose, der mit einer Pindar-Ausgabe beschäftigt ist, und Mr. Pepper, der sich für Petronius und Catull interessiert, über den Oxford Don Hughling Elliot und seine aufgeregt-affektierte Frau, die exzentrische Mrs. Flushing und die altjüngferliche Miss Allan, die an einer kurzen Geschichte der englischen Literatur schreibt, bis hin zu der geistig stumpfen Susan Warrington, die in Arthur Vanning verliebt ist. Virginia Woolf bedient sich bewährter satirischer Techniken, wenn sie die Grenzen der Vertreter der »upper middle class« dadurch zum Ausdruck bringt, daß sie Tiervergleiche verwendet und beispielsweise den Erzähler berichten läßt: »Glancing back, at the doorway, they saw Mr. Pepper as though he had suddenly loosened his clothes, and had become a vivacious and malicious old ape« (VO, 11).

Poetische Prosa, angereichert mit Metaphern, Symbolen und literarischen Allusionen, herrscht in den Teilen des Ro-

mans vor, die von der Entwicklung der Heldin, der zehnjäh-
rigen Rachel Vinrace handeln, die wohlbehütet und in vieler Beziehung vom Leben der Erwachsenen abgeschirmt, in
London groß wurde und auf einer Reise nach Südamerika
aus ihrer naiven Unwissenheit heraustritt. Deutlich sind
bei der Beschreibung der Reise und der Entwicklung Rachels die literarischen Einflüsse Joseph Conrads zu beobachten. Seine Erzählung *Heart of Darkness* blieb für Virginia Woolf durch ihre gesamte Entwicklung hindurch eines der großen literarischen Vorbilder; die Wendung »heart
of darkness« läßt sich über *Mrs. Dalloway* und *The Years*
bis hin zu *Between the Acts* verfolgen. Conrad schildert in
dieser Erzählung die Reise des Captain Marlow zu dem bel-
gischen Handelsvertreter Mr. Kurtz, der im Kongo, im Herzen der Dunkelheit, alles idealistische Fortschrittspathos
eingebüßt hatte, mit dem er zu den Eingeborenen nach Afrika gefahren war, und der als ein brutaler Ausbeuter endet.
Durch die Begegnung mit Kurtz verliert Marlow das unge-
brochene Vertrauen in die Maßstäbe der westlichen Kultur.
Auch Virginia Woolfs Roman ist eine Reise in das Herz der
Dunkelheit, eine Reise in den Dschungel. Aber die poli-
tisch-historischen Probleme, die Conrad beschäftigten,
sind an den Rand gerückt; die satirische Auseinandersetzung mit dem britischen Sendungsbewußtsein und dem Em-
pire-Gedanken ist für Virginia Woolf in diesem Roman von
untergeordneter Bedeutung, wenngleich nicht zu übersehen ist, daß sich hier schon die Kritik an der »male-dom-
inated society«, der von Männern beherrschten Gesellschaft andeutet, die später im Mittelpunkt ihrer sozialkritischen Essays steht.

Im Vergleich zu Conrad dominieren bei Virginia Woolf
nicht die moralischen Probleme eines welterfahrenen Mannes, sondern die psychologischen Probleme einer unerfah-
renen jungen Frau. Rachel Vinrace, die – wie Virginia
Woolf selbst – sehr früh Halbwaise wurde, ist zu Beginn ihrer Reise ein gesichtsloses Wesen, das erfahren möchte, was
es heißt: »to feel, to love, to live« (Jean Guiguet, *Virginia*

Woolf and her Works, London 1965, S. 202). Rachel Vinrace erinnert in ihrer Sensibilität, in ihrer Bereitschaft, die Wirklichkeit mit allen Sinnen intensiv zu erleben und auf Impressionen emotional zu reagieren, an Virginia Woolfs eigentümliche Einstellung zur Realität. Die Reise nach Südamerika, Rachels »Voyage Out«, ist zunächst eine Reise, die rein äußerlich aus England herausführt; vor dem exotischen Milieu werden die Grenzen und Fragwürdigkeiten der englischen Gesellschaft deutlich sichtbar und neue Wirklichkeitsbereiche rücken in ihr Blickfeld. Die Reise in exotische Landschaften wird für sie aber zugleich zu einer ›Voyage In‹, denn in der Konfrontation mit der fremden, sie oft erschreckenden Natur lernt sie in sich Wirklichkeiten zu entdecken, die ihr zuvor verschlossen blieben. War ihr Leben bisher nur von gesellschaftlichem Zwang und der Forderung, immer nur das Schickliche zu tun, bestimmt, so gewinnt sie nun die Freiheit, die in ihr angelegten imaginativen Kräfte zu entfalten, die bislang nur in der Beschäftigung mit Musik Nahrung fanden.

Die Funktion, Rachels bisherige Lebensweise zu problematisieren, übernehmen auf der Schiffsreise ihre Begleiter und ihre zufälligen Bekanntschaften. Die Begegnung mit Richard Dalloway, ein flüchtiger Kuß Richards, weckt sie aus ihren romantischen Jungmädchenträumen auf und konfrontiert sie mit der Sexualität als einem Phänomen zwischenmenschlicher Beziehungen, von dem sie bisher nur recht vage Vorstellungen hatte. Ihr Traum – sie sieht sich einem häßlichen, mißgestalteten Mann in einem Tunnel ausgeliefert – zeugt davon, welch tiefen Schock die Begegnung mit Richard Dalloway in ihr auslöst.

Rachels Tante, die strickende Helen Ambrose, trägt die Züge einer Schicksalsgöttin, sieht sich zugleich aber auch in der Rolle einer Mentorin, die darauf vertraut, daß Rachel sich zu einem reifen Menschen mit ausgeprägten eigenen Charakterzügen entwickeln kann; »if Rachel were ever to think, feel, laugh, or express herself, instead of dropping milk from a height as though to see what kind of drops it made, she might be interesting though never exactly pretty« (*VO*, 20).

Für Rachels Entwicklung ist die Begegnung mit dem kritisch-skeptischen St. John Hirst, der sich in der Analyse eigener und fremder Erlebnisse und Erfahrungen gefällt, und mit Terence Hewet, der seinen ersten Roman, einen Roman über das Schweigen, konzipiert, von besonderer Bedeutung. Beide Charaktere, St. John wie Terence, lassen sich von der Biographie der Autorin her deuten; auch Virginia Woolf hat Züge einer Skeptikerin, auch sie war in der Phase, als sie diesen Roman schrieb, eine Schriftstellerin, die ihre Talente erst noch zu erproben hatte. Dennoch vermochte sie es, den beiden männlichen Charakteren in ihrem ersten Roman genügend Eigenständigkeit zu verleihen, so daß sie nicht nur als Stellvertreter der Autorin erscheinen.

Rachels Begegnung mit Terence, ihre gegenseitige Liebe und die Reflexionen über dieses Erlebnis (dargestellt in den Kapiteln XIII bis XIX) tragen am stärksten zu ihrer Selbstentfaltung, zur Entdeckung ihrer Ich-Identität bei. Diese Liebe ist die Voraussetzung dafür, daß sich in ihr ein Gefühl der kosmischen Verbundenheit mit allem Lebendigen einstellt und daß sie in einem Augenblick der »contemplatio« die Überzeugung gewinnt, daß in allem Leben ein Sinn enthalten sei.

> That was the strange thing, that one did not know where one was going, or what one wanted, and followed blindly, suffering so much in secret, always unprepared and amazed and knowing nothing; but one thing led to another and by degrees something had formed itself out of nothing, and so one reached at last this calm, this quiet, this certainty, and it was this process that people called living. Perhaps, then, every one really knew as she knew now where they were going; and things formed themselves into a pattern not only for her, but for them, and in that pattern lay satisfaction and meaning (*VO*, 384 f.).

Welche Rolle das Sexuelle im Liebeserlebnis Rachels und Terences spielt, bleibt im Roman unerörtert. Wesentlich ist für Virginia Woolf, daß sich in dieser zwischenmenschlichen Begegnung für Rachel und Terence eine spirituelle Realität erschließt. Rachel hat das Gefühl, daß sie mit Terence in einen Bereich emporgetragen wird, der jenseits des alltäglichen Hier und Jetzt liegt. Dennoch ist ihre Liebe von paradoxer Natur: beide fühlen sich unendlich nah und doch wieder unendlich fern.

> After one of these glances she murmured, »Yes, I'm in love. There's no doubt; I'm in love with you.« Nevertheless, they remained uncomfortably apart; drawn so close together, as she spoke, that there seemed no division between them, and the next moment separate and far away again (*VO*, 345).

Rachel erfährt einen Augenblick der höchsten seelischen Erfülltheit, während Terence schläft; Terence seinerseits erlebt den gleichen Bewußtseinszustand, als Rachel stirbt (vgl. *VO*, 431). Sie bleiben in ihrer Einsamkeit (»solitude«) gefangen, und ein dauerndes Zusammenleben in einer ehelichen Gemeinschaft scheint Rachel unmöglich zu sein. Die Liebe, die sie – ebenso wie Terence – letztlich erlebt, ist ein Zustand der »contemplatio«, der nichts mit der sexuellen Liebe von Mann und Frau zu tun hat:

> There seemed to be peace between them. It might be love, but it was not the love of man for woman (*VO*, 385).

Eine Integration der beiden Daseinsformen, der physischen wie der spirituellen, die nur in wenigen Augenblikken möglich zu sein scheint, vermag Rachel nicht zu finden. Mit der Verweigerung der in der Sexualität angelegten Vitalität ist sie gleichsam von innen her reif zum Tode, der sich in der Erfahrung der kontemplativen Ruhe und des Friedens bereits ankündigt. Ihr Tod ist ein mystischer Liebestod, der an Richard Wagners *Tristan und Isolde* erinnert – ein Werk, das in den Umkreis der künstlerischen Vorbilder zu rechnen ist, die Virginia Woolf in diesem Roman verarbeitete. (Bereits zu Beginn des Romans wird berichtet, daß Rachel die Übersetzung des Librettos dieser Oper liest.) Das Fieber, an dem Rachel Vinrace nach der Expedition im Dschungel stirbt, ist ein äußeres Zeichen dafür, daß sie in der höchsten Steigerung ihrer spirituellen Energien dem alltäglichen Leben mit seinen Gefährdungen schutzlos preisgegeben ist. Wenn insbesondere in den letzten Kapiteln eine ironische Distanz besteht zwischen der Darstellung der Empfindungen, die Rachels Tod in Terence auslöst, und der Wiedergabe der alltäglich-trivialen Beschäftigungen der Engländer, die sich in Santa Marina aufhalten, so ist diese Besonderheit des Romans darin begründet, daß Virginia Woolf selbst in dieser Phase ihrer Entwicklung die Kluft zwischen äußerer und innerer Realität nicht zu überbrücken vermochte.

Rachels Tod ist allerdings nicht nur als das Ende einer individualpsychologischen Entwicklung zu sehen. Für Mrs. Thornby ist dieser Tod auch eine tragische Verschwendung geistiger Energie; damit deutet Virginia Woolf an, daß in der Macht, die Leben hervorbringt, auch Kräfte angelegt sind, das Hervorgebrachte zu zerstören. Das Gesetz des Werdens und Vergehens vollzieht sich mit solcher Unerbittlichkeit, daß alles individuelle Glücksverlangen in Frage gestellt ist. Hier sind Nachklänge des Pessimismus erkennbar, der Virginia Woolf von Thomas Hardy und Joseph Conrad her vertraut war. Am stärksten ist dieser Pessimismus bei Helen Ambrose ausgeprägt:

> Her sense of safety was shaken, as if beneath twigs and dead leaves she had seen the movement of a snake. It seemed to her that a moment's respite was allowed, a moment's make-believe, and then again the profound and reasonless law asserted itself, moulding them all to its liking, making and destroying (*VO*, 322).

Dennoch wird durch diese tragische Sicht der Realität das Liebeserlebnis Rachels nicht entwertet. Es zeichnet sich hier vielmehr schon jener Widerspruch ab, mit dem sich Virginia Woolf ständig auseinandersetzte. Den unpersönlich-unerbittlichen Kräften, die im Schicksal des einzelnen wie der Völker zu beobachten sind, stehen die spirituellen Kräfte entgegen, die den Menschen antreiben, seinem eigenen Leben oder dem Leben einer Gemeinschaft, der er angehört, ein sinnvolles Muster einzuprägen.

Während der erste Roman *The Voyage Out* in dem tragischen Ende Rachels seinen Höhepunkt hat, herrscht in dem 1919 publizierten Roman *Night and Day* die komische Tonart vor. Vorbilder für dieses Werk waren die Romane Jane Austens und Shakespeares Komödien, insbesondere *As You Like It* und *Twelfth Night*. Im Gegensatz zu den Überlegungen zur Form des Romans, die Virginia Woolf – möglicherweise als Kritik an ihrer eigenen Arbeit – um dieselbe Zeit anstellte, und zu ihrer späteren Erzähltechnik ist dieser Roman noch ganz im konventionellen Sinn auf ein »plot« aufgebaut, das an die Verwicklungen in Shakespeares »love- game comedies« und Jane Austens Romankonflikte erinnert. Am Anfang steht Ralph Denham zwischen Katharine Hilbery und Mary Datchet. Als Katharine sich mit William Rodney verlobt, wendet Ralph sich Mary Datchet zu, die jedoch sehr bald erkennt, daß er stärker von Katharine angesprochen ist als von ihr. Das Auftreten von Cassandra Otway, der Cousine Katharines, ändert die Situation. William Rodney sieht in ihr die angemessene Partnerin, und Katharine hilft ihm, Cassandras Sympathien zu gewinnen. Nachdem sie ihr Verlöbnis gelöst hat, ist sie frei, sich Ralph Denham zuzuwenden, in dem sie einen Ehemann findet, der mit ihr die gleiche Einstellung zum Leben teilt. Die komischen Verwicklungen ergeben sich bei Virginia Woolf wie bei Shakespeare und Jane Austen aus der Partnersuche, aus den Täuschungen und Illusionen, denen die Personen eine Zeitlang zum Opfer fallen, aus den Wandlungen, die sich in ihnen abspielen, und dem allmählichen Reifeprozeß, den sie durchlaufen. Es entspricht dem Komödienstil, daß mancherlei äußere Umstände – und sei es auch nur das Verpassen eines Zuges wie bei Cassandra Otway – dazu beitragen, daß das Ziel der Komödienhandlung, das »happy ending«, erreicht wird. Zu diesen äußeren Umständen zählt nach alter Komödientradition auch das Auftreten eines Deus ex machina, einer Macht, die im entscheidenden Augenblick den gordischen Knoten durchschlägt, als es den Akteuren selbst offenbar nicht gelingen will, aus eigenen Kräften ihr Glück zu erreichen. Diese Funktion erfüllt in *Night and Day* Mrs. Hilbery, die Mutter Katharines, die gegen Ende des Romans allen äußeren gesellschaftlichen Widerständen zum Trotz die Paare zueinander finden läßt. Sie spielt in vieler Beziehung die Rolle des Narren einer Shakespeareschen Komödie: sie ist für eine Welt, in der »rules and reasons«, »Grundsätze und Gründe« gelten, untauglich und hat niemals gelernt, sich strengen Konventionen zu unterwerfen. Sie vertraut ihren Emotionen, glaubt an ihre Vision vom Leben und ist mit der Gabe der Einsicht in tiefere Wirklichkeitszusammenhänge ausgestattet, so daß sie als die weiseste Person im Kreise ihrer Familie und ihren Bekannten gelten kann. Sie ist aber Narr und Magier zugleich: sie versteht es, durch ihre emotionale Spontaneität Widerstände zu beseitigen, Menschen anzusprechen und innerlich zu verwandeln.

Auf den Komödienstil sind auch mehrfach die Dialoge abgestimmt; sie gleichen oft einem witzigen Gesellschaftsspiel, in dem in aphoristisch zugespitzter Weise Allgemeinplätze ausgetauscht werden, hinter denen eine persönliche Anspielung, ein satirischer Angriff auf den Partner steckt, ohne daß es zu einem offenen Konflikt kommt. Die Kunst dieses gesellschaftlichen Dialogs ist es, zu verhüllen und im Verhüllen doch die Wahrheit immer wieder aufblitzen zu lassen. Als Beispiel für diese Dialogkunst sei eine Stelle aus dem XVII. Kapitel zitiert, wo sich Mrs. Hilbery, ihre Tochter Katharine und ihre Schwägerin Lady Otway gegenüberstehen:

>Marriage,« said Mrs. Hilbery, coming into the room, and nodding her head once or twice, »I always say marriage is a school. And you don't get the prizes unless you go to school. Charlotte has won all the prizes,« she added, giving

her sister-in-law a little pat, which made Lady Otway more uncomfortable still. She half laughed, muttered something, and ended on a sigh.
»Aunt Charlotte was saying that it's no good being married unless you submit to your husband,« said Katharine, framing her aunt's words into a far more definite shape than they had really worn; and when she spoke thus she did not appear at all old-fashioned. Lady Otway looked at her and paused for a moment.
»Well, I really don't advise a woman who wants to have things her own way to get married,« she said, beginning a fresh row rather elaborately (*ND*, 221).

Ein solcher Dialog könnte auch in Jane Austens Romanen vorkommen, wo ebenfalls Personen der »upper middle class« und der Aristokratie über die rechte Partnerwahl, über Liebe und Ehe diskutieren. Und wie Jane Austen so spielt auch Virginia Woolf mehrfach auf die feinen Unterschiede an, die innerhalb der Mittelklasse bestehen. Die Familie, der Katharine Hilbery angehört, kann sich zur »upper middle class«, zum wohlhabenden Bildungsbürgertum rechnen – ähnlich wie die Familie der Stephens, der Virginia Woolf entstammte. Richard Alardyce, Katharines Großvater, war ein berühmter Lyriker der viktorianischen Ära, an dessen Biographie Mrs. Hilbery und ihre Tochter arbeiten; Mr. Hilbery ist ein Gelehrter, der sich mit der romantischen Ära befaßt. Während die Hilberys eine elegante Wohnung in Cheyne Walk im West End haben, muß sich Ralph Denham, der der »middle middle-class« angehört, seinen Lebensunterhalt als Angestellter in einem Rechtsanwaltsbüro verdient und damit noch seine Mutter und seine Geschwister unterstützt, mit einer bescheidenen Wohnung in High Gate zufrieden geben. In einem Gespräch mit Katharine stellt er einmal fest:

»I think you make a system of saying disagreeable things, Miss Hilbery [...] I suppose it's one of the characteristics of your class. They never talk seriously to their inferiors« (*ND*, 58).

Dennoch sind die Unterschiede zu Jane Austens Romanen
nicht zu übersehen, denn Virginia Woolf hat bereits in diesen frühen Roman sozialkritische Ideen einfließen lassen,
die sie später – in den Essays *A Room of One's Own* und
Three Guineas, aber auch in dem Roman *The Years* – weiter
ausarbeitete. Repräsentantin der sozialkritischen Ideen ist
in diesem Roman Mary Datchet, die zunächst für die Suffragettenbewegung in einem Büro am Russell Square arbeitet,
sich dann einer sozialistischen Gesellschaft anschließt.
Mary Datchet, die Tochter einer Pfarrersfamilie, lebt allein
in London und verwirklicht für sich das Ideal der »New
Woman«, die verantwortungsbewußt für die Reform der
Gesellschaft arbeitet. Eine der Reformen, die sie für nötig
erachtet, ist die Reform des Wahlrechts, das den Frauen größeren Einfluß auf die Gestaltung der politischen Verhältnisse ermöglichen soll. Wenn sie aus dem Büro der Suffragetten ausscheidet, dann deshalb, weil Mr. Clacton, der Leiter
dieses Büros, sich zwar äußerlich für die Suffragettenbewegung einsetzt, in der Führung seines Amtes aber die Prinzipien der von den Männern gelenkten staatlichen und gesellschaftlichen Ordnung fortsetzt und ungebrochen übernimmt. Mary schließt sich darauf der sozialistischen Gesellschaft an, wo sie in Mr. Basnett einen Gesprächspartner für
ihre politischen Ziele findet, die darin bestehen, der Arbei-
terklasse Bildung zu ermöglichen und sie so mit der Mittelklasse zu verschmelzen, um dann die Macht des Kapitals
brechen zu können. Mary und die Ideen, die sie vertritt, bilden einen Bezugspunkt für alle Personen des Romans, so
daß einige neuere Interpreten in ihr die eigentliche Hauptperson des Buches sehen (vgl. Margaret Comstock, »*The
Current Answers Don't Do«: The Comic Form of »Night
and Day«,* Women's Studies, 4/5, 1977–78, S. 153–171, insbesondere S. 162ff.). Wenn es an einer Stelle einmal heißt:
»Mary was aware [...] of another very strong desire; Katharine was not to be allowed to go, to disappear into the free,
happy world of irresponsible individuals« (*ND,* 285), dann
zeigt sich, daß Virginia Woolf in diesem Roman nicht die

Komödie einer kleinen Gruppe von Individualisten schreiben wollte, die sich von der modernen Gesellschaft abschirmen, um sich nur ihren privaten Neigungen zu überlassen. Die Reflexion über den gegenwärtigen Gesellschaftszustand ist durch Mary Datchet mit in diese Gesellschaftskomödie des 20. Jahrhunderts hineingenommen. Geht man von den Personen in Shakespeares *As You Like It* aus, so liegt es zwar nahe, sie – wie dies M. Comstock getan hat – mit Jaques zu vergleichen, aber während Jaques sich am Ende der Komödie von der Gesellschaft in melancholischem Skeptizismus zurückzieht, bleibt Mary bei ihrer politischen Arbeit, und ihre Ideen wirken in den Personen, denen sie begegnet, weiter, auch wenn sie sich nicht dem politischen Zirkel anschließen, für den Mary selbstlos tätig ist. Bei der Bewertung Mary Datchets ist schließlich zu berücksichtigen, daß sie nicht nur als eine Art Propagandistin gesehen wird; sie betont im Gespräch mit Katharine beispielsweise den Wert der persönlichen Beziehungen, des emotionalen Engagements ebenso stark wie in anderen Zusammenhängen die Bedeutung verantwortungsbewußten Handelns. Mary verficht eine Synthese des privaten und des gesellschaftlichen Lebens, auch wenn es ihr selber nicht gelingt, diese Synthese im eigenen Leben zu verwirklichen.

Sowohl an Mary Datchets Schicksal als auch an den Äußerungen der übrigen Personen über ihre eigene Lebenserfahrung läßt sich ablesen, bis zu welchem Grad sich das öffentliche Leben einerseits und das private Leben andererseits voneinander entfremdet haben. Virginia Woolf gebraucht für diese beiden Bereiche die Termini »the life of society« und »the life of solitude«, und in den Reflexionen Katharines wird deutlich, daß diese Frau sich danach sehnt, die Entfremdung, durch die das moderne gesellschaftliche Leben gekennzeichnet ist, überwinden zu können:

> Why, she reflected, should there be this perpetual disparity between the thought and the action, between the life of solitude and the life of society, this astonishing precipice on

one side of which the soul was active and in broad daylight,
on the other side of which it was contemplative and dark as
night? Was it not possible to step from one to the other,
erect, and without essential change? (*ND*, 358f.).

Wie stark die thematischen Spannungen zwischen der realistisch zweckbestimmten gesellschaftlichen Lebensform
(»Day«) und der zweckfreien-romantischen privaten Lebensform (»Night«) ausgeprägt sind, geht aus der Charakterisierung der Hauptpersonen hervor. So heißt es beispielsweise
von Ralph Denham: »[...] he thought he could pride himself
upon a life rigidly divided into the hours of work and those
of dreams; the two lived side by side without harming each
other« (*ND*, 130). Er ist eine der vielen Doppelgängerexistenzen, wie sie im englischen Roman seit Dickens immer wieder
anzutreffen sind. Die zunehmende Mechanisierung des Berufslebens spaltet den Menschen in einen Funktionsträger,
der sich im Bereich der Arbeit Routineprozessen ausgeliefert
sieht, und eine kreative Persönlichkeit, die sich nur in der Privatsphäre entfalten kann. Katharine versteht sich einerseits
auf den praktischen Alltag (»She had the reputation, which
nothing in her manner contradicted, of being the most practical of people«, *ND,* 38); andererseits vermag sie sich aus der
»vita activa« des Londoner Alltags zu lösen und der »vita
contemplativa« hinzugeben. Gegenstand ihrer »vita contemplativa« sind die Mathematik und die Astronomie. Die Mathematik bietet ihr die Möglichkeit, sich mit zweckfreien Problemen zu befassen und in einem Denken in reinen Relationen aufzugehen; die Astronomie vermittelt ihr eine Vorstellung von einer kosmischen Ordnung, die im Gegensatz steht
zu der gesellschaftlichen Ordnung, aus deren Enge sie wenigstens in ihren einsamen Meditationen auszubrechen versucht. Bei diesen Meditationen über eine kosmische Ordnung stellt sich in ihr auch die Vorstellung von einem ihr angemessenen Partner ein – einem Partner, der mit seinen romantischen Zügen William Rodney, für den sie sich zunächst
entscheidet, widerspricht.

> [...] there was nothing in the universe save stars and the light of stars; as she looked up the pupils of her eyes so dilated with starlight that the whole of her seemed dissolved in silver and spilt over the ledges of the stars for ever and ever indefinitely through space. Somehow simultaneously, though incongruously, she was riding with the magnanimous hero upon the shore or under forest trees [...] (*ND*, 205).

Katharines freundschaftliche Beziehung zu Ralph Denham, die sich zur wechselseitigen Liebe steigert, überbrückt die Kluft, die für Katharine anfänglich zwischen der Nacht- und der Tagwirklichkeit bestand. Sie erfahren Liebe als schöpferische Kraft, die ähnlich wie die Liebe und die Imagination in den Shakespeareschen Komödien eine Synthese der ehedem getrennten Existenzweisen in den Liebenden stiften kann. (Katharine wird im Roman zweimal mit Rosalind aus Shakespeares *As You Like It* verglichen; Ralph fällt demgemäß die Rolle des Orlando zu.) Über die höchste Stufe menschlicher Erfülltheit, die Ralph und Katharine erlangen, bemerkt der Erzähler:

> They brought themselves by these means, acting on a mood of profound happiness, to a state of clear-sightedness where the lifting of a finger had effect, and one word spoke more than a sentence. They lapsed gently into silence, travelling the dark paths of thought side by side towards something discerned in the distance which gradually possessed them both. They were victors, masters of life, but at the same time absorbed in the flame, giving their life to increase its brightness, to testify to their faith (*ND*, 535).

Ralph und Katharine erreichen einen Grad an spiritueller Kommunikation, der jenseits der sprachlichen Verständigung liegt. Hatte Terence in *The Voyage Out* einen Roman über das Schweigen geplant, so dringen Ralph und Katharine zu jener Form des Schweigens vor, die nicht Zurückgeworfenheit in die Einsamkeit bedeutet, in der die Partner einander wie unlösbare Rätsel erscheinen, sondern die umgekehrt mit dem Bewußtsein identisch ist, auf ein gemeinsames Ziel ausgerichtet zu sein. Sie begreifen sich im Gegensatz zu vielen Helden des modernen Romans und auch späterer Romane von Virginia Woolf als »Lebensmeister« (*ND*, 535: »masters of life«). Katharine verwirklicht in der Gemeinschaft mit Ralph die Ideen einer freien Entfaltung als Frau, für die Virginia Woolf in ihren sozialkritischen Essays immer wieder plädierte. Das »happy ending« dieses Romans ist daher auch nicht als eine Flucht in eine private Idylle zu verstehen, Ralph und Katharine werden vielmehr von einer utopischen Idee geleitet; in ihrem Bewußtsein taucht die Vorstellung von einer zukünftigen Welt auf, die nach Gestaltung verlangt und mit dem Signum der Vollkommenheit ausgestattet ist. So heißt es im letzten Kapitel von Ralph: »he had a vision of an orderly world« (*ND*, 536) und weiterhin von Ralph und Katharine:

> Together they groped in this difficult region, where the unfinished, the unfulfilled, the unwritten, the unreturned, came together in their ghostly way and wore the semblance of the complete and the satisfactory. The future emerged more splendid than ever from this construction of the present (*ND*, 537).

Es entspricht der Wirklichkeitserfahrung, die Virginia Woolf von ihrem ersten bis zu ihrem letzten Roman zum Ausdruck brachte, daß diese Vorstellung von einer utopischen Welt eine momentane Vision bleibt, daß im Romanschluß nur von der *Möglichkeit* einer anderen Welt gesprochen wird.

Vanessa Stephen, Virginia Woolfs ältere Schwester, Malerin, die
1907 den Künstlerkritiker Clive Bell heiratete. Mit ihrer Schwester war sie eine der führenden Persönlichkeiten
der »Bloomsbury Group«.

III

JACOB'S ROOM

Die Hinwendung zum durchschnittlichen Charakter – Die Darstellung von Raum und Zeit – Aspekte der Charakterisierungstechnik – Elemente des Bildungsromans: Jacobs Verhältnis zu Griechenland – Elemente des Desillusionsromans: Beziehungen zu Frauen

Die beiden ersten Romane Virginia Woolfs sind dadurch charakterisiert, daß sie Personen aus der »upper middle class« schildern, die durch eine differenzierte Intellektualität gekennzeichnet sind. Im Gegensatz zu einem Romancier wie Aldous Huxley meidet Virginia Woolf die langen traktatartigen oder essayistischen Einschübe über Themen, die ihre Zeitgenossen, sei es in der Biologie oder Psychologie, in der Soziologie oder Philosophie, beschäftigten. Sie konzentriert sich vielmehr auf die Darstellung der Wechselbeziehungen der Charaktere, auf die Wiedergabe ihrer emotionalen und intellektuellen Reaktionen, wobei nicht zu übersehen ist, daß die Hauptpersonen oft nicht mehr sind als Masken, hinter denen sich eine introvertierte Autorin verbirgt. Die Bemerkung eines Kritikers, daß die fünf Hauptcharaktere in *Night and Day* alle gleichartig sprechen, ist nicht abwegig: ihr Konversationsstil ist geprägt vom Erzählstil Virginia Woolfs, die sich dabei ihrerseits an die Diktion angelehnt haben dürfte, die sie vom Bloomsbury-Kreis her im Ohr hatte. Ihr Stil erinnert darüber hinaus an die Sprechweise, die T. S. Eliot um die gleiche Zeit entwickelte. (Es sei hier nur vermerkt, daß Eliot einige Zeit zum Bloomsbury-Kreis zählte, daß sein Gedicht *The Waste Land* in der von Leonard und Virginia Woolf gegründeten Hogarth Press erschien und daß Virginia Woolf sich mehr-

fach auch in ihren Tagebüchern über ihr Verhältnis zu T. S.
Eliot äußerte.) Wenn Eliot in *The Love Song of J. Alfred
Prufrock* (1915 veröffentlicht) einen Charakter darstellt,
der sich durch eine moderne Großstadt bewegt, an Teapar-
ties teilnimmt, sich innerlich aber von der Alltagsroutine
löst und seinen Reflexionen über Gefühlszustände nachgeht, so schildert Virginia Woolf in *Night and Day* Charaktere, in deren Dialogen sich eine ähnliche Bereitschaft zur
Selbstanalyse bemerkbar macht. T. S. Eliot und Virginia
Woolf mußten sich daher von ihren Kritikern den Vorwurf
gefallen lassen, sie seien »highbrow« und ihre Kunst leide
an »overintellectualization«.

Virginia Woolf hat daher in ihren folgenden Romanen in
zunehmendem Maße Charaktere in den Mittelpunkt gerückt, von denen man – ähnlich wie von Leopold Bloom –
sagen kann, daß sie Durchschnittsmaß haben: Mrs. Dalloway und Mrs. Ramsay lassen sich – was ihre geistigen Fähigkeiten anbelangt – nicht mit Katharine Hilbery vergleichen. Mrs. Dalloway repräsentiert eine kultivierte Dame
der »upper middle class«, ohne den intellektuellen Interessen nachzugehen, wie sie für die Familie Hilbery insgesamt
charakteristisch sind. Und auch Mrs. Ramsay nimmt an
den philosophischen Forschungen ihres Mannes keinen Anteil. Jacob Flanders, der Held des Romans, der unmittelbar
auf *Night and Day* folgte, hat zwar die Züge eines Intellektuellen: er studiert in Cambridge, und der Leser erfährt von
den literarischen Interessen dieses Protagonisten. Aber die
besondere Art der Präsentation dieses Charakters verhindert es, daß wir so viel über seine intellektuellen Reaktionen auf die Umwelt erfahren wie bei Katharine Hilbery. In
das Innere von Jacob dringt der Leser nur gelegentlich vor,
wenn er den »hints« folgt, die in den knappen auktorialen
Kommentaren stecken oder auch in den im impressionistischen Stil geschriebenen Passagen, die davon berichten, welchen Eindruck die Umgebung auf Jacob machte.

Der Roman *Jacob's Room* stellt den Versuch dar, die fiktive Biographie eines jungen Mannes zu schreiben, der 1888

geboren wurde und 1915 in Flandern fiel. Äußerlich übernimmt Virginia Woolf damit ein Schema, das Fielding in *Tom Jones,* Dickens in *David Copperfield* und Hardy in *Jude the Obscure* benutzt hatten. Aber schon der äußere Umfang des Romans, der nur 14 Kapitel umfaßt, weist darauf hin, daß sie die herkömmliche Form des biographischen Romans wesentlich verändert hat. Die Publikation von Lytton Stracheys *Eminent Victorians* im Jahre 1918 und die heftige Reaktion, die insbesondere die Einleitung zu diesem Buch auslöste, dürften Virginia Woolf in ihrer Überzeugung bestätigt haben, daß herkömmliche Romane, die von der Biographie eines Mannes oder einer Frau handeln, als Kunstwerke oft recht mangelhaft komponiert waren und dem Leser selten eine Vorstellung vom wahren Wesen eines Menschen vermittelten. Wenn Lytton Strachey an den englischen »Standard Biographies« Form und Methode der Darbietung kritisierte, – »their ill-digested masses of material, their slipshod style, their tone of tedious panegyric, their lamentable lack of selection, of detachment, of design« (Lytton Strachey, *Eminent Victorians,* London 1918, repr. 1966, S. 7) –, dann lassen solche Formulierungen erkennen, wie tief auch er sich die ästhetischen Grundüberzeugungen des Bloomsbury-Kreises zueigen gemacht hatte. War für ihn schon die Biographie eines historischen Charakters ein künstlerisches Problem, und legte auch er Wert auf die Selektion und das Arrangement des Materials, so stellte Virginia Woolf sich ständig die Frage, wie sie die Materialien arrangieren sollte, die sie auswählte, um das Leben eines jungen Mannes in der Zeit vor dem Ersten Weltkrieg zu beschreiben und dabei zugleich ihren kunsttheoretischen Forderungen gerecht zu werden.

Die Essays, die sie in den 20er Jahren schrieb, und die kleinen Prosaskizzen, die sie vor *Jacob's Room* verfaßte und denen sie den Titel *Monday or Tuesday* (1921) gab, lassen erkennen, daß sie sich sehr wohl an die Fakten des alltäglichen Lebens hält, daß sie Wirklichkeit mit allen Sinnen in sich aufnimmt, daß ihre Erzählkunst eine sensualistischempirische Basis hat. Aber es ist auch zu beobachten, daß sie mit Hilfe einer experimentellen Erzähltechnik tiefere Realitätsschichten zu erschließen versucht.

Im Sinne einer rein faktischen Wirklichkeitsorientierung unterrichtet Virginia Woolf in *Jacob's Room* den Leser über die räumlichen und zeitlichen Bedingungen, die für das Leben des Jacob Flanders von Belang waren, über das gesellschaftliche Milieu, in dem er lebte, und über die geschichtliche Atmosphäre, die sein Leben prägte. Kapitel 1 und 2 spielen in Cornwall und Scarborough, Kapitel 3 und 4 in Cambridge und auf den Scilly Isles. Kapitel 5 bis 10 haben London zum Schauplatz; Kapitel 11 und 12 berichten von seiner Reise nach Paris, Italien und Griechenland und in den beiden letzten Kapiteln ist wiederum London Handlungsort. Allein schon in der Verteilung des Stoffes auf die Schauplätze zeichnet sich ein streng architektonischer Plan ab: Den beiden Anfangskapiteln über die Kindheit stehen die beiden letzten Kapitel gegenüber, die in den Anspielungen auf Jacobs Tod kulminieren. Den beiden Kapiteln, die von der Studienzeit handeln, sind als Kontraste die Reisekapitel zugeordnet. Die Kapitel über sein Leben in London bilden das Zentrum des Werkes, so daß sich für den Gesamtaufbau die Formel 2+2+6+2+2 ergibt.

Die Bedeutung der Schauplätze wird noch dadurch erhöht, daß die Autorin – entsprechend dem Titel des Romans – jeweils besonderen Wert auf die Schilderung der Räume legt, in denen sich Jacobs Leben abspielt – von den Kinderzimmern in Cornwall und Scarborough über die Studentenbude in Cambridge bis hin zur Londoner Wohnung erfährt der Leser immer wieder, wie die Umwelt aussah, in der Jacob lebte und die er für sich selbst geschaffen hatte. Als Beispiel sei die Beschreibung seines Zimmers in Cambridge zitiert:

> Jacob's room had a round table and two low chairs. There were yellow flags in a jar on the mantelpiece; a photograph of his mother; cards from societies with little raised cres-

cents, coats of arms, and initials; notes and pipes; on the table lay paper ruled with a red margin – an essay, no doubt – »Does History consist of the Biographies of Great Men?« There were books enough; very few French books; but then any one who's worth anything reads just what he likes, as the mood takes him, with extravagant enthusiasm. Lives of the Duke of Wellington, for example; Spinoza; the works of Dickens, the *Faery Queen;* a Greek dictionary with the petals of poppies pressed to silk between the pages; all the Elizabethans. His slippers were incredibly shabby, like boats burnt to the water's rim. Then there were photographs from the Greeks, and a mezzotint from Sir Joshua – all very English. The works of Jane Austen, too, in deference, perhaps, to some one else's standard. Carlyle was a prize. There were books upon the Italian painters of the Renaissance, a *Manual of the Diseases of the Horse,* and all the usual textbooks. Listless is the air in an empty room, just swelling the curtain; the flowers in the jar shift. One fibre in the wicker arm-chair creaks, though no one sits there (*JR,* 37).

Obgleich Virginia Woolf eine Reihe von Gegenständen aufzählt, die sich in Jacobs Zimmer befinden, kann man ihr nicht vorwerfen, daß sie mit dieser Beschreibung in den Stil der »Materialisten« Wells, Bennett und Galsworthy zurückgefallen sei, die sie in ihrem Essay »Mr. Bennett and Mrs. Brown« kritisierte. Die Selektion der Einzelheiten ist deutlich spürbar: Die Gegenstände, mit denen sich Jacob umgibt, die Bücher, die er liest, der Titel des Essays – alles läßt den Leser eine Vorstellung von der geistigen Welt gewinnen, in der Jacob lebt, und auch von den Neigungen und Vorlieben, die für ihn charakteristisch sind. Jacobs Zimmer ist zugleich ›seine Welt‹, ist ein persönlich gestalteter Raum. In der Beschreibung der äußeren (dinglichen) Wirklichkeit eines Zimmers erfaßt Virginia Woolf die innere (spirituelle) Wirklichkeit eines Menschen. Durch ihre Darstellungsweise läßt sie die räumlich-faktische Wirklichkeit transparent werden für das Wesen des Protagonisten, über den sie durch den gesamten Roman hindurch nur wenig direkt feststellt.

Bei der Darstellung der Zeit unterscheidet sie in diesem Roman deutlich zwischen der äußeren, chronologisch meßbaren Zeit und der inneren, erlebten Zeit. Der Zeitablauf wird in *Jacob's Room* durch das ständige Schlagen der Uhren und Läuten der Glocken markiert, und die Autorin unterstreicht diesen mechanisch-ehernen Rhythmus des unendlichen Fortschreitens der Zeit durch eine Reihe von stilistischen Mitteln. So wird beispielsweise die Zeit wie ein Gegenstand angesehen, der in vier Teile zerlegt werden kann, und bemerkt: »[...] the church clock divided time into quarters« (*JR*, 132), oder es wird in strenger Aufzählung berichtet, was sich an einem Abend von Stunde zu Stunde ereignete:

> By six o'clock a breeze blew in off an icefield; and by seven the water was more purple than blue; and by half-past seven there was a patch of rough gold-beater's skin round the Scilly Isles, and Durrant's face, as he sat steering, was of the colour of a red lacquer box polished for generations. By nine all the fire and confusion has gone out of the sky, leaving wedges of apple-green and plates of pale yellow; and by ten the lanterns on the boat were making twisted colours upon the waves, elongated or squab, as the waves stretched or humped themselves (*JR*, 50).

Virginia Woolf erfaßt in diesem Abschnitt zum einen das Zeitschema, zum andern die Veränderungen in der äußeren, physischen Wirklichkeit, sie zeichnet diese Veränderungen im physischen Bereich mit dem kompositorischen Geschick eines postimpressionistischen Malers, so daß der monotone Rhythmus, der durch die Zeitangaben zustande kommt, ständig durch die Angaben über die beobachtete und erlebte Wirklichkeit aufgehoben wird. Die prosaische Chronologie und die Poesie der erlebten Wirklichkeit sind einander kontrapunktisch zugeordnet.

Das chronologische Gerüst dieses Romans läßt sich aus direkten Angaben und Anspielungen auf zeitgeschichtliche Ereignisse ermitteln. Von der Feststellung, daß Jacob im Frühling des Jahres, in dem der Krieg ausbrach, 26 Jahre alt war, kann man sein Geburtsjahr (wenn auch nicht das genaue Geburtsdatum) errechnen. Dazu paßt die Angabe »Jacob Flanders, therefore, went up to Cambridge in October, 1906« (*JR*, 27); er begann sein Studium als Achtzehnjähriger. Der zentrale Teil des Romans, der London zum Schauplatz hat, läßt sich auf die Jahre 1910 bis 1914 datieren. Verfolgt man die Angaben zu den einzelnen Monaten und Jahreszeiten, so ergibt sich, daß der Roman – wiewohl er sich über mehrere Jahre erstreckt – im September beginnt und im Sommer endet: der Jahreszeitenzyklus umschließt in übergreifender Weise das ganze Werk. Das Leben des Jacob Flanders ist also in mehrfacher Weise auf chronologische Schemata bezogen: in dem Jahreszeitenzyklus bildet sich die biologische Ordnung des Keimens und Reifens und Vergehens ab; in den Zeitangaben der Uhren werden Ordnungen faßbar, die vom Menschen gesetzt sind; besonders deutlich wird dies, wenn vom Klang der Kirchenglocken oder den Sterbeglocken die Rede ist.

Jacob's Room ist jedoch auch insofern ein »Zeitroman«, als er – ähnlich wie Thomas Manns *Zauberberg*, dessen Held ebenfalls 1916 in Flandern den Tod findet – eine bestimmte historische Atmosphäre festhält. *Jacob's Room* läßt den Leser einen Einblick in die Zeit vor dem Ersten Weltkrieg gewinnen. In diesen Jahren verlor Virginia Woolf ihren Bruder Thoby, der während einer Griechenlandreise an Typhus erkrankte und daran sehr bald starb. Mit Jacob Flanders läßt sie die Generation jener Cambridge-Studenten lebendig werden, die sie durch ihren Bruder kennengelernt hatte, jene Generation, der auch die »War-Poets« wie Rupert Brooke oder Siegfried Sassoon angehörten, mit deren Werken sie sich in den 20er Jahren befaßte. Daß Jacob Flanders im Ersten Weltkrieg fällt – in seinem Familiennamen ist sein Schicksal bereits symbolisch enthalten – und nicht auf seiner Griechenlandreise erkrankt und stirbt, ist aufschlußreich: Virginia Woolf hat zwar persönliche Erinnerungen verarbeitet, das Buch aber nicht zu einer Allegorie autobiographischer Erlebnisse werden lassen. Private Erinnerungen werden so ausgeformt, daß mit ihnen zugleich das Schicksal einer Generation lebendig wird. In Jacob Flanders Tod spiegelt sich die Todesstimmung einer ganzen Generation.

Der gesamte Roman ist derart von Todesmotiven und Anspielungen auf die Todesthematik durchzogen, daß man ihn einen Totentanz nennen könnte. Bereits zu Beginn des Romans klingt das Todesmotiv an, als Jacob am Strand einen Tierschädel findet: »Sobbing, but absent-mindedly, he ran farther and farther away until he held the skull in his arms« (*JR*, 8). Bei der Beschreibung von Jacobs Zimmer spielt die Autorin immer wieder auf diesen Tierschädel an – bis hin zur letzten Seite des Romans, wo es heißt: »[...] over the doorways a rose or a ram's skull is carved in the wood« (*JR*, 176). Das Todesmotiv klingt weiterhin an, wenn Mrs. Flanders an ihren verstorbenen Gatten denkt, wenn Jacob bei der Jagd nach Schmetterlingen einem Totenkopffalter nachjagt, wenn bei der Beschreibung des chaotischen Verkehrs in London von einem Lastwagen berichtet wird, der neubeschriftete Grabsteine transportiert, oder Clara Durrant ein Pferd beobachtet, das ohne Reiter davongaloppiert – gerade in dem Augenblick, in dem sie an Jacob Flanders denkt. Insbesondere gegen Ende des Romans häufen sich die Vorausdeutungen auf Jacobs Tod und den Krieg.

Eine Biographie des Jacob Flanders schreiben heißt für Virginia Woolf von seiner physischen Existenz, aber auch vom Wesen seines Charakters berichten. Virginia Woolf scheut sich, die Konventionen der Viktorianer zu übernehmen und zu Beginn des Romans ein Porträt des Protagonisten zu zeichnen, in dem bereits alle wesentlichen physischen und psychischen Merkmale enthalten sind und das für den Leser als ein bequemes Orientierungsschema dienen kann. Eine derart traditionelle Technik, wie sie etwa Thomas Hardy in *The Return of the Native* bei der Einführung von Eustacia Vye noch anwandte, wies Virginia Woolf in ihren Essays zurück, und die Spuren dieser theoretischen Reflexionen sind in *Jacob's Room* deutlich zu spüren.

Wenn sie in dem Essay »Mr. Bennett and Mrs. Brown« davon spricht, wie schwierig es sei, eine durchschnittliche Frau wie Mrs. Brown, der man in jedem Eisenbahnabteil begegnen könnte, zu porträtieren, so kehrt sie in *Jacob's Room* die Situation um und schildert, wie schwierig es für eine Frau wie Mrs. Norman ist, sich ein richtiges Bild von Jacob Flanders zu machen, mit dem sie sich in einem Eisenbahnabteil befindet, als er zum Studium nach Cambridge reist. Da sie sich vor ihm fürchtet, beobachtet sie jede Einzelheit an ihm. Aus der Perspektive dieser Frau gewinnt der Leser folgenden Eindruck von Jacobs Äußerem:

> Taking note of socks (loose), of tie (shabby), she once more reached his face. She dwelt upon his mouth. The lips were shut. The eyes bent down, since he was reading. All was firm, yet youthful, indifferent, unconscious – as for knocking one down! No, no, no! [...] Grave, unconscious ... now he looked up, past her ... he seemed so out of place, somehow, alone with an elderly lady ... (*JR*, 28).

Und einige Zeilen weiter heißt es:

> But since, even at her age, she noted his indifference, presumably he was in some way or other – to her at least – nice, handsome, interesting, distinguished, well built, like her own boy? (*JR*, 29).

Virginia Woolf registriert – mit Hilfe von Gedankenbericht und erlebter Rede – die Impressionen und Reaktionen von Mrs. Norman, fügt aber in diese Passage zugleich kleine auktoriale Erzählerkommentare ein, die auf die Ambivalenz solcher Impressionen und Reaktionen hinweisen: sie vermitteln Aufschlüsse über den Beobachteten, aber auch über den Beobachter. Sie dürfen jedoch nicht als eine summarische Deutung eines Charakters verstanden werden:

> It is no use trying to sum people up. One must follow hints, not exactly what is said, nor yet entirely what is done [...]« (*JR*, 29).

Dieser Unsagbarkeitstopos zieht sich geradezu leitmoti-

visch durch den gesamten Roman (vgl. *JR*, 70 f., 153). Trotz
solcher skeptischer Einschränkungen ist nicht zu übersehen, daß Virginia Woolf sich besonders bei den Schilderun-
gen von Nebenpersonen oft der auktorialen Kommentare
bedient, um einzelne Figuren zu »placieren«; und auch bei
Jacob scheut sie nicht davor zurück, aus der Perspektive
des auktorialen Beobachters den Eindruck zu beschreiben,
den der neutrale Beobachter von dessen physischer Erscheinung gewinnen kann. Als Jacob mit Florinda aus dem
Schlafzimmer in sein Wohnzimmer zurückkehrt, heißt es:

> [...] it was Jacob who came first, in his dressing-gown, ami-
> able, authoritative, beautifully healthy, like a baby after an
> airing, with an eye clear as running water (*JR*, 91).

Wenngleich der Autor-Erzähler von Jacobs physischer
Schönheit mit einem Anflug von Ironie spricht, wird gerade dieser Aspekt leitmotivisch wiederholt. Florinda vergleicht ihn mit den Statuen im Britischen Museum (vgl. *JR*,
79), Sandra mit dem Hermes des Praxiteles, Fanny Elmer
mit Ulysses, und auf einem Tanzfest am Guy Fawkes Day
schmücken ihn Tänzer, die seine Schönheit bewundern
(»you are the most beautiful man we have ever seen«, *JR*,
74), mit Papierblumen und Glastrauben, mit Requisiten,
die an Dionysos erinnern. Mag seine äußere Gestalt auch
nur in einem rein ornamentalen Sinn mit griechischen Statu-
en und Götterbildern vergleichbar sein, mag im Spiel der
Tänzer zugleich eine Parodie des Griechentums und des
griechischen Schönheitsideals enthalten sein, es ist nicht zu
verkennen, daß Jacob in seiner inneren Einstellung zu Griechenland geprägt ist von dem Bildungsideal, dem sich die
»upper middle class« in England und dazu eine Universität
wie Cambridge zu Beginn des 20. Jahrhunderts verpflichtet
fühlte. Die Auseinandersetzung mit diesem Bildungsideal,
die sich im Protagonisten insbesondere im 12. Kapitel abspielt, berechtigt dazu, diesen Roman auch in die Tradition
des »Bildungsromans« einzuordnen.
Jacobs Verhältnis zur Antike ist in den ersten Kapiteln

nur aus »hints«, aus gelegentlichen Hinweisen, zu erschließen: Der Leser erfährt, daß Jacob von Mr. Floyd im Lateini-
schen unterrichtet wird und sich ein Exemplar der Werke
Byrons erbittet, als sich Mr. Floyd von Scarborough verab-
schiedet. Jacob nimmt die römische Literatur nur als Unter-
richtsgegenstand auf; er fühlt aber zugleich eine spontane
Zuneigung zu einem Vertreter der jüngeren Romantik, der
insbesondere zu Griechenland eine engere Beziehung hatte. Aus späteren Anspielungen auf Jacobs Shelley- und
Keats-Lektüre darf geschlossen werden, daß er die Antike
mit den Augen eines Romantikers wahrnimmt. Von seiner
Studienzeit an bildet für ihn die griechische Antike die
Norm, an der er seine Gegenwart mißt. Alle Kulturen, die
er und sein Studienfreund Timmy Durrant kennengelernt
haben – und sei es auch noch so oberflächlich – sind ihrer
Meinung nach der griechischen unterlegen.

Wenn Virginia Woolf hervorhebt, daß Jacob die griechische Sprache nicht vollkommen beherrscht und daß er von
antiker Geschichte nichts weiß, so ist dies darin begründet,
daß sie mit Jacob nicht den Typus eines jungen Gelehrten
schildern wollte. So begrenzt auch seine Sach- und Sprach-
kenntnisse sein mögen, er ist auf eine ganz persönliche Weise von Griechenland angesprochen: »[...] the whole senti-
ment of Athens was entirely after his heart; free, venture-
some, high-spirited« (*JR*, 75). Wie tief Jacob in seinen Londoner Jahren von der Philosophie Platos beeindruckt war,
zeigen die Abschnitte, die von seiner Phädrus-Lektüre handeln. Jacob läßt sich ganz von Platos Denkrhythmus tragen: Er assimiliert und absorbiert die geistige Energie, die
in der philosophischen Abhandlung steckt und gewinnt damit einen klaren, scharfen Blick für die Realität des Londoner Alltags (vgl. *JR*, 109).

Die Reise nach Griechenland läßt Jacob erkennen, daß er
sein Bild von der antiken Kultur einer bestimmten Erzie-
hungsidee verdankt: »[...] it is the governesses who start the
Greek myth [...]. The point is, however, that we have been
brought up in an illusion« (*JR*, 136 f.). Obgleich er sich von

den allzu schulmeisterlichen Vorstellungen ironisch distanziert, bleibt der romantische Zug in seiner Griechenland-Auffassung zunächst erhalten: »›I intend to come to Greece every year so long as I live,‹ Jacob wrote to Bonamy. ›It is the only chance I can see of protecting oneself from civilization‹« (*JR*, 145). Griechenland bleibt für ihn der Inbegriff der Freiheit, der Kühnheit und der geistigen Lebendigkeit, auch wenn er in den trivialen Umständen des Alltags eine Mischung von primitiver und modern-technischer Zivilisation beobachtet.

Das zentrale Erlebnis seines Griechenland-Aufenthaltes ist für ihn der Besuch der Akropolis. Wenn der Autor-Erzähler in den Abschnitten, die die Beschreibung des Parthenon aus auktorialer Sicht vorbereiten, über Griechenland einmal bemerkt »now it is suburban; now immortal« (*JR*, 147), dann werden damit ähnlich wie in *Night and Day* »moments of being« und »moments of non-being« antithetisch voneinander abgesetzt. Es ist weiterhin aufschlußreich, daß Virginia Woolf die Beschreibung des Parthenon nicht in die besondere Erlebniswelt des Jacob Flanders einlagert, sondern aus auktorialer Sicht über die spezifische Seinsweise des Kunstwerks reflektiert und von der Wirkung des Kunstwerks auf den Betrachter in einer generalisierenden Weise spricht. Wenn bei der Auswertung des Eindrucks, den der Parthenon auf einen Betrachter auszulösen vermag, bemerkt wird: »you begin to connect the blaze [...] with the idea that perhaps it is beauty alone that is immortal« (*JR*, 148), dann wird deutlich, daß dieser reflektierende Einschub nicht einem ursprünglich platonischen Denkansatz verpflichtet ist, sondern primär von Einstellungen des Ästhetizismus geprägt wurde. Virginia Woolf setzt in der Reflexion des auktorialen Mediums die ästhetische Sphäre absolut und autonom und bezieht den konkreten sinnlichen Eindruck weder auf die Idee des Schönen, noch stellt sie wie Keats in der *Ode on a Grecian Urn* einen inneren Zusammenhang zwischen »beauty« und »truth« her. Sie sieht die

Dauer des schönen Kunstwerks ausschließlich in seinem
Kunstcharakter, in seiner künstlerischen Geformtheit begründet.

Der Kontext beweist, daß Jacob Flanders von der architektonischen Schönheit des Parthenon getroffen ist – das
Augenblickserlebnis aber, das ihm auf der Akropolis zuteil
wird, ist nicht die Empathie, nicht die mystisch-ekstatische
Identifikation des Betrachters mit dem betrachteten Kunstwerk, sondern umgekehrt: die Erkenntnis, daß im gegenwärtigen Augenblick die Verwirklichung einer durch die
griechische Kunst ausgedrückten Einstellung zur empiri-
schen Realität auf die Dauer nicht möglich ist:

> And then looking up and seeing the sharp outline, his medi-
> tations were given an extraordinary edge; Greece was over;
> the Parthenon in ruins; yet there he was (*JR*, 149).

Das Erlebnis des Parthenon und der Akropolis ist damit jedoch nicht zu einer bedeutungslosen Illusion geworden; seine Fähigkeit, die Wirklichkeit zu sehen und über sie zu reflektieren, wurde durch die Wahrnehmung griechischer
Kunstwerke geschärft, und die in ihm selber angelegte
»spiritual energy« wurde durch die geistige Energie, die im
Kunstwerk steckt, gesteigert und geformt. Durch die Konfrontation mit der Kunst der Antike hat er zu sich selber,
zur Kunst, zur Geschichte, zur menschlichen Gesellschaft
ein neues Verhältnis gewonnen.

Die kritische Distanz zu England, die sich Jacob während eines Aufenthaltes in Griechenland zu eigen gemacht
hat, faßt er im Dialog mit Bonamy (zu Beginn des 13. Kapitels) in der Feststellung zusammen: »There's none of this
European mysticism« (*JR*, 164). Die letzte Szene aus Jacobs
Leben, die der Roman mitteilt, zeigt ihn in meditativer Haltung: »But Jacob might have been thinking of Rome; of ar-
chitecture; of jurisprudence; as he sat under the plane tree
in Hyde Park« (*JR*, 171). Er hat sich von der trivialen Sphäre des Londoner Alltags gelöst und denkt über eine Kultur
und deren Geschichte nach, die – wie er – vom Untergang

bedroht ist. Mit dem Satz: »Darkness drops like a knife over Greece« (*JR*, 175) umschreibt Virginia Woolf die weltgeschichtliche Katastrophe, in der Jacob Flanders sein Ende findet.

Mit Jacob Flanders stirbt zugleich die Lebens- und Liebeskraft, aus der eine »regeneratio« der englischen Gesellschaft hervorgehen könnte, die sich allzu willig einschnürenden Konventionen unterwirft. Dies läßt sich deutlich an Jacob Flanders' Verhältnis zu den Frauen ablesen. Seiner Mutter, deren Sinn ganz aufs Faktische gerichtet ist, widersetzt er sich; für Mrs. Jarvis, die sich der dichterisch-visionären Wirklichkeit öffnet, zeigt er Sympathie. Clara Durrant – »A flawless mind; a candid nature; a virgin chained to a rock (somewhere off Lowndes Square) eternally pouring out tea for old men in white waistcoats« (*JR*, 122) – entspricht in ihrer Aufrichtigkeit Jacobs Denkweise; während er sich jedoch von der Gesellschaft löst, bleibt sie an deren Konventionen, an die versteinerten Verhältnisse gefesselt. Clara spürt zugleich, daß sich Jacob niemals dem traditionellen Stil gesellschaftlichen Zusammenlebens unterwerfen wird. In dem Maße, in dem sich Jacob den Fesseln der Gesellschaft entzieht, vermag er die in ihm angelegte Lebensenergie freizusetzen und sie auf jene Menschen zu übertragen, die in seinem Umkreis leben. Jacob wird mit einem Magnet verglichen: Er ist ständig von einem Kraftfeld umgeben, an dem all jene Frauen partizipieren, die ihm begegnen, die ihn jedoch nicht – im Sinne der possessiven Mentalität der Gesellschaft – auf die Dauer als Partner besitzen können. Die Beziehung zu Florinda bleibt auf das physisch-sexuelle Erlebnis begrenzt; in ihr verbinden sich physische Attraktivität und intellektuelle Stupidität. Fanny Elmer, von Krankheit und Tod gezeichnet, liebt Jacob, ohne je Erwiderung zu finden. Und auch zu Sandra Wentworth Williams, einer verheirateten Frau, die Jacob in Griechenland trifft, vermag er keine dauernde innere Beziehung zu finden. Sehr bald verspürt Jacob die Enttäuschung, die die Begegnung mit dieser Frau zugleich

mit sich bringt: »He had in him the seeds of extreme disillu-
sionment, which would come to him from women in
middle life« (*JR*, 158).

Jacob's Room läßt sich daher auch als ein »Desillusionsro-
man« (im Sinne von Georg Lukács) beschreiben: Die Lebenskraft, die Liebesfähigkeit, die in Jacob vorhanden ist,
verströmt sich; mehr als eine momentane, physisch-sexuelle oder psychisch-erotische Erfüllung ist ihm nicht vergönnt. Jacobs privates Schicksal und das Schicksal seiner
Generation sind zutiefst auf das Thema des Todes und des
Untergangs abgestimmt.

IV

MRS. DALLOWAY

Die Differenzierung des Erzählvorgangs – Figurengestaltung: Clarissa Dalloway und Septimus Warren Smith – Dostojewski, Marcel Proust, Walter Pater und die Darstellung des »moment of vision« – Gesellschaftskritische Elemente: Sir William Bradshaw und Peter Walsh – Struktur und Textur des Romans

Die neue Einstellung zur Realität, die sich bei Virginia Woolf nach dem Ersten Weltkrieg in zunehmendem Maße herausbildete, führte bei ihrem nächsten Roman *Mrs. Dalloway* (1925) unter dem Einfluß von James Joyce und Marcel Proust zu einer Verschmelzung alter und neuer Erzähltechniken, die zunächst an Hand eines Textbeispiels erläutert werden soll. Es handelt sich hierbei um einen Ausschnitt aus dem Teil des Romans, der die Wiederbegegnung Clarissas mit Peter Walsh, ihrem Jugendgeliebten, schildert, den sie nach langen Jahren wiedersieht. Peter gesteht dabei in aller Freimütigkeit, daß er nach London kam, um die Scheidung einer jungen Frau voranzutreiben, in die er sich in Indien verliebt hat und die er nach der Scheidung heiraten möchte. Die Reaktion Clarissas auf diese Mitteilung wird wie folgt beschrieben:

> »In love!« she said. That he at his age should be sucked under in his little bow-tie by that monster! And there's no flesh on his neck; his hands are red; and he's six months older than I am! her eye flashed back to her; but in her heart she felt, all the same; he is in love. He has that, she felt; he is in love.
> But the indomitable egotism which for ever rides down the hosts opposed to it, the river which says on, on, on; even though, it admits, there may be no goal for us whatever, still

on, on; this indomitable egotism charged her cheeks with
colour; made her look very young; very pink; very bright-
eyed as she sat with her dress upon her knee, and her needle
held to the end of green silk, trembling a little. He was in
love. Not with her. With some younger woman, of course
(*MD*, 50f.).

Virginia Woolf setzt also zunächst auf eine ganz konventionelle Weise mit direkter Rede ein. Es folgt die Angabe »she
said«, die zwar auch in einem auktorialen Roman stehen
kann; sie ist hier jedoch mit keinerlei sprachlichen Elementen verknüpft, die auf eine auktoriale Erzählweise hindeu-
ten; d. h. – in der Terminologie von F. Stanzel – sie ist »neu-
tralisiert« und damit der personalen Erzählweise, die im Roman die vorherrschende ist, angepaßt (vgl. Franz Stanzel,
Die typischen Erzählsituationen im Roman, Wien, Stuttgart 1955). Im Anschluß an diese Inquitformel leitet Virginia Woolf über zur Darstellung der weit bedeutenderen
inneren Reaktionen Clarissas, in der weibliche Enttäuschung und Empörung zugleich lebendig werden. Diese
seelische Erregung wird in der Form eines inneren Monologs wiedergegeben, der seinen Höhepunkt mit dem Satz erreicht: »and he's six months older than I am!«. Im Gegensatz zur erlebten Rede, die in der Regel das Präteritum gebraucht und die erlebende Figur in der 3. Person nennt,
steht hier das Verbum im Präsens, und die Gestalt, deren Bewußtseinsvorgänge dargestellt werden, spricht in der 1. Person. Damit wird die Distanz, die in der erlebten Rede zwischen Erzähler und dargestellter Figur bei aller Einfühlung
in die jeweilige Situation noch gewahrt wird, völlig aufgegeben. Der zitierte Satz bringt (in der Illusion des Lesers) eine
unmittelbare Vergegenwärtigung der Bewußtseinsvorgänge in Clarissa Dalloway.

Diese erzählerische Ebene des inneren Monologs ist auch
in den folgenden Sätzen weiterhin anzutreffen, allerdings
sind einzelne berichtende Sätze, die Regiebemerkungen ähneln, eingeschoben: »her eye flashed back to her; but in her
heart she felt [...] she felt [...]«. Der Eingang des folgenden

Abschnittes klingt zunächst so, als wolle Virginia Woolf nun im Gegensatz zum Vorhergehenden einen auktorialen Kommentar im Stile einer George Eliot aufbauen; an diese ältere Erzähltechnik erinnert auch der Gebrauch des Pronomens »us«, durch das eine Verbindung zwischen dem Erzähler, dem Leser und der dargestellten Figur geschaffen wird. Die Metaphorik und vor allem der Rhythmus des Satzes (insbesondere das mehrfach wiederholte emphatische »on«) sind jedoch der Erlebnislage der dargestellten Person, ihrer inneren Empörung, ihrem Sich-Aufbäumen angepaßt; dazu kommt, daß die folgende kurze Personenbeschreibung, die aus dieser reflektierenden Partie langsam herauswächst, in ihrer Rhythmik die seelische Erregtheit Clarissas ebenfalls nachzubilden versucht – bis hin zu der charakteristischen Gebärde, mit der dieser Satz schließt: »trembling a little«. Mit dieser Gebärde wird zugleich ein Übergang hergestellt zu den drei knappen Sätzen in erlebter Rede, mit welchen der zweite Abschnitt ausklingt. Beachtenswert ist dabei der Kontrast, der zwischen dieser Stelle in erlebter Rede und dem inneren Monolog des ersten Abschnittes besteht. Im inneren Monolog heißt es: »[...] he is in love«; er läßt die Erregung Clarissas unmittelbare Gegenwart werden; die Feststellung »He was in love«, die in erlebter Rede getroffen wird, macht aus dem Sachverhalt ein Faktum, mit dem sich Mrs. Dalloway bereits abzufinden versucht.

Die vorliegende Stelle zeigt, daß die Wiedergabe von Vorgängen in der »äußeren Wirklichkeit«, d. h. in diesem Falle die Darstellung des Dialogs zwischen Clarissa und Peter, für Virginia Woolf von untergeordneter Bedeutung ist. Der Akzent liegt auf der Schilderung der geistig-seelischen Vorgänge in Clarissa, auf der Darstellung ihres Bewußtseins. Virginia Woolf bedient sich dabei sowohl traditioneller Mittel wie des Berichtes und des Kommentars, als auch der Erzähltechniken, die erst in diesem Jahrhundert stärker ausgeprägt wurden wie die erlebte Rede und der innere Monolog; sie stuft diese Mittel mit der Souveränität einer erfahre-

nen Erzählerin, um den Leser mit wechselnden Intensitäts-
graden am Erleben Clarissas teilhaben zu lassen. Da der
Prosarhythmus der gesamten Passage auf den Erlebnis-
rhythmus Clarissas abgestimmt ist, empfindet der Leser
beim Übergang von einer Darbietungsweise zur anderen
keinerlei Bruch.

Dieses erzähltechnische Prinzip der gleitenden Übergänge wird durch den gesamten Roman und bei nahezu allen
Romanfiguren benutzt – der satirisch gezeichnete Arzt Sir
William Bradshaw bildet eine Ausnahme –, und es wird insbesondere auch an jenen Stellen angewandt, an welchen Virginia Woolf auf knappstem Raum aus dem Bewußtsein einer Figur in das Bewußtsein einer anderen hinüberwech-
selt. Meist dienen bei solchen Übergängen – ähnlich wie im
Film – äußere Vorgänge oder Gegenstände wie z. B. ein vor-
beifahrendes Auto, ein am Himmel kreisendes Flugzeug
oder die Glockenschläge von Big Ben als eine Art Brücke,
die von einer Psyche in die andere führt. Indem Virginia
Woolf an solchen Stellen die verschiedenen Reaktionen der
einzelnen Charaktere auf den gleichen äußeren Anlaß einfängt, gelingt es ihr, ein differenziertes Bild des Raum- und
Zeiterlebnisses aller Figuren ihres Romans zu entwerfen.

Rein äußerlich gesehen fällt auf, daß Virginia Woolf in ihrem Roman allein schon durch die Wahl des Schauplatzes
und die entsprechende Datierung des Geschehens eine
»Oberflächenwirklichkeit« schildert, mit der die meisten
ihrer (englischen) Leser beim Erscheinen des Romans vertraut waren: London im Jahre 1923. Und wenn sie überdies
die Geschehnisse auf einen einzigen Tag datierte, erlegte sie
sich geradezu klassische Beschränkung auf: sie folgte damit
Joyce, der für seinen *Ulysses* den 16. Juni 1904 und Dublin
als äußere räumlich-zeitliche Begrenzung gewählt hatte.
Virginia Woolf ist allerdings in der äußeren zeitlichen Gliederung des einen Tages, den sie schildert, noch viel genauer.
Wenn sie auch den ursprünglich geplanten Titel »The
Hours« nicht beibehalten hat, so sind doch die Glockenschläge von Big Ben (und anderer Londoner Uhren) ein we-

sentliches Strukturelement dieses Romans. Wir können daher für die meisten Vorgänge und Begegnungen, die das Geschehnisgerüst des Werkes ausmachen, mit ziemlicher Genauigkeit ermitteln, wann sie sich abspielen. Dennoch ist nicht zu übersehen, daß nicht die Angabe, *wann* sich ein bestimmtes Ereignis abspielt, für Virginia Woolf von erzählerischer Wichtigkeit ist, sondern das innere Verhältnis der Personen zu diesem Zeitpunkt oder überhaupt zu allem zeitlichen Geschehen. So schildert sie gleich zu Beginn des Romans, wie Clarissas Gedanken in ihre Jugendzeit zurückgleiten und wie unmittelbar darauf die Reflexion über Vergangenes von dem Gedanken an eine bedrückende Zukunft überlagert wird. Wiederholt dringt in die Erlebniswelt der 52jährigen Clarissa der Gedanke an das Ende ihres irdischen Daseins ein, und ihre Überzeugung, daß es kein ewiges Leben im Jenseits gibt, verleiht ihrem Zeiterlebnis das besondere Gepräge: das Verstreichen der Zeit löst in ihr ein Gefühl der elegischen Wehmut aus, weckt aber auch die Sehnsucht nach Dauer in allem irdischen Wechsel. Jeder Stundenschlag von Big Ben füllt sich daher in ihrem Bewußtsein mit persönlicher Bedeutung.

In gleicher Weise erleben die einzelnen Figuren des Romans auch die äußere geographische Wirklichkeit der Stadt London – es tauchen vertraute Namen wie Bond Street, Piccadilly, St. James's Park, Buckingham Palace auf – in einer rein subjektiven Sicht: für Clarissa ist der Londoner Alltag ein Sinnbild des Lebens überhaupt, dem sie sich liebend hingibt. Für Rezia, die Italienerin, bleibt London eine fremde Stadt; die dauernde Nähe des geistesgestörten Septimus läßt für sie diese Stadt zum »Herzen der Dunkelheit« werden. Da nun im Bewußtseinsstrom der einzelnen Gestalten das Hinabtauchen in die Vergangenheit stets auch mit einer Vergegenwärtigung anderer Schauplätze verbunden ist, bildet sich in den inneren Monologen der Personen dieses Romans eine Simultaneität der Orte und der Zeiten heraus: die Erlebniskategorien gehen ineinander über, so daß man bei ein und derselben Gestalt sowohl über eine »Verzeitlichung des Raumes« wie eine »Verräumlichung der Zeit« sprechen kann.

Allein die Analyse der äußeren Vorgänge und der ihnen zugeordneten seelischen Erlebnisse Clarissas, die im ersten Segment des Romans dargestellt werden, zeigt, daß Virginia Woolf nicht nur eine unregelmäßige Folge von Impressionen und Reflexionen, von »Spiegelungen der Hauptfigur in anderen Gemütern, Spiegelungen des Lebens im Gemüt der Hauptfigur« (Hilde Spiel, *Der Park und die Wildnis,* München 1953, S. 20) festzuhalten versuchte, wie man das bei der ersten Lektüre des Buches annehmen kann und wie es auch einzelne Äußerungen der Autorin über die Ziele ihres Romanschaffens vermuten lassen. Durch die Fülle der notierten Impressionen und oszillierenden Stimmungen hindurch wird vielmehr ein subtiles Geflecht von polaren Spannungen und Kontrasten transparent, durch das der Roman seine innere Geschlossenheit erlangt. Wie die Figurengestaltung und die Thematik auf dieses Grundprinzip abgestimmt sind und auf welche Weise das gesellschaftskritische Element damit verknüpft ist, soll im folgenden dargelegt werden.

Clarissa Dalloway gerät in ein Feld polarer Spannungen, in dem sie einerseits danach strebt, sich gegen ihre Umwelt abzuschirmen und eine eigene Welt aufzubauen und zu bewahren, und sich andererseits immer wieder aufgerufen fühlt, aus dieser Zurückgezogenheit herauszutreten und am gesellschaftlichen Leben teilzuhaben. Um sich den Weg in jene Einsamkeit offen zu halten, die Clarissa »the privacy of the soul« (*MD,* 140) nennt, wies sie die Werbung Peter Walshs ab, dessen geistige Überlegenheit auf sie eine faszinierende Wirkung ausübte, vor dem sie jedoch zurückschreckte, weil sie in seiner unberechenbaren Spontaneität nichts anderes sah als eine ichbezogene Triebhaftigkeit, die primär den physischen Rausch begehrt und nicht die Bereitschaft mit einschließt, die individuelle Einmaligkeit des Partners zu respektieren. Diese Bereitschaft fand sie umgekehrt bei Richard Dalloway: sie muß jedoch erkennen, daß sie ihre Frigidität und emotionale Zurückhaltung ihm gegenüber nie zu überwinden vermochte, daß sie als Liebende scheiterte. Die Empfindung, einer beklemmenden Einsamkeit ausgesetzt zu sein, verstärkt sich in Clarissa, je mehr sie die physischen Kräfte mit dem herannahenden Alter schwinden spürt und von der Atmosphäre der Kälte und des Todes angerührt wird.

Einsamkeit ist demnach für Clarissa eine ambivalente Daseinsform. Sie ist einerseits notwendiger Schutz, der ihr erst die Möglichkeit gibt, ganz sie selber zu sein; andererseits ist Einsamkeit auch eine Gefährdung: sie kann zu einer kalten Abgeschlossenheit führen, Ausdruck der Erstarrung des Lebens sein und als ein schicksalhaftes Verhängnis empfunden werden. Aus dieser zweiten Erfahrung erklärt sich Clarissas besonderes Verhältnis zur gesellschaftlichen Umwelt, in der sie sich als Gattin des Unterhausabgeordneten Richard Dalloway bewegt. Wenn Clarissa es versteht, sich im gesellschaftlichen Leben mit Mut und sicherem Instinkt durchzusetzen und ständig bereit ist, zu dienen, zu helfen und zu fördern, so faßt sie die gesellschaftliche Rolle, die ihr kraft ihres sozialen Status zufällt, im Sinne eines persönlichen Auftrages auf. In den Gesellschaften, zu denen sie einlädt, sieht sie die Möglichkeit, Menschen aus ihrer Einsamkeit zu erlösen, Beziehungen zwischen ihnen herzustellen, die nicht ihr, sondern ausschließlich anderen zum Vorteil gereichen sollen; Gesellschaften betrachtet sie als ein Geschenk, ja sogar als eine Art Opfergabe, die sie darbringt aus Mitgefühl und Mitleid mit dem Nächsten (vgl. *MD*, 134f.). Dabei setzt sich Clarissa ständig der Gefahr aus, sich vom Lebensstil der Gesellschaft in einem allzu starken Maße beeindrucken und prägen zu lassen, so daß die altruistischen Motive ihres Handelns überdeckt und mit egoistischen Motiven vermischt werden. Aus dem Erlebnis, ihre tiefsten Intentionen nicht in ursprünglicher Reinheit verwirklichen zu können und dazu noch in ihrem Handeln mißverstanden zu werden, erwächst in Clarissa die Furcht, bei den Aufgaben, die sie sich im gesellschaftli-

chen Leben selber gestellt hat, zu scheitern: »Life was that –
humiliation, renunciation« (*MD*, 184). Dem Sog der Leere
und der Sinnlosigkeit, den Clarissa im gesellschaftlichen Bereich verspürt, erliegt sie vor allem deshalb nicht, weil in ihr
genügend Energien lebendig sind, um allen zerstörerisch-
auflösenden Mächten Widerstand leisten zu können. Peter
Walsh spürt sehr deutlich, daß Clarissa in der Entschlossen-
heit zum Widerstand einen harten Zug gewinnt, und sie selber fühlt, wie kalt sie in ihrer entschiedenen Selbstbehauptung sein kann. Dennoch fehlt bei Clarissa jegliche Bitterkeit gegenüber dem Leben – ihr Stoizismus ist vielmehr auf
eine ganz einmalige Weise mit epikureischen Elementen verbunden; sie genießt das Leben, freut sich an allen seinen Er-
scheinungsformen und vermag sich mit gelöster Heiterkeit
über alle Absurditäten im menschlichen Dasein hinwegzusetzen.

Aufschlußreich ist die Bemerkung Virginia Woolfs in der
Vorrede zur Modern Library Edition des Romans, daß sie
in ihrem ursprünglichen Entwurf plante, Clarissa durch
Selbstmord (oder einfach durch den Tod) enden zu lassen.
Dann entschloß sie sich jedoch, mit Septimus Warren Smith
eine Art Doppelgänger einzuführen und gleichzeitig das
Schicksal der beiden Figuren auf das Prinzip des Kontra-
stes abzustimmen. Dadurch erinnert der Ausklang des Romans in der vorliegenden Fassung an den Schluß von Joseph Conrads Erzählung *Heart of Darkness*. Dort kehrt
Marlow in gleicher Weise wie Clarissa aus dem Bereich des
Todes in das Leben zurück, nachdem er im Schicksal des
Mr. Kurtz das Spiegelbild eines möglichen eigenen Schick-
sals erblickt hat. Virginia Woolf hat den Schluß ihres Romans insofern motiviert und plausibel gemacht, als es der
bewahrenden Art Clarissas entspricht, daß sie darauf verzichtet, den Vorstoß zu einem Sinnzentrum mit der Ver-
nichtung des Ich zu erkaufen. (Clarissa hat dem Tod nur
einmal gleichsam einen symbolischen Tribut gezollt, als sie
ein Schilling-Stück in die Serpentine, den Teich im Hyde
Park warf.) Allen Gefährdungen durch das Chaotisch-Ab-

surde, denen sie dennoch täglich ausgesetzt ist, begegnet sie
mit der Gabe, eine eigene Welt um sich schaffen zu können,
wo immer sie sich auch befindet. Die Rückkehr Clarissas
zu ihren Freunden nach ihrer Meditation über den Tod des
Septimus beweist, daß sie den Mut zur Selbstbehauptung,
die Bereitschaft, dem Sog der Zeit und den auflösenden
Mächten zu trotzen, nicht verloren hat. Dabei ist sich Clarissa bewußt, daß sie mit ihrer Rückkehr zur Welt auch weiterhin zu problematischen Kompromissen gezwungen sein
wird, daß sie nicht mit der radikalen Kompromißlosigkeit
leben kann, mit der Septimus gestorben ist. Wenngleich sie
nicht denselben Weg geht wie Septimus, so hat sie dennoch
durch die Meditation über sein Ende Einsicht gewonnen in
die Eigenart und die Grenzen ihres Daseins; erst durch diese Einsicht, diesen Akt der Selbsterkenntnis, gelangt die
stoisch-epikureische Haltung dem Leben gegenüber, die in
ihr von Anfang an vorhanden war, zur vollen Reife.

Septimus Warren Smith erweist sich insofern als ein Doppelgänger Clarissas, als die polaren Spannungen, die in der
Titelheldin des Romans angelegt sind, auch bei ihm nachgewiesen werden können; sie erscheinen bei Septimus allerdings in einer extremen Steigerung, die er nur durch Selbstmord zu überwinden vermag. Stärker noch als Clarissa erfährt Septimus die Vereinsamung, die bei ihm unverschulde-
tes Schicksal ist, das der Krieg ihm aufgebürdet hat. Er
kommt sich wie ein Ausgesetzter vor, bei dem die Welt nur
darauf wartet, daß er seinem nutzlosen Leben ein Ende
setzt. In seinem gestörten Bewußtsein nähert sich alles
Menschliche dem Bestialischen; die menschliche Gesellschaft, durch die Septimus sein Schicksal bedingt sieht,
scheint in einen Zustand zurückgefallen zu sein, in dem –
im Sinne von Thomas Hobbes – einer des anderen Wolf ist.
Die Ärzte, Dr. Homes und Sir William Bradshaw, bei denen er Heilung finden möchte, werden für ihn zum Inbegriff menschlicher Grausamkeit und Bestialität; sie verwandeln sich in seiner Vorstellungswelt in Raubvögel, die ihr
Opfer suchen. Mit der Angst vor den destruktiven Kräften

in der menschlichen Gesellschaft kontrastiert die momentane, glückhaft-euphorische Hinwendung zur Welt, die ihm
vergönnt ist, nachdem er in seiner Phantasie das Erlebnis
des Todes bereits vorweggenommen hat. Als der dichterisch Begabte erlebt er die Schönheit der Natur mit über-
scharfer Intensität, wobei zugleich deutlich wird, daß er ge-
wohnt ist, Wirklichkeit durch das Medium Shakespeare-
scher und Keatsscher Dichtung imaginativ zu erfassen. Irdi-
sche Schönheit, die für ihn eine Spur des Göttlichen in sich
trägt, wird in Septimus im Augenblick angespanntester
Wahrnehmung identisch mit der Wahrheit, was als eine Re-
miniszenz an Keats' *Ode on a Grecian Urn* verstanden werden darf. Und so wie diese Ode dadurch charakterisiert ist,
daß nach dem visionären Augenblick glückhafter Erfüllung ein wehmütiges Gefühl der Trauer über die Vergänglichkeit wiederum aufbricht, so wird auch Septimus aus
dem selbstvergessenen Staunen über die Schönheit der Dinge herausgerissen durch Rezias Bemerkung: »It is time«
(*MD*, 78). Septimus versucht diese Erfahrung der dialektischen Gespanntheit seines Daseins, der Teilhabe an Leben
und Tod, am zeitlosen Augenblick und an der zeitlichen
Vergänglichkeit, dadurch zu überwinden, daß er sie in einer
schöpferischen und wiederum an Keats gemahnenden Weise in ein Kunstwerk zu bannen versucht; er singt »an immortal ode to Time« (*MD*, 78).

Aus dem Erlebnis des zeitlichen Wandels, des Todes und
des Chaos, das Septimus im Krieg zuteil wurde, erklären
sich auch die Botschaften, die er in Augenblicken visionärer Schau vernimmt und an die menschliche Gesellschaft
weitergeben möchte. Sie lauten: »[...] first, that trees are a-
live; next, there is no crime; next, love, universal love«
(*MD*, 75). Die letzte Botschaft erinnert an die Lehre Chri-
sti, und es ist von da aus gesehen nicht überraschend, wenn
Septimus sich wiederholt in die Rolle eines Welterlösers
versetzt fühlt, der bereit ist, das Leiden der Menschheit auf
sich zu nehmen und für sie zu sterben. Allerdings ist zu be-
achten, daß sich bei ihm christlich-eschatologische und au-

ßerchristlich-utopische Vorstellungen ständig durchdringen. So betrachtet er im Sinne des naturwissenschaftlichen Utopismus des 19. Jahrhunderts seine Botschaft von der universalen Liebe als den krönenden Abschluß einer langen geschichtlichen Entwicklung: sie ist der Höhepunkt, dem seiner Auffassung nach die europäische Zivilisation zustrebt. Spiegelt sich in seinen Phantasien ein verflachter Fortschrittsoptimismus des 19. Jahrhunderts, so zeigt sein Schicksal die Krise an, in die ein solches Denken nach dem Ersten Weltkrieg geraten war.

Auch bei Septimus gibt es – ähnlich wie bei Clarissa – einander widersprechende Züge. So wird er an einer Stelle der glücklichste und der elendeste Mensch zugleich genannt, und seiner eingebildeten märtyrerhaften Größe steht nicht nur seine Geistesgestörtheit, sondern auch das Bewußtsein der eigenen Schwäche, ja des moralischen Versagens entgegen. Seine Eheschließung mit Rezia betrachtet er als Schuld, weil er bei ihr Schutz gegen seine Leiden suchte, d. h. nur an sich dachte, nicht aber an das Schicksal der Frau, die bereit war, ihm zu folgen. Damit aber hat Septimus nach eigener Auffassung gegen jene Forderung verstoßen, die für ihn den Sinn der Welt ausmacht: »universal love«. So stirbt er schuldig und schuldlos zugleich. Schuldig ist er vor seinem überscharfen Gewissen; schuldlos, insofern er das Opfer geschichtlicher Ereignisse und gesellschaftlicher Verhältnisse ist.

Tagebuchäußerungen aus dem Jahre 1923 und der Essay »The Russian Point of View« legen den Schluß nahe, daß Virginia Woolf bei der Ausarbeitung der Passagen, die von Septimus handeln, Anregungen von den russischen Romanciers, insbesondere aus Dostojewskis Werken verarbeitete, daß Elemente aus der Darstellung des Fürsten Myschkin (aus dem Roman *Der Idiot*) und des jungen Ingenieurs Kirilov (aus dem Roman *Die Dämonen*) in abgewandelter Form in die Darstellung des Septimus eingegangen sind. Myschkin und Kirilov kennen wie Septimus Augenblicke der Ekstase, in denen sie die ewige Harmonie des Seins

wahrnehmen, und wie bei Septimus ist auch bei ihnen die
Ekstase an Krankheitsphänomene gekoppelt: die Schi-
zophrenie des Septimus hat in der Epilepsie der russischen
Romancharaktere ihre Entsprechung. Über den Fürsten
Myschkin wird gesagt:

> Er dachte unter anderm daran, daß es in seinem epilepti-
> schen Zustand fast unmittelbar vor einem Anfall (falls der
> Anfall im Wachen eintrat) eine Phase gegeben hatte, wo auf
> einmal mitten in der Traurigkeit und der seelischen Finster-
> nis und der Niedergeschlagenheit sein Gehirn für Augen-
> blicke gleichsam aufgeflammt war und all seine Lebenskräf-
> te sich plötzlich mit außergewöhnlicher Energie gespannt
> hatten. Die Empfindung des Lebens und das Bewußtsein
> der eigenen Persönlichkeit verzehnfachten sich in diesen
> Augenblicken, die nur die Dauer eines Blitzes hatten. Ver-
> stand und Herz waren von einem ungewöhnlichen Licht
> durchleuchtet, all seine Aufregungen, all seine Zweifel, all
> seine Beunruhigungen mit einem Schlag besänftigt, in eine
> höhere Ruhe voll klarer, harmonischer Freude und Hoff-
> nung, voll Verstand und Einsicht in die letzten Gründe der
> Dinge aufgelöst (F. M. Dostojewski, *Der Idiot,* dtsch. v.
> Hermann Röhl, Frankfurt a. M. 1981, S. 78).

Wenngleich sich Dostojewski und Virginia Woolf in ihrer
religiösen Grundeinstellung unterscheiden, stehen sie sich
in der Konzeption der ekstatischen Momente insofern nahe, als sie dabei von utopischen Denkmodellen des 19. Jahrhunderts mit beeinflußt sind.

Freilich wäre es irreführend, wollte man *nur* Dostojewski als mögliches literarisches Vorbild für die Gestaltung modernen Lebensgefühls in Betracht ziehen. Die Analyse von Clarissas Zeiterlebnis läßt vor allem an Marcel
Proust denken, mit dessen Werken sich Virginia Woolf in
der Entstehungszeit von *Mrs. Dalloway* befaßte. Wenn
man mit M. Beja zwei Typen des »moment of vision« unterscheidet, nämlich (a) den Typus, der im gegenwärtigen Augenblick die Vergangenheit lebendig werden läßt, und (b)
den Typus, der sich ausschließlich auf das »hic et nunc«

konzentriert, dann ist Marcel Prousts Zeitauffassung dem Typus (a) zuzuordnen. Die gleiche Erlebnisstruktur aber läßt sich mehrfach auch bei *Mrs. Dalloway* nachweisen. Bereits der Romananfang zeigt, wie Gegenstände und Geräusche im Erlebenden die Vergangenheit vergegenwärtigen können. Die Türangeln in ihrem Haus evozieren in Mrs. Dalloway das Geräusch der Türen in Bourton, wo sie einen Teil ihrer Jugend verbrachte. Wie beim Helden in *A la Recherche du Temps Perdu* geht es auch hier nicht um einen komplexen Erinnerungsvorgang, sondern um eine unmittelbare Evokation der Vergangenheit im gegenwärtigen Augenblick. In gleicher Weise können auch Gesten – wie etwa die des Kämmens – bei Mrs. Dalloway dazu beitragen, daß Vergangenheit, die Erinnerung an eine Liebesszene mit Sally Seaton, plötzlich und ungewollt Gegenwart wird. (Marcel Proust würde hier von »la mémoire du cœur« sprechen.) Bei Proust wie bei Virginia Woolf sind diese Erlebnismomente Augenblicke der Selbstbestätigung, nicht der mystischen Selbstauflösung, und wenn der Held in *A la Recherche du Temps Perdu* wie die Heldin in *Mrs. Dalloway* an sich die zerstörende und auflösende Wirkung der Zeit erfahren, ereignet sich bei beiden das Paradoxe, daß sie zugleich auch die bewahrende Kraft der Zeit erleben. Die Vergangenheit ist im Fluß der Zeit aufgehoben und kommt, ausgelöst durch triviale Vorgänge, in der Gegenwart zum Vorschein.

Eine Analyse aller Stellen, die sich auf Clarissas Zeiterleben beziehen, ergibt, daß bei ihr auch Erlebnisse nachgewiesen werden können, die dem Typus (b) zuzuordnen sind. Gerade die Erfahrung, der Vergänglichkeit ausgeliefert zu sein, veranlaßt Clarissa, sich von der Vergangenheit zu lösen und sich ganz dem gegenwärtigen Augenblick zuzuwenden, um ihn in ihrem Sinne umzuformen.

Months and months of it were still untouched. June, July, August! Each still remained almost whole, and, as if to catch the falling drop, Clarissa (crossing to the dressing-ta-

ble) plunged into the very heart of the moment, transfixed
it, there – [...] (*MD*, 41f.).

In solchen Augenblicken begreift sich Clarissa als das Zentrum einer selbstgeschaffenen Welt: »[...] one centre, one
diamond, one woman« (*MD*, 42). Die zitierten Passagen
hat Perry Meisel in seinem Buch *The Absent Father: Virginia Woolf and Walter Pater* (New Haven, Conn., London
1980) mit Paters *Marius the Epicurean* in Verbindung gebracht und behauptet: »[...] Clarissa Dalloway's exemplary
plunge ›into the very heart of the moment‹ (*MD*, 57)
repeats the ›privileged hour‹ (*M*, 255) at which Marius has
arrived by willfully ›arresting the desirable moment as it
passed‹ (*M*, 136), with Clarissa composing her world ›into
one centre‹ (*MD*, 57) much as Marius has gathered his own
life ›into one central act of vision‹ (*M*, 259)« (S. 48). Es sollte jedoch nicht übersehen werden, daß Paters Augenblicks-
philosophie von der »Unverbindlichkeit des Genießens«
(Wolfgang Iser) geprägt ist, während bei Clarissa Dalloway
gerade jene Entscheidungsbereitschaft zu beobachten ist,
die bei Marius letztlich fehlt.

Eine gesellschaftskritische Note gewinnt der Roman
nicht nur durch die Darstellung der Bewußtseinsvorgänge
in Septimus, in denen sich ständig utopische und satirische
Elemente miteinander vermischen. Auch die Reaktionen
Clarissas auf ihre Umwelt sind von kritischen Werturteilen
durchdrungen und deuten darauf hin, daß für sie die Achtung vor der Freiheit und Eigengesetzlichkeit eines jeden
einzelnen die oberste Maxime im gesellschaftlichen Zusammenleben der Menschen ist. Daß sich die Autorin selber
ebenfalls zu dieser Maxime bekennt, geht insbesondere
auch aus der distanziert-kritischen Charakterisierung von
Figuren wie Sir William Bradshaw, Lady Bruton oder
Hugh Whitbread hervor, wobei sich von Figur zu Figur va-
riierende Intensitätsgrade in der Verwendung von Satire,
Ironie und Komik im Dienste sozialkritischer Intentionen
feststellen lassen.

Wenn sich die schärfsten satirischen Angriffe im vorliegenden Roman gegen Sir William Bradshaw richten, so ist dies darin begründet, daß er der Repräsentant aller zerstörerischen Mächte ist, die in das Leben des englischen Volkes hineinwirken. Mit hintergründiger Raffinesse bewegt sich dieser Arzt durch die Londoner Gesellschaft, ähnlich wie die Gestalt des »Vice« auf der spätmittelalterlichen Moralitätenbühne. Erinnerungen an die Figurenwelt und Stilart dieses dramatischen Genres werden im Leser vor allem auch dadurch geweckt, daß ihm – ganz gegen die Gepflogenheiten des Bewußtseinsromans – in einer auktorialen Charakterisierung »Conversion« und »Proportion« als allegorische Figuren zugeordnet werden, um auf diese Weise die Ziele seines Denkens und Handelns zu signalisieren. »Conversion« deutet darauf hin, daß Sir William nach Einfluß strebt und Macht über die Seelen auszuüben versucht; »Proportion« bezeichnet die Norm, an der sich seine Ratio ständig orientiert, die alles menschliche Leben auf Quantitätsverhältnisse zu reduzieren versucht. Den quantitativen Normen der instrumentellen Vernunft unterstellt er sein privates Leben, seinen Beruf, seine Wirksamkeit im Staat und in der Gesellschaft. Gesundheit ist für Sir William identisch mit einer Lebensführung, die ganz im Zeichen vernünftiger Berechnung steht; alle Abweichungen von diesem Maß, an das er mit der verblendeten Vernunft eines Tyrannen glaubt, gelten als Wahnsinn, den er mit der Unterstützung des Staates bekämpft. Die abgründige Ironie dieser Gestalt liegt darin, daß Sir William als Psychiater Ansehen genießt, ohne in seiner rationalistischen Flachheit ein tieferes Gespür für das Unergründlich-Einmalige, für alles Irrationale im menschlichen Dasein zu besitzen. Er trägt die Maske bürgerlicher Wohlanständigkeit, spricht von »love, duty, self-sacrifice« (*MD*, 111), weiß Takt, Mitgefühl und Verständnis für die Leiden seiner Mitmenschen vorzutäuschen und versucht auf diese Weise, seine brutale Absicht zu verschleiern, mit den Mitteln einer ausschließlich naturwissenschaftlich orientierten Medizin Kontrolle über

Körper, Geist und Seele aller Staatsbürger auszuüben. Die
Kritik, die gegen ihn vorgebracht wird, ist doppeldeutig:
sie richtet sich gegen den machtgierigen Heuchler, der die
Maske bürgerlicher Wohlanständigkeit trägt, ebensosehr
wie gegen eine Gesellschaft, die ihm in blinder Verehrung
huldigt, und gegen einen Staat, der sein Tun sanktioniert.

Die gesellschaftskritische Tendenz kommt in dem vorliegenden Roman nicht nur dadurch zur Geltung, daß Virginia Woolf bei Sir William Bradshaw aus der personalen
Erzählsituation in die auktoriale Erzählhaltung überwech-
selt und mit kräftigen Strichen ein Charakterporträt zeichnet, in dem alle vorsichtige Nuancierung und Differenzierung der satirischen Wirkung zuliebe aufgegeben ist; weit
bedeutender als diese gelegentliche Veränderung der Erzählhaltung ist die Tatsache, daß Virginia Woolf mit Peter
Walsh eine Kontrastfigur zu allen Vertretern der englischen
Aristokratie und der »upper middle class« eingeführt hat.
Es fällt auf, daß die Reflexionen und Meditationen Peters in
diesem Roman einen verhältnismäßig breiten Raum einnehmen, daß vor allem auch die Abendgesellschaft Clarissas
wiederholt aus seiner Perspektive gesehen wird. Er durch-
dringt die gesellschaftlichen Masken der Personen, legt die
geheimsten Motive ihres Handelns frei und entdeckt dabei
Snobismus und Heuchelei, Stolz auf Ämter und Würden,
Gier nach Geld und Gold. Peters Reflexionen über die englische Gesellschaft deuten darauf hin, daß die Gebärde, mit
der er leitmotivisch charakterisiert wird, symbolische Bedeutung hat: Das Spiel mit dem Messer, das er wiederholt
öffnet und zufallen läßt, ist nicht nur der Ausdruck seines
leicht entflammbaren Gemütes und seiner kühnen Bereitschaft, Widerständen zu trotzen; es spricht daraus zugleich
der Habitus des Kritikers, der es versteht, Situationen und
Konflikte mit schneidender Schärfe zu analysieren.

Peter Walshs Interesse für Popes Dichtung ist ein Zeichen seiner Verwurzelung in der rationalistischen Tradition und Gesellschaftskritik des 18. Jahrhunderts. Daß auf-
geklärtes Denken sein Verhältnis zu den zeitgenössischen

politischen, sozialen und geistigen Strömungen bestimmt, geht deutlich aus seiner Bejahung des Sozialismus, seiner Kritik am Kapitalismus und Militarismus hervor. Peter Walsh erinnert in vieler Beziehung an einen modernen Aufklärer wie G. B. Shaw.

Ein besonderes Gepräge gewinnt die gesellschaftskritische Haltung Peter Walshs dadurch, daß sich in ihm rationalistisches und romantisches Erbe verbinden und durchdringen: Peter selbst vergleicht sich einmal mit einem romantischen Abenteurer und Freibeuter, der sich sorglos über alles Nur-Schickliche hinwegzusetzen vermag. In seiner radikalen Betonung persönlicher Freiheit, die oft mit einer herausfordernden Mißachtung aller gesellschaftlichen Formen verbunden ist, gleicht Peter Walsh einem Romantiker wie Shelley, mit dem er überdies das Schicksal teilt, von der Universität Oxford relegiert worden zu sein.

Lebensschicksal und angeborene Mentalität weisen Peter Walsh eine Außenseiter- und Ausnahmestellung zu. Er besitzt eine geistige Überlegenheit über seine Umwelt und eine innere Distanz zur Gesellschaft, wie sie bei keiner anderen Figur des Romans anzutreffen sind. Zugleich ist er erfüllt von einer tiefen Sympathie für alles Menschliche, die verhindert, daß seine Kritik in kalter und hochmütiger Ironie erstarrt; er überschaut die Welt vielmehr in gelöster Heiterkeit. Peter Walsh übernimmt damit in vieler Beziehung die Rolle, die im viktorianischen Roman dem kommentierenden Erzähler zufiel. Dennoch ist er nicht als die absolute kritische Instanz, als der einzige zuverlässige Kommentator der Vorgänge und Ereignisse im Roman aufzufassen. Durch eine geschickte erzählerische Strategie versteht es Virginia Woolf, Peters innere Einstellung, seine Urteile und Meinungen an verschiedenen Stellen ironisch einzugrenzen.

Überblickt man die Darstellung von privatem und gesellschaftlichem Leben, die Verknüpfung der äußeren Begebenheiten mit den geistig-seelischen Vorgängen in den einzelnen Personen, so zeichnet sich in diesem Roman ein Strukturmuster ab, bei dem sich allerdings auf Grund der vorliegenden Äußerungen von Virginia Woolf nicht entscheiden läßt, welche der äußeren Formmerkmale von Anfang an geplant waren und welche sich erst allmählich bei der Arbeit am Werk ergaben. Für die Struktur des Werkes ist bezeichnend, daß es um eine Mittelachse aufgebaut ist, die durch den Anfang des achten Segmentes markiert wird:

> It was precisely twelve o'clock; twelve by Big Ben; whose stroke was wafted over the northern part of London; blent with that of other clocks, mixed in a thin ethereal way with the clouds and wisps of smoke and died up there among the seagulls – twelve o'clock struck as Clarissa Dalloway laid her green dress on her bed, and the Warren Smiths walked down Harley Street. Twelve was the hour of their appointment. Probably, Rezia thought, that was Sir William Bradshaw's house with the grey motor car in front of it. (The leaden circles dissolved in the air).

Diese Zeilen finden sich auf S. 104 des Romans (in der Hogarth Edition), der im Druck einen Umfang von insgesamt 213 Seiten hat, die in 11 Leseabschnitte (= Segmente) aufgegliedert sind. Von dieser Mittelachse aus gerechnet entsprechen sich die beiden Teile des Werkes quantitativ, auch wenn sie eine verschieden große Anzahl von Segmenten umfassen. Daß der genannten Stelle auch inhaltlich gesehen eine zentrale Bedeutung zukommt, geht daraus hervor, daß sie den Höhepunkt des Junitages beschreibt, an dem sich alle Geschehnisse abspielen, und daß sie weiterhin die Hauptperson Clarissa und Rezia Warren Smith, die bislang nur getrennt voneinander charakterisiert wurden, zum erstenmal in einem Satz nebeneinander nennt. Wenn darüber hinaus im gleichen Zusammenhang mitgeteilt wird, daß Clarissa mit ihren Vorbereitungen für die Abendgesellschaft beschäftigt ist, während Septimus und Rezia sich auf dem Weg zu Sir William befinden, dann sind diese Angaben als Vorausdeutungen auf die Hauptereignisse des dargestellten Tages zu verstehen. Schließlich wird mit den Glockenschlägen des Big Ben und insbesondere den Verben »to die« und »to dissolve«, die diesen Klängen zuge-

ordnet sind, das Thema der Vergänglichkeit aufgenommen, das vorher im Roman in mannigfacher Variation
schon berührt wurde.

Von dieser Mitte aus läßt sich ein reich differenziertes Ge-
füge von Korrespondenzen erfassen, durch welche die einzelnen Segmente des Romans in vielfältiger Weise miteinander koordiniert werden. Zunächst fällt auf, daß Anfang und
Ende des Werkes aufeinander abgestimmt sind. Das erste
Segment schildert Clarissas Weg in den Londoner Alltag;
sie gibt sich liebend an das Leben hin und begegnet allen le-
bensfeindlichen Mächten mit Haß. Das letzte Segment gipfelt in ihrer Rückkehr zum Leben, nachdem sie sich zuvor
in Gedanken mit Septimus und seinem Schicksal identifiziert hat. Weiterhin ist festzustellen, daß in dem einleitenden Segment Clarissas Freundeskreis aus ihrer Perspektive
eingeführt wird; am Schluß ist der gleiche Freundeskreis
seit Jahren zum erstenmal wieder um sie versammelt, die
»Suche nach der verlorenen Zeit« ist gleichsam belohnt worden. Nun richten sich umgekehrt die Gedanken aller Ver-
sammelten auf Clarissa. Peters Frage: »But where is Clarissa?« (MD, 205) ist bezeichnenderweise der erste Satz des
letzten Segmentes, der eine Spannung erzeugt, die sich erst
mit dem Schluß des Buches löst: »It is Clarissa, he said. For
there she was« (MD, 213). Auf ähnliche Korrespondenzen
stößt man weiterhin, wenn man den zweiten und den vor-
letzten Abschnitt des Romans miteinander vergleicht.

Die Szene, die die Abendgesellschaft schildert, zu der
Mrs. Dalloway eingeladen hat, bildet einen Kontrast zum
zweiten Segment des Romans, in dem das Leben des »Mannes auf der Straße« in knappen Bildfragmenten dargestellt
wird. Die Korrespondenzen zwischen den beiden Segmenten werden dadurch noch verstärkt, daß in jedem von ihnen
der Blick des Lesers auf Septimus gelenkt wird: in der Stra-
ßenszene zu Beginn wird er fast unmerklich eingeführt,
und es taucht dabei die Frage auf: »The world has raised its
whip; where will it descend?« (MD, 17). Die Nachricht von
seinem Tod wirft einen Schatten über die Abendgesell-

schaft Clarissas und läßt die Vorgänge und Gespräche zu einem *Danse macabre* werden.

Solche spiegelbildlichen Entsprechungen und Kontrasteffekte finden sich insbesondere auch im VII. und VIII. Segment des Romans, d. h. in jenen beiden Abschnitten, die unmittelbar um die Mittelachse des Werkes gelagert sind – als Beispiele hierfür seien die Begegnungen von Septimus mit den beiden Ärzten genannt: Dr. Holmes behandelt ihn mit gönnerhafter Herablassung; Sir William dagegen schlägt sofort einschneidende Maßnahmen vor: »There was no alternative. It was a question of law« (*MD*, 107).

Die Gesamtstruktur des Werkes gewinnt dadurch eine eigentümliche Lockerheit, daß die architektonischen Grundlinien, auf die wir hingewiesen haben, überlagert werden durch ein reich differenziertes Gewebe von Bildern, Symbolen, leitmotivischen Wendungen, die durch den gesamten Roman hindurch wiederkehren. Das Leitmotiv aus Shakespeares *Cymbeline*: »Fear no more th' heat o' th' sun / Nor the furious winter's rages« stellt eine innere Beziehung zwischen Septimus und Clarissa her; mit diesem Leitmotiv sind wiederum die Bilder der Sonne und der sommerlichen Glut, die Symbole der Rose und des Baumes verknüpft, wobei mit diesen Symbolen stets auch auf die Ambiguität des menschlichen Daseins hingewiesen wird: die Rose ist Symbol höchster menschlicher Erfüllung, erinnert jedoch zugleich auch an die Vergänglichkeit allen menschlichen Daseins. Wie in allen Werken Virginia Woolfs sind auch in diesem Roman, dessen Schauplatz stets eine moderne Großstadt ist, Welle, Fluß und Meer bedeutsame Symbole. Sie sind Ausdruck des Lebensrhythmus der einzelnen Figuren und des gesamten Lebensprozesses, den Virginia Woolf darzustellen versucht. Wenn sie als Erzählerin so reichen Gebrauch von einer suggestiven Bild- und Symboltechnik macht, so deshalb, weil sie darin ein geeignetes Mittel sah, um die irrationalen Schwingungen und Bewegungen des menschlichen Daseins einzufangen, die sich mit architektonischen Ordnungsprinzipien nicht nachbilden lassen. Mit dem Sinn für eine klassische Beherrschtheit und eine formale Ausgewogenheit des Ganzen und der Teile eines Kunstwerkes verband sie ein Gespür für die Wirksamkeit bildhaften Ausdrucks, was ein Zeichen ihrer im Grunde romantischen Sensibilität ist, die, literargeschichtlich gesehen, durch die Schule des Symbolismus hindurchgegangen war.

Die neuere Literaturkritik neigt dazu, Virginia Woolfs Leistung in *Mrs. Dalloway* sehr hoch zu veranschlagen: so nennt David Daiches (in der Vorrede zur zweiten Auflage seiner Virginia Woolf-Monographie) *Mrs. Dalloway* »the most central and in a sense the most *fulfilled* of all her novels« (S. XI); ähnlich urteilt Jean Guiguet. Wenn wir uns dem Urteil dieser Kritiker anschließen, dann möchten wir unsere Stellungnahme wie folgt begründen:

Die Bedeutung des Romans *Mrs. Dalloway* im gesamten englischen Romanschaffen der ersten Hälfte des 20. Jahrhunderts liegt darin, daß es Virginia Woolf gelungen ist, mit ererbten und zeitgenössischen erzählerischen Techniken in einem Werk von klassischer Geschlossenheit und innerer Ausgewogenheit die komplexe Bewußtseinslage einer Generation zu erfassen, welche die Erschütterungen des Ersten Weltkrieges innerlich noch nicht überwunden hat, und daß dieses Werk die Regungen des künstlerischen Gewissens einer Autorin einfängt, die sich zum schöpferischen Protest gegen die zerstörerischen Tendenzen des Zeitalters herausgefordert fühlte. Wenn Virginia Woolf auch niemals eine absolut gültige Antwort auf die Frage nach dem Sinn des Lebens gefunden und mit ihrem Werk keine programmatische Botschaft zu übermitteln hat, so ist unverkennbar, daß sie als Erzählerin mit spürbarer Sympathie auf der Seite jener Figuren steht, die trotz aller Bedrohungen und Absurditäten des modernen Lebens versuchen, ihre persönliche Freiheit zu behaupten und ihre individuelle Eigenart zu bewahren – auch auf die Gefahr hin, bei diesem Versuch zu scheitern. In diesem Sinne hatte bereits 1947 R. L. Chambers über Virginia Woolf festgestellt:

Virginia Woolf has no special axe to grind, except her feeling for humanity, her awareness of the tragedy of man, which implies also an awareness of the dignity of man (Richard L. Chambers, *The Novels of Virginia Woolf*, London 1947, S. 79).

V

TO THE LIGHTHOUSE

Der Stoff – Die Aufbauprinzipien – Die Farbsymbolik – Kunst-
und Wirklichkeitsauffassung Lily Briscoes – Figurengestaltung:
Mrs. Ramsay, Mr. Ramsay – Die Gruppierung der Kinder

Während der Roman *Mrs. Dalloway* dem Leser einen Einblick in die gesellschaftlichen Verhältnisse in London nach
dem Ersten Weltkrieg vermittelt, ist das Geschehen in Virginia Woolfs zweitem großen Roman der 20er Jahre, in *To the
Lighthouse,* auf die Hebriden-Insel Skye verlegt. Teil I,
»The Window«, beschreibt einen Septembernachmittag
und -abend, an dem der Philosophieprofessor Charles Ramsay, seine Frau und ihre acht Kinder sich mit ihren Freunden treffen, zu denen Charles Tansley, ein Mitarbeiter
Charles Ramsays, die Malerin Lily Briscoe, der Dichter Au-
gustus Carmichael und der Botaniker William Bankes gehören; ihnen schließt sich das Liebespaar Minta Doyle und
Paul Rayley an. Teil II, »Time Passes«, stellt den Wandel im
Ferienhaus der Familie Ramsay und den allmählichen Ver-
fall des Hauses in den folgenden zehn Jahren dar. Die
Schicksale der Familie – Mrs. Ramsay stirbt, ebenso ihre
Tochter Prue, und der Sohn Andrew fällt im Ersten Welt-
krieg – werden nur in Parenthesen mitgeteilt. In Teil III,
»To the Lighthouse«, wird berichtet, daß Mr. Ramsay, sein
Sohn James und seine Tochter Cam nach zehn Jahren zur In-
sel Skye zurückkehren; nun wird die Fahrt zum Leucht-
turm, die sie einst planten, tatsächlich durchgeführt, und
Lily Briscoe vollendet ihr damals konzipiertes Bild, das
Mrs. Ramsay und deren Sohn darstellt.

Ein Zugang zur Struktur dieses Romans ergibt sich am
ehesten, wenn man Äußerungen von Roger Fry über Kom-

positionsprinzipien des Post-Impressionisten Cézanne heranzieht, die sich in seiner Monographie über diesen Maler finden *(Cézanne: A Study of His Development* erschien 1927, im selben Jahr wie *To the Lighthouse).* So führt Fry beispielsweise über Cézannes »Still-life with a Cineraria« aus: »[...] he arranges the table exactly in the middle and so as to be seen at right angles, parallel, that is, to the picture plane« (Roger Fry, *Cézanne,* S. 54); und über den Bildaufbau der »Kartenspieler« stellt er fest: »[...] not only is everything seen in strict parallelism to the picture plane, not only are the figures seen in almost as strict a profile as in an Egyptian relief, but they are symmetrically disposed about the central axis. And this again is, as it were willfully, emphasized by the bottle on the table« (Ebd., S. 72f.). Freilich sieht Fry auch, daß bei Cézanne eine raffinierte Variation dieses streng geometrischen Kompositionsprinzips anzutreffen ist, daß die Mittelachse leicht verlagert ist und durch entsprechende kompositorische Mittel das leicht gestörte Gleichgewicht wieder hergestellt wird: »The axis is very slightly displaced and the balance redressed by the slight inclination of the chair back and the gestures of the two men are slightly, but sufficiently varied« (Ebd., S. 73). Beide Prinzipien, die strenge wie die aufgelockerte symmetrische Komposition, sind in Virginia Woolfs Roman *To the Lighthouse* zu beobachten.

Im ersten Teil des Romans, der 19 Segmente umfaßt, wird die leicht verlagerte Mittelachse durch die Triade »suffering, death, the poor« *(TL,* 102) gebildet, womit die Themen benannt sind, die im Mittelpunkt von Mrs. Ramsays Meditationen stehen. Die Meditation über das Leiden, den Tod und die Armen läßt sie an einer sinnvollen Weltordnung im theologischen Sinn zweifeln: »How could any Lord have made this world? she asked. With her mind she had always seized the fact that there is no reason, order, justice« *(TL,* 102).

Die Spannung in ihrer Existenz ergibt sich dadurch, daß sie glaubt, wenigstens in einem Augenblick Friede, Ruhe

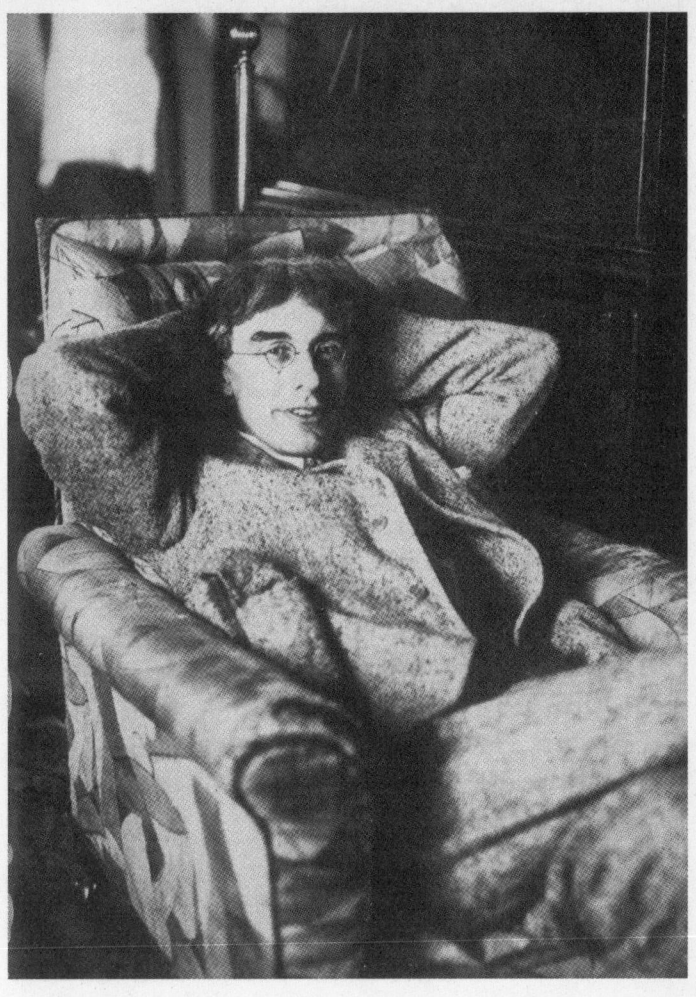

Roger Fry (1866–1934), Kunstkritiker und Kunsttheoretiker,
der das englische Publikum mit den Werken Cézannes, van
Goghs und Gauguins bekannt machte, die er die
»Post-Impressionists« nanntc.

und Unvergänglichkeit zu erfahren, daß sie sich dann aber wiederum dem Chaotisch-Vergänglichen ausgesetzt sieht.

Teil II des Romans verbindet das streng symmetrische Aufbauprinzip mit der leichten Verlagerung der Mittelachse. Symmetrisch sind beispielsweise das erste und das zehnte Segment, das zweite und das neunte, das dritte und das achte Segment aufeinander bezogen. So schildert das erste Segment den Ausklang des in Teil I geschilderten Tages, das letzte beschreibt die Nacht, die dem Morgen unmittelbar vorangeht, an dem sich die Ereignisse in Teil III abspielen. Im 3. Segment wird in Parenthese festgestellt, daß Mrs. Ramsay verstorben ist; das 8. Segment berichtet von Mrs. McNab und deren Erinnerungen an Mrs. Ramsay. Die Sonderstellung des 6. Segmentes, das die leicht verlagerte Mittelachse dieses Teils bildet, ergibt sich dadurch, daß nicht nur die Nachricht vom Tode Prues und Andrews mitgeteilt wird, sondern daß auch die im 11. Segment des ersten Teiles bereits geübte Kritik an der Vorstellung von einer gerechten und vernünftigen Weltordnung fortgesetzt wird. Wenngleich die Natur die Vorstellung weckt, daß Güte, Glück und Ordnung das Weltgesetz ausmachen, bringt das auktoriale Medium in diesem Segment seine Vorbehalte gegen eine solche Konzeption deutlich zum Ausdruck. Es wird davon berichtet, daß das Meer sich verfärbt und eine große Blutlache sichtbar wird. Ein deutsches U-Boot ist versenkt worden (es ist die Zeit des Ersten Weltkrieges) und läßt den Betrachter gewahrwerden, daß in die Natur die Spur des Kampfes, des Krieges, der Zerstörung und des Chaos eingeschrieben ist.

Eine streng symmetrische Kompositionsweise ist dagegen im dritten Teil festzustellen, der 13 Segmente umfaßt. Das 7. Segment bildet nicht nur im mathematischen Sinne die Mittelachse; seine zentrale strukturelle Position wird dadurch markiert, daß Mr. Ramsay, James und Cam genau die Mitte der Strecke erreicht haben, die sie auf ihrer Fahrt zum Leuchtturm zurückzulegen haben. Innerhalb dieses Segmentes konstatiert Lily Briscoe: »There was a brown spot in the middle of the bay. It was a boat« (*TL*, 280); am Ende des Segmentes wird diese Beobachtung in leicht variierter Form wiederholt: »The boat was in the middle of the bay« (*TL*, 281). Die streng symmetrische Gliederung des dritten Teiles: Aufbruch zum Leuchtturm im 2. Segment, Mitte der Fahrt im 7. Segment, Ankunft am Leuchtturm im 12. Segment, wird dadurch noch gestützt, daß vom ersten bis zum abschließenden 13. Segment die Perspektive in regelmäßig alternierendem Rhythmus von Lily Briscoe auf Mr. Ramsay und seine Kinder und dann wieder zurück auf Lily Briscoe verlagert wird. Das strukturelle Muster des dritten Teiles wird auf diese Weise so deutlich wahrnehmbar wie die geometrische Bildkomposition bei Cézanne; die erzählerische Struktur verliert jedoch dadurch an Starre, daß die Thematik, die Entstehung von Lilys Bild und die Fahrt zum Leuchtturm so differenziert ausgearbeitet und die imagistische und symbolische Textur so subtil gestaltet ist, daß insgesamt die Struktur niemals über die Textur und die Thematik dominiert.

Daß Virginia Woolf sich bei der Niederschrift dieses Romans an kunsttheoretischen Werken orientierte, die im Bloomsbury-Kreis entstanden und erörtert wurden, geht auch aus den Äußerungen Lily Briscoes über ihre eigene Malweise hervor. Verfolgt man Lily Briscoes Reflexionen über ihre Kompositionsprinzipien, so trifft man auf die *eine* leitmotivisch wiederholte Vorstellung: die zentrale Linie als sichtbarer Ausdruck für eine harmonisch ausgewogene Bildkomposition. Das Symmetrieprinzip erschließt sich ihr in einer Art Epiphanie: Während des Abendessens, zu dem Mrs. Ramsay ihre Freunde gebeten hat, wird Lily Briscoe intuitiv klar, wie sie ihr Bild aufzubauen hat: »In a flash she saw her picture, and thought, Yes, I shall put the tree further in the middle; then I shall avoid that awkward space. That's what I shall do« (*TL*, 132). An diese innere Erfahrung knüpft Lily Briscoe an, als sie nach zehn Jahren in das Haus der Familie Ramsay zurückkehrt und sich entschließt, das Bild endgültig zu malen, über das sie während

des Abendessens nachgedacht hatte. Dieses Bild wird dadurch vollendet, daß sie nach einem langen kreativen Prozeß dieses Kompositionsprinzip zur Geltung kommen läßt, das sich ihr »in a moment of revelation« (*TL,* 228) erschlossen hatte: »With a sudden intensity, as if she saw it clear for a second, she drew a line there, in the centre« (*TL,* 320). Wenn Lily Briscoe in ihren inneren Monologen die beiden Aspekte des Kunstwerks umkreist, die in den Schriften von Roger Fry meist mit den Begriffen »design« bzw. »structure« und »texture« umschrieben werden, dann zeichnet sich in ihrem Bewußtsein deutlich folgender Kompositionsstil ab:

1. She saw the colour burning on a framework of steel; the light of a butterfly's wing lying upon the arches of a cathedral (*TL,* 78).

2. Beautiful and bright it should be on the surface, feathery and evanescent, one colour melting into another like the colours on a butterfly's wing; but beneath the fabric must be clamped together with bolts of iron. It was to be a thing you could ruffle with your breath; and a thing you could not dislodge with a team of horses (*TL,* 264).

Die Struktur soll einem stählernen Gerüst gleichen oder auch einem Gerüst, das durch Eisenbolzen zusammengehalten wird. Auch das Bild des Gewölbebogens einer Kathedrale deutet auf die Vorstellung der strukturellen Härte und der stabilen, unverrückbaren Festigkeit hin. Dem entspricht die streng durchkalkulierte Struktur, die Virginia Woolf ausarbeitete, als sie mit der Komposition des gesamten Romans befaßt war. Zu den Äußerungen über die Struktur des Bildes stehen die Angaben in Kontrast, die sie über die geplante Textur macht. An den beiden zitierten Stellen verwendet Lily Briscoe zur Kennzeichnung der texturellen Beschaffenheit des Bildes, das sie malen möchte, den Vergleich mit einem Schmetterlingsflügel; sie betont damit die Vorstellung der Zartheit und der Schwerelosigkeit, die sie im Betrachter des Bildes durch die Farben, insbesondere durch die Art und Weise, wie sie aufeinander abgestimmt sind und ineinander übergehen, evozieren möchte. Wenn an der ersten Stelle die Wirkung der Farbe auf den Betrachter mit der Wendung »[...] the colour burning on a framework of steel« umschrieben wird, dann geht daraus hervor, daß für Lily Briscoe mit der Zartheit der Textur zugleich die Vorstellung von der Intensität der farblichen Impression verbunden ist.

Geht man den Farbzeichnungen in den Passagen nach, die von den kreativen Vorgängen in Lily Briscoe handeln, so wird deutlich, daß die Farben für sie eine symbolische Bedeutung haben. In gleicher Weise verwendet auch das auktoriale Medium, das den Roman erzählt, Farbadjektive in symbolischer Funktion und baut damit ein komplexes Netz von Beziehungen und Bedeutungen auf, in das alle Personen und Vorgänge des Romans eingegliedert sind. Die Verwendung der Farbsymbole in diesem Roman sei an einigen Beispielen erläutert. »Brown«, die Farbe der Erde, fungiert – sowohl bei Lily Briscoe als auch beim auktorialen Medium – als ein Symbol irdisch-alltäglicher Wirklichkeit; »blue« ist mit dem Element der Luft und dem Element des Wassers verbunden und damit auf Bereiche bezogen, die im Gegensatz zur erdhaften Nähe und Festigkeit Vorstellungen der Ferne, der Fluidität und auch der Schwerelosigkeit evozieren. »Green« ist Symbol der »life-force«, des vegetativen Bereiches und der Vitalität; »red« ein Symbol der intensiven Entfaltung und Steigerung der Lebenskraft im physischen wie im psychischen Bereich. »Red« ist als Farbsymbol insofern ambivalent, als es nicht nur die Entfaltung geistiger und körperlicher Kräfte bedeuten kann, sondern auch deren Destruktion. Das Farbadjektiv »red« ist damit bezogen auf die Bedeutungen, die ihm auch in volkstümlicher Literatur – als Symbol der Liebe und als Symbol des Todes – zukommen können.

Eine ähnliche Ambivalenz ist auch bei dem Adjektiv »yellow« zu beobachten. In der Erinnerung von James gleicht das Licht des Leuchtturms einem gelben Auge, das sich plötzlich und doch sanft öffnet. Insofern der gelbe Strahl,

den der Leuchtturm aussendet, zugleich an die verstorbene
Mrs. Ramsay denken läßt (vgl. *TL*, 211), trägt »yellow«
dazu bei, die Atmosphäre der Vergänglichkeit und auch der
geheimnisvollen Verwandlung der Wirklichkeit zu signalisieren. Dadurch wird das Symbol »yellow« doppeldeutig:
es steht für Vergängliches und Unvergängliches (Licht) zugleich. Auffällig ist, daß »yellow« auch mehrfach mit dem
Dichter Carmichael und dem Bereich des Künstlerischen
im weitesten Sinne des Wortes in Verbindung gebracht
wird. Carmichael hat gelbe Katzenaugen (vgl. *TL*, 21), sein
Schnurrbart und sein milchweißer Bart sind durch einen
auffallenden kanariengelben Streifen gekennzeichnet (*TL*,
22). In einer verspielten Weise wird das Farbadjektiv »yellow« mit dem Künstlerischen an der Stelle verknüpft, an
der Mrs. Ramsay die kindlichen Malereien ihres Sohnes
James beobachtet (vgl. *TL*, 52). Eine Erklärung für die Verbindung »yellow« – »art« bzw. »artist« ergibt sich, wenn
man bedenkt, daß die bildenden Künstler und Dichter, die
in der letzten Dekade des 19. Jahrhunderts das englische
Bürgertum zu schockieren versuchten und sich zur Avant-
garde rechneten, in dem von Beardsley illustrierten *Yellow
Book* publizierten. Da diese künstlerische Bewegung zu
den Jugendeindrücken Virginia Woolfs zu zählen ist, ist es
verständlich, daß sie die Farbe »yellow« benutzt, um insbesondere Poeten und Maler in ihrer dandyhaften Pose zu
charakterisieren.

Wenn Lily Briscoe bei dem Bild, das sie malt, die Farbe
Gelb nicht verwendet und bei ihrer Charakterisierung nur
von ihren Chinesenaugen die Rede ist, ansonsten aber die
Farbe Gelb nicht mit ihr in Verbindung gebracht wird, so
dürfte dies darauf zurückzuführen sein, daß sie außerhalb
des Ästhetizismus des *Yellow Book*-Kreises steht. Sie ordnet sich in keiner Weise den Dekadenten zu; sie will zwar
die ästhetische Perfektion der Form, sie will jedoch mit der
Darstellung Mrs. Ramsays zugleich den Bezug zum Leben.
Alle Angaben über die Relation zwischen Kunst und Leben, die in der Darstellung des künstlerischen Schaffenspro-

zesses im dritten Teil des Romans zu finden sind, deuten
darauf hin, daß Lily Briscoe sich innerlich ständig mit dem
Doppelcharakter des Kunstwerkes auseinandersetzt, das
sie schaffen möchte. In der Gestaltung der Struktur und der
Textur ihres Bildes unterstellt sie sich in aller Radikalität ästhetischen Zielsetzungen; sie will sich jedoch gleichzeitig
nicht aus dem Kontext des gesellschaftlichen Lebens lösen;
ihr Bild bleibt auf Mrs. Ramsay bezogen, die allerdings
nicht als Individualität im Bild erscheinen soll. Farbsymbolik und Bildstruktur sollen vielmehr auf das Prinzip hindeu-
ten, das sie für Lily Briscoe verkörpert: das Prinzip der
schöpferischen Gestaltung menschlichen Zusammenlebens.

Wenn es Lily Briscoe im ersten Teil des Romans nicht gelingt, das Bild zu vollenden, so ist dies darin begründet, daß
der künstlerische Wille, von der äußeren Wirklichkeit zu
abstrahieren, und die Neigung, sich immer auf den konkreten Gegenstand ihrer Malerei zurückzubeziehen, einander
behindern; der künstlerische Transformationsprozeß
kommt nicht durchgehend zustande. Beim zweiten Versuch hat Lily nicht nur zeitliche, sondern auch geistig-seeli-
sche Distanz zum Gegenstand gewonnen. Der zentrale Gegenstand – Mrs. Ramsay – läßt sich nicht mehr in unmittelbarer Anschauung erfassen; das Bild entspringt einer »emotion recollected in ecstasy«. Lily konzentriert sich auf die
Umwelt, in der sich Mrs. Ramsay bewegte, und wahrt damit die Nähe zur äußeren Realität; zugleich vergegenwär-
tigt sie sich in ihrer Erinnerung das Bild von Mrs. Ramsay
und damit auch das abstrakte Formprinzip, mit dem sie bereits zehn Jahre zuvor Mrs. Ramsay malerisch zu erfassen
versuchte; dem »triangular purple shape« (*TL*, 84) des ersten Teiles entspricht »an odd-shaped triangular shadow«
(*TL*, 309), der in dem Augenblick aus dem Innern des Zimmers über die Schwelle fällt, als die visionäre Vergegenwärtigung Mrs. Ramsays ihren Höhepunkt erreicht.

Der Prozeß der künstlerischen Gestaltung und Vollendung des Bildes setzt jedoch auch voraus, daß Lily Briscoe
ein neues Verhältnis zu Mr. Ramsay gewinnt. Solange sie

ihn haßte, blieb ihr Bild unvollendet; erst als sie während seiner Fahrt zum Leuchtturm Sympathie für ihn entwikkelt, schafft sie die innere Voraussetzung für das Gelingen ihres Werkes. Der dritte Teil des Romans beweist, daß es Lily Briscoe nicht um eine Kunst geht, die sich im Spiel der Formen erschöpft; die Form ist für sie ein Instrument, das Erfahrung erhellt – und damit zugleich das Bewußtsein des Betrachters.

Diese Auffassung vom Verhältnis der Kunst zur Realität steht in unmittelbarer Nachbarschaft zu Theorien, wie sie van Gogh und Cézanne entwickelten. Van Gogh lehnte in seinen Briefen den Vorschlag Gauguins ab, sich ganz von der beobachteten Realität zu lösen und aus dem Kopf zu malen. Van Goghs Kunst ist auf die wahrgenommenen Dinge ebenso angewiesen wie auf das schöpferische Ich, das auf die Wirklichkeit in intensivem Erleben antwortet. Seine Kunst ist »in einem Zwischenbereich, dem ›Spiegelreich‹ zwischen Ding und Mensch« angesiedelt. Farben dienen ihm dazu, das in dieser Auseinandersetzung mit der beobachteten Wirklichkeit für wahr Erkannte dem Betrachter des Bildes zu übermitteln und bei der Darstellung menschlicher Leidenschaft in den Ausdruckswert der Farbe auch die Sinngehalte aufzunehmen, die ehedem durch Gestik und Mimik gekennzeichnet wurden. Wie van Gogh blieb auch Cézanne »hart am Motiv« (Werner Haftmann, *Malerei im 20. Jahrhundert,* Vol. I: Text-Band, München 1954, S. 28 u. 35) und strebte zugleich eine souverän gestaltete Umsetzung der beobachteten Wirklichkeit an, wobei es ihm weniger auf den durch Farbwerte vermittelten Ausdruck der seelischen Einstellung zur Wirklichkeit als auf die konstruktive Bewältigung des Gegenstandes ankam. Auch Cézannes Kunst ist »zwischen den abstrakten Gebilden der reinen Form und den optischen Erscheinungen in der Natur« (Ebd., S. 36) anzusiedeln.

Wie sehr Virginia Woolf bei diesem Roman darauf bedacht war, ein durchstilisiertes und durchkomponiertes Bild von der Realität zu entwerfen, läßt sich besonders deutlich an der Figurengestaltung ablesen. Da der gesellschaftliche Hintergrund, auf den das Leben der Ramsays zu beziehen ist, nur angedeutet wird und auch die geschichtliche Situation – die Zeit um den Ersten Weltkrieg – nur in wenigen Passagen erwähnt wird, gewinnt Virginia Woolf erzählerischen Freiraum für eine Figurengestaltung, in der eine individualisierende und eine typisierende Technik miteinander verbunden sind. Die Erinnerung an den Vater und die frühverstorbene Mutter trug dazu bei, daß persönliche, gelegentlich sehr eigenwillige Züge in die Charakterisierung von Mr. und Mrs. Ramsay aufgenommen wurden. Lebensgewohnheiten des Sir Leslie Stephen, über die uns seine Biographie belehren kann, wurden auf Mr. Ramsay übertragen. In ihrem Tagebuch bemerkt Virginia Woolf dazu:

> This is going to be fairly short; to have father's character done complete in it; and mother's; and St. Ives; and childhood; and all the usual things I try to put in – life, death, etc. (*AWD*, 76 f.).

Zu Beginn des Romans erscheint Mrs. Ramsay als die schützende Mutter. Die Kinder haben sich auf die Fahrt zum Leuchtturm gefreut; der Vater aber zerstört ihre Hoffnungen mit dem Hinweis, daß morgen schlechtes Wetter sein wird. Die Gebärdensprache Mrs. Ramsays (»holding James by the hand«, *TL*, 19; »smoothing the little boy's hair«, *TL*, 28) und ihre Art, die Kinder über eine Enttäuschung hinwegzutrösten (»But it may be fine – I expect it will be fine«, *TL*, 13) verrät, daß sie in der Welt der Erwachsenen ständig bedrohliche und zerstörerische Kräfte verspürt, die sie abzuwehren sucht. Männer werden in ihrer Umgebung zu Kindern, wenn sie bei ihr Schutz und Hilfe suchen; von Mr. Ramsay heißt es beispielsweise einmal: »Filled with her words, like a child who drops off satisfied, he said, at last, looking at her with humble gratitude, restored, renewed, that he would take a turn [...]« (*TL*, 64).

Aus ihrer Bereitschaft zu schützen und zu helfen erklärt es sich auch, daß sie nicht nur auf private Weise karitativ tä-

tig ist (und Strümpfe für den erkrankten Sohn des Leucht-
turmwärters strickt), sondern sich einer nicht näher bezeichneten Organisation angeschlossen hat, deren Ziel es
ist, das Leid und die Not der Gesellschaft zu lindern. »Suffering, death, the poor« (*TL*, 102) sind deshalb für sie die
zentralen Themen ihrer Meditation, die in den Mittelpunkt
des ersten Teils gerückt ist.

Wenn Mrs. Ramsay weiterhin darauf bedacht ist, ständig
Ehen zu stiften, so ist dies daraus zu erklären, daß sie als
Mutter von vier Söhnen und vier Töchtern nicht nur selbst
das Prinzip der Fruchtbarkeit verkörpert, sondern im bio-
logisch-sozialen Bereich zur Fortdauer des Lebens über die
eigene Familie hinaus beitragen möchte. Die Ausstrahlungs-
kraft, die sie als Frau besitzt, wird auf ihre Schönheit und
ihre würdig vornehme Erscheinung zurückgeführt: Mr.
Carmichael fühlt sich durch Mrs. Ramsay an Helena erinnert; an anderer Stelle – als sie zum Abendessen erscheint –
wird sie mit einer Königin verglichen:

> And, like some queen who, finding her people gathered in
> the hall, looks down upon them, and descends among them,
> and acknowledges their tributes silently, and accepts their
> devotion and their prostration before her (Paul did not
> move a muscle but looked straight before him as she
> passed), she went down, and crossed the hall and bowed her
> head very slightly, as if she accepted what they could not
> say: their tribute to her beauty (*TL*, 128 f.).

Wie Clarissa erlebt auch Mrs. Ramsay »moments of vi-
sion«. Während des Abendessens, zu dem sich die Familie
Ramsay und ihr Freundeskreis versammelt haben, wird
Mrs. Ramsay plötzlich von einem Gefühl der Ruhe und des
Friedens durchdrungen; im flüchtigen Nu offenbart sich
das Dauernde:

> [...] there is a coherence in things, a stability; something, she
> meant, is immune from change, and shines out [...] in the
> face of the flowing, the fleeting, the spectral, like a ruby; so
> that again to-night she had the feeling she had had once to-

day already, of peace, of rest. Of such moments, she
thought, the thing is made that remains for ever after. This
would remain (*TL*, 163).

Mrs. Ramsays Abendessen läßt sich – sieht man es vor dem
Hintergrund der christlichen Vorstellungswelt – geradezu
als ein Analogon zum Abendmahl auffassen. Die Verbundenheit zwischen den Menschen wird hier jedoch von einem anderen Menschen, von einer Frau gestiftet, die – wie
der zweite und dritte Teil des Romans beweisen – auch
nach ihrem Tod noch die spirituelle Mitte und die beleben-
de Kraft dieses Familien- und Freundeskreises bleibt. Mrs.
Ramsay wird zum Symbol jener Dauer, Stabilität und Kohä-
renz, die sie in dem Augenblick erlebte, als sie mit der Familie auf der Hebrideninsel Skye versammelt war.
    Das Porträt, das Virginia Woolf in polyperspektivischer
Weise von Mrs. Ramsay zeichnet, gewinnt dadurch an
Überzeugungskraft, daß sie auch von den Schwächen dieser Frau spricht. Sie ist im physischen, aber auch im übertragenen Sinn kurzsichtig. Es mangelt ihr an der Fähigkeit, andere Menschen in kritisch-distanzierter Weise beobachten
und beurteilen zu können. Wenn die Ehe zwischen Paul
und Minta scheitert, ist dies ein Beweis dafür, daß Mrs.
Ramsay die Verbindung zweier Menschen förderte, die sie
in ihrer Kurzsichtigkeit nicht recht zu beurteilen wußte. Zu
ihren Schwächen zählt auch die Neigung zu übertreiben,
wiewohl sie selbstkritisch genug ist, über diese Schwäche
zu lachen. Gelegentlich meldet sich bei Mrs. Ramsay auch
mütterlicher Egoismus zu Wort, so wenn sie über ihre Tochter Prue feststellt: »You will be much happier, she added, be-
cause you are my daughter, she meant; her own daughter
must be happier than other people's daughters« (*TL*, 170).
Wenn mehrfach bemerkt wird, daß Mrs. Ramsay nicht son-
derlich gebildet sei, daß sie nicht einmal weiß, was eine Qua-
dratwurzel ist (vgl. *TL*, 164), wenn sie intellektuell im Vergleich zu Mr. Ramsay ständig als die Unterlegene erscheint,
so übertrifft sie ihre Umgebung dennoch durch die Gabe

der Intuition, die ihr einen Zugang zur Wahrheit eröffnet,
der anderen Menschen verschlossen ist. »She knew then –
she knew without having learnt. Her simplicity fathomed
what clever people falsified« (*TL,* 49). In dieser Typisie-
rung Mrs. Ramsays spiegelt sich ein Protest gegen die überlieferte rationalistische Einstellung zur Realität – ein Protest, der vor Virginia Woolf im englischen Roman bereits
bei Joseph Conrad in *Nostromo* (mit Mrs. Gould) und bei
E. M. Forster in *Howards End* (mit Mrs. Wilcox) artikuliert wurde.

Repräsentant der rationalistischen Sicht der Realität ist
in *To the Lighthouse* Mr. Ramsay. Er ist der strenge Vater
im Sinne der patriarchalischen Familienstruktur. Er ist weiterhin der Philosoph, dessen oberstes Ziel die Erkenntnis
der Wahrheit ist und der alle Fragen des Lebens, auch des
trivialen Familienalltags, mit nüchterner Kritik und Skepsis zu bewältigen versucht. In seiner Wahrheitsliebe ist er
gelegentlich grausam und brutal, so daß er die elementar-
sten Normen des zivilisierten Benehmens verletzt. Wenn er
die Illusionen, die seine Frau in den Kindern weckt, mit seinen kritischen Einwänden zerstört, glaubt er, im Recht zu
sein, denn er ist überzeugt, daß nur auf diese Weise Kinder
angemessen auf das Leben vorbereitet werden können. Seine oft destruktiven Einwände lassen ihn kalt und gefühllos
erscheinen, während Mrs. Ramsay der Inbegriff der Sympathie und der Liebe ist.

Im Gegensatz zu Mrs. Ramsay ist Mr. Ramsay (im buch-
stäblichen wie im übertragenen Sinn) weitsichtig. Er besitzt
die Fähigkeit des klaren, logischen Denkens, die Fähigkeit,
die Wirklichkeit analytisch zu durchdringen. Allerdings
läuft er ständig Gefahr, das Nächstliegende zu übersehen;
er vermag es nicht, sich über einfache Dinge des Alltags zu
freuen: »He did not look at the flowers, which his wife was
considering, but at a spot about a foot or so above them«
(*TL,* 106). Auch wenn er über alltägliche Dinge reflektiert,
löst er sie aus den gewohnten Zusammenhängen. So
schreibt er zwar ein Buch über »Subject and object and the

nature of reality« (*TL*, 40), aber er betrachtet beispielsweise einen Küchentisch nicht als einen Gegenstand des alltäglichen Gebrauchs. Wenn Lily Briscoe an diesem Beispiel die Realitätsauffassung Mr. Ramsays verdeutlicht, erscheint der Tisch in einem Birnbaum, mit den Beinen nach oben: »Indeed he seemed to her sometimes made differently from other people, born blind, deaf, and dumb, to the ordinary things, but to the extraordinary things, with an eye like an eagle's« (*TL*, 111).

Der Versuch, die Realität rational zu durchdringen und zu erklären, gewinnt bei Mr. Ramsay auch einen tragischen Zug. Bei seinem Bemühen, eine geistige Ortsbestimmung vorzunehmen, bedient er sich ständig des Alphabets. Er glaubt, daß er bis jetzt zum Buchstaben »Q« vorgedrungen sei, versucht aber vergeblich, den Buchstaben »R« zu erreichen, und er zweifelt, ob er je das Ende des Alphabets erreichen werde. Sieht man in der Wahl der Buchstaben »Q« und »R« eine künstlerische Absicht der Autorin, so ließe sich sagen, »Q« steht für »Quest«, für seine unablässige Suche, »R« für »Reality«, das Ziel dieser Suche. Wenngleich er kraft seiner philosophischen Spekulation tiefer in erkenntnistheoretische Fragen eindringt als seine Umgebung, bleibt ihm bei aller begrifflichen Anstrengung die Realität letztlich verschlossen, so daß er sich – ähnlich wie Jacob Flanders in seiner Begegnung mit der griechischen Kunst – auf sein eigenes Ich zurückverwiesen sieht. Auch Mr. Ramsay ist – wie viele Helden im modernen Roman – vom Solipsismus gezeichnet: Er fühlt sich in seinem Ich gefangen, zum Scheitern verurteilt und verleiht dieser inneren Erfahrung insofern histrionischen Ausdruck, als er beim Hin- und Herschreiten ständig Passagen aus romantischer Dichtung oder der englischen Prosaliteratur rezitiert, die das Thema des Scheiterns zum Gegenstand haben. Liebt es Mrs. Ramsay, soweit wie möglich anonym zu bleiben, selbstlos für andere zu arbeiten, so reflektiert Mr. Ramsay über seine persönliche Leistung und den Nachruhm, der ihm möglicherweise zuteil werden wird. Allerdings ist

nicht zu übersehen, daß es auch Augenblicke gibt, in denen
Mr. Ramsay allen Egoismus und alle Eitelkeit vergißt:

> But having thrown away, when he dismounted, all gestures
> and fripperies, all trophies of nuts and roses, and shrunk so
> that not only fame but even his own name was forgotten by
> him, he kept even in that desolation a vigilance which
> spared no phantom and luxuriated in no vision, and it was
> in this guise that he inspired in William Bankes (intermit-
> tently) and in Charles Tansley (obsequiously) and in his
> wife now, when she looked up and saw him standing at the
> edge of the lawn, profound reverence, and pity, and grati-
> tude too [...] (TL, 72).

Im Gegensatz zu Mrs. Ramsay kann bei Mr. Ramsay von einer Entwicklung gesprochen werden. Als er mit seinen Kindern James und Cam nach zehn Jahren die Hebrideninsel
wieder besucht, beschließen die beiden Kinder, gegen die vä-
terliche Autorität zu rebellieren und sich gegen seine tyran-
nischen Ansprüche zur Wehr zu setzen. Es kommt jedoch
nicht zu dieser Auflehnung, weil der Vater jetzt die Rolle
von Mrs. Ramsay mit übernimmt, weil er ihnen jetzt Vater
und Mutter zugleich ist. Im Zusammenleben zwischen Vater, Sohn und Tochter bildet sich eine Harmonie heraus, die
jener Harmonie vergleichbar ist, die Lily Briscoe auf ihrem
Bild zum Ausdruck bringen möchte.

Wenngleich in Mr. Ramsay mancherlei Erinnerungen an
den Vater der Autorin eingegangen sind, kann nicht übersehen werden, daß Virginia Woolf mit der Porträtierung von
Mr. und Mrs. Ramsay das Ziel verfolgte, typische, urbildli-
che Verkörperungen des männlichen und des weiblichen
Prinzips zu liefern. Sie lassen sich durchaus vergleichen mit
Leopold Bloom und Molly Bloom in James Joyces Ulysses,
auch wenn deutliche Unterschiede in der Sicht von Mann
und Frau bei beiden Autoren festzustellen sind, die in Herkunft und persönlicher Sicht der Realität begründet sind.
Die Charakterisierung der Kinder, der Söhne Roger, Jasper,
Andrew und James sowie der Töchter Nancy, Rose, Prue
und Cam sind als Modifikationen der Polarität zu verste-

hen, die sich zwischen den Eltern abzeichnet. So sind beispielsweise Andrew, die Verkörperung männlicher Intelligenz, und Prue, die Verkörperung weiblicher Schönheit, einander zugeordnet, und ihre innere Verbundenheit wird noch dadurch betont, daß sie beide das gleiche Schicksal teilen: Andrew fällt im Ersten Weltkrieg, Prue stirbt bei der Geburt eines Kindes. Mit dieser Koordination der Charaktere deutet sich in *To the Lighthouse* bereits ein Prinzip in der Figurengestaltung an, das Virginia Woolf in ihrem nächsten großen Roman, in *The Waves,* noch deutlicher zur Geltung brachte.

VI

THE WAVES

»Playpoem« – Form und Funktion des Monologs – Die Personen als poetische Konzentrate unterschiedlicher Existenzmöglichkeiten – Die kosmische Ordnung – Percival und der historische Hintergrund – Die Frauengestalten: Rhoda, Jinny, Susan – Die Männergestalten: Neville, Louis, Bernard – *The Waves* und die Philosophie G. E. Moores

Der 1931 publizierte Roman *The Waves* stellt das kühnste Formexperiment Virginia Woolfs dar. Wie weit sie sich damit von der traditionellen Form des Romans entfernte, beweisen die unterschiedlichen Bezeichnungen, die sie selbst für dieses Buch gebrauchte. Sie spricht von »the very serious, mystical poetical work« *(AWD,* 105) und von »an abstract mystical eyeless book: a playpoem« *(AWD,* 137), wenn sie dieses Werk im Stadium der Planung in ihren Tagebüchern erwähnt. Die zitierten Bezeichnungen deuten bereits darauf hin, daß sie mit diesem Roman ihr literarisches Programm in einer Weise einzulösen gedachte wie in keinem ihrer vorangehenden Werke: der Terminus »playpoem« verrät, daß sie hier eine vorher nicht erreichte Synthese der drei literarischen Gattungen anstrebte, daß der ›Roman‹ zugleich dramatische und lyrische Züge annehmen sollte, und die Wendung »poetical work« weist auf die Verbindung von Poesie und Prosa hin, die ihr von früh an vorschwebte. Da sich Virginia Woolf auch in diesem Roman nicht an die bloße Reproduktion der Faktizität verlieren wollte, andererseits auf die faktische Basis aller alltäglichen Erfahrung als Epikerin nicht zu verzichten vermochte, und da sie sich schließlich trotz der Bevorzugung poetischer Ausdrucksmittel (wie Bild und Symbol) nicht der extrem einengenden, weil Peripheres ausschließenden Methode des Lyrikers bedienen wollte, strebte sie eine Darstellungsweise an, in der das Faktische in verwandelter Form präsent ist: Jedes Faktum, jedes Erlebnisatom ist *bewußt* eingegliedert in ein vielfältiges Bezugsfeld von Bedeutungen; das Faktum wird auf diese Weise transparent; es weist über sich selbst hinaus, ist Teil einer »significant form«, einer Form, der eine bestimmte Bedeutung eingeschrieben ist.

Der Roman *The Waves* gewinnt dadurch sein besonderes formales Gepräge, daß er in alternierenden Monologpassagen sechs Personen, Louis, Neville und Bernard sowie Rhoda, Susan und Jinny, vorstellt, die dem Leser Einblicke in ihre eigentümliche Lebensweise und ihre Art, emotional wie intellektuell auf die Umgebung zu reagieren, vermitteln.

Um die besondere Form und Funktion des Monologs in *The Waves* zu erläutern und um zu verdeutlichen, in welcher Weise die monologischen Äußerungen als Äußerungen von »Personen« verstanden werden können, sei der Abschnitt aus dem Anfang des Romans zitiert, in dem die sechs Personen, in dieser Phase noch Kinder, zum erstenmal sprechen.

>»I see a ring,« said Bernard, »hanging above me. It quivers and hangs in a loop of light.«
>»I see a slab of pale yellow,« said Susan, »spreading away until it meets a purple stripe.«
>»I hear a sound,« said Rhoda, »cheep, chirp; cheep, chirp; going up and down.«
>»I see a globe,« said Neville, »hanging down in a drop against the enormous flanks of some hill.«
>»I see a crimson tassel,« said Jinny, »twisted with gold threads.«
>»I hear something stamping,« said Louis. »A great beast's foot is chained. It stamps, and stamps, and stamps« (*W*, 6).

Im Anschluß an diese Stelle sei zur Personendarstellung bei Virginia Woolf folgendes bemerkt:

1. Die Personen äußern sich zu Beginn des Romans wie Figuren eines Chores, die nacheinander je eine Zeile der

Chorpartie vortragen; jede Figur artikuliert jeweils eine besondere Sinneswahrnehmung. Wenngleich dieses scheinbar chorische Sprechen auch später weitgehend beibehalten
wird, gehen die gesprochenen Passagen selten in einen regu-
lären Dialog über. Je stärker die Personen die Vereinzelung
und Vereinsamung erfahren, um so mehr wird die äußere
Form des Monologs der Ausdruck eines inneren Monologs, eines Gesprächs, das die jeweilige Person mit sich
selbst führt und an dem sie nur den Leser Anteil haben läßt.
Ein innerer Zusammenhang kommt in den späteren Passagen dadurch zustande, daß sich die Sprecher – wie zu Beginn – auf gleiche oder ähnliche Anläße, aber auch auf gleiche Themen beziehen, und daß Kommunikation zwischen
ihnen, sei es im Gespräch, sei es im Brief, vorausgesetzt,
wenn auch nicht dargestellt wird.

    2. Weiterhin fällt auf daß es sich bei der Eingangspassage
wie bei den späteren Passagen nicht um innere Monologe
im Sinne von James Joyce handelt, in denen – wie etwa in
Molly Blooms Monolog im *Ulysses* – das assoziative Strö-
men der Gedanken nachgebildet wird. Die monologischen
Äußerungen der Personen in *The Waves* sind logisch geord-
net; sowohl die syntaktischen Muster als auch die Diktion
und die Bildersprache zeugen nicht nur von feinster Sensibilität, sondern auch von schärfster Rationalität. Konnte man
in der bisherigen Forschung sagen, daß in der erlebten
Rede Autoren-Diktion (bzw. Erzähler-Diktion) und Personen-Diktion ineinander übergehen, im inneren Monolog
dagegen nur die Personen-Diktion anzutreffen sei, so muß
diese These im Hinblick auf die Monologe in *The Waves* re-
vidiert werden; hier dominiert die Autoren-Diktion weit
stärker als in der erlebten Rede (etwa in *Mrs. Dalloway*).
Dies wird im ersten Monologteil, der von der Kindheit der
sechs Personen handelt, besonders deutlich; sobald die
sechs Personen als erwachsene Sprecher auftreten, formt
sich ihre eigenständige Sprache stärker aus, zumal Personen wie Bernard oder Neville schriftstellerisch tätig sind
und in ihren Monologen gleichsam ihre künstlerische

Sprechweise durchschlägt. Aber auch wenn die sechs Personen als Erwachsene sprechen, ist zu erkennen, daß die interpretierende Stimme der Autorin nie ganz verstummt.

3. Besonders deutlich sind die Eingriffe der Autorin in der Bildersprache zu beobachten. Dies läßt sich bereits an der zitierten Eingangspassage nachweisen. Auf den ersten Blick scheint Virginia Woolf hier nur eine Sequenz willkürlich festgehaltener Impressionen mitzuteilen. Sieht man die ersten Sätze einer jeden Figur vor dem Hintergrund all ihrer späteren Äußerungen, so wird ersichtlich, daß sie bereits Hinweise auf essentielle Züge dieser Charaktere enthalten. Jeder nimmt den Aspekt der Wirklichkeit wahr, der seinem Wesen entspricht. Bernard sieht einen Ring, Symbol der Integration und der Kommunikation. Wiewohl aus einer späteren Äußerung hervorgeht, daß er einen Messingring wahrnimmt, deutet ein Verbum wie »quivers« darauf hin, daß sich die dingliche Wirklichkeit in seiner Phantasie verwandelt: er sieht eine Art Dunstring, der in einer Lichtschleife hängt. Seine spätere Feststellung »words at once make smoke-rings« (W, 49) läßt erkennen, daß für ihn das Bild des Dunstrings zu den zentralen Vorstellungen gehört; der Ring ist bei Bernard ein Symbol für den Versuch, mit immateriellen Mitteln Kommunikation zu stiften. Einzelne Worte, einzelne Bilder verknüpfen sich in seinem Bewußtsein zu einer künstlerischen Einheit, zugleich stiften seine Worte einen Zusammenhang zwischen der Gemeinschaft, in der er lebt; und selbst in seinem abschließenden Monolog dienen bei Bernard Worte dazu, nicht nur die Phasen seines eigenen Lebens, sondern alle Phasen, die er mit seinem Freundeskreis durchlebte, zu einer Einheit zu integrieren.

Susan sieht eine blaßgelbe Fläche, offenbar eine Flüssigkeit, die sich auf einen purpurroten Streifen zubewegt. Purpurrot dient bei Virginia Woolf bereits in *To the Lighthouse* als Symbol für Liebe und Leidenschaft, und da sich Susan dem Bereich des Biologisch-Kreativen besonders verbunden fühlt, liegt es nahe, in der blaßgelben Fläche, die sich auf den purpurroten Streifen zubewegt, Samenflüssigkeit zu sehen und das Spiel der Farben und Formen als einen symbolischen Ausdruck für den Befruchtungsvorgang zu deuten. Rhoda unterscheidet sich – wie Louis, der ihr auch später immer zugeordnet wird – von den vier anderen Kindern dadurch, daß sie auditive Eindrücke, nicht visuelle Impressionen, registriert. Vergleicht man die auditiven Eindrücke beider Personen miteinander, so wird deutlich, daß Rhoda die feineren Töne wahrnimmt, Louis dagegen die vehementen Klänge und Rhythmen. Louis ist derjenige, der bei aller Fähigkeit, sich in seinen Raum, seine Mansarde zurückzuziehen, sehr aktiv am Leben der Wirtschaft, des Handels und der Banken teilhat, während Rhoda, die Visionärin, ganz auf ihre Innenwelt, deren Klänge und Gesichte, konzentriert ist. Neville sieht eine Kugel, die wie ein Tropfen vor einem Hügel hängt. Er beobachtet die Wirklichkeit mit scharfem Blick und nimmt die klaren Konturen und Formen wahr. Die Kugel ist – ähnlich wie der Ring bei Bernard – ein Symbol der Vollendung, ohne daß bei Neville damit notwendigerweise ein kommunikatives Verlangen verbunden wäre. Er ruht – wie die Kugel – in sich selbst und sucht auch als Lyriker im Kunstwerk eine klassische Harmonie, Ausgewogenheit und Perfektion. Verwandt mit dem Bild der Kugel ist das des Tropfens: es symbolisiert die Abgeschlossenheit des Augenblicks und zugleich das Verstreichen des Augenblicks und der Zeit. Jinny schließlich sieht eine karmesinrote Quaste, die von einem Goldfaden durchwirkt ist. Stärker noch als Susan ist Jinny zu leidenschaftlicher Hingabe bereit; ihr Ziel ist jedoch nicht das Gebären neuen Lebens, sondern der Genuß, das sinnliche Auskosten aller Möglichkeiten, die ihr das gesellschaftliche Leben einer Großstadt bietet. Daher ist bei ihr die Farbe Karmesinrot mit Gold – einem Zeichen gesellschaftlicher Distinguiertheit – assoziiert.

4. Aus den Tagebüchern Virginia Woolfs geht hervor, daß sie sich bewußt war, wie stark sie in die Sprache und Denkweise der Monologsprecher als versteckter »Autor-

Erzähler« eingriff. So fragt sie einmal: »Who thinks it? And am I outside the thinker?« (*AWD*, 146). Von einer solchen Äußerung ausgehend könnte man auch sagen: Virginia Woolf verbirgt sich als Autorin wie ein einziger Schauspieler hinter sechs verschiedenen Masken; sie ist der einzige und eigentliche Monologsprecher, der sich die Aufgabe gestellt hat, sechs verschiedene Einstellungen zur Realität mit stimmlichen Variationen vorzustellen, im ganzen aber so, daß zugleich die Grundstimme der Autorin vernehmbar bleibt. Die sechs Rollen sind so angeordnet, daß die Lebensformen und Einstellungen zur Realität einander ergänzen und korrigieren und zusammengenommen ein vollkommenes menschliches Wesen ausmachen würden. Da Virginia Woolf die männlichen und die weiblichen Charaktere nicht auf eine konstante Typologie festlegen wollte, führte sie in diesem Roman drei mögliche Varianten des männlichen und weiblichen Charakters vor, wobei jede Variante innerhalb des einen Geschlechtes eine Entsprechung im anderen Geschlecht hat. So werden Louis und Rhoda, Bernard und Jinny, Susan und Neville einander zugeordnet, weil sie verwandte Züge tragen, weil sie in polarer Spannung zueinander leben und in ihren Wechselbeziehungen drei mögliche Formen der Vollendung des menschlichen Seins aufleuchten lassen. Die Personen in *The Waves* sind also keine individuellen Charaktere im Sinne der englischen Realisten des 19. Jahrhunderts, im Sinne von Charles Dickens etwa, der Personen mit all ihren äußeren, zufälligen Merkmalen und all ihren kuriosen Eigenarten schildert. Die Personen in *The Waves* sind poetische Konzentrate von Existenzmöglichkeiten, an denen sich wiederum Aspekte des modernen Bewußtseins ablesen lassen. Nur solche Züge, die für die Darstellung eines dieser sechs Aspekte wesentlich sind, werden in *The Waves* ausgewählt. In diesem Sinne ist auch die Bemerkung zu verstehen, die sich unter dem Datum des 9. April 1930 in Virginia Woolfs Tagebuch findet: »What I now think (about *The Waves*) is that I can give in a very few strokes the essentials of a person's character« (*AWD*, 157).

Das Verständnis der Personen, der durch sie repräsentierten Aspekte des modernen Bewußtseins, ergibt sich zum einen durch den wechselseitigen Vergleich ihrer monologischen Selbstauslegungen in der jeweils gleichen Lebensphase (dieser Weg bietet sich bereits durch den »normalen« Lesevorgang an), zum anderen durch die Verknüpfung der Monologpassagen, die in den verschiedenen Phasen zu finden sind, aber demselben Sprecher in den Mund gelegt sind. Der Roman *The Waves* läßt sich mit einer Partitur vergleichen, die gleichzeitig horizontal (auf die Entwicklung einer Stimme hin, auf die Melodie) und vertikal (auf den Zusammenklang der Stimmen hin, auf die Harmonie) zu lesen ist. Schließlich ist zu bedenken, daß alle Sprecher sich in doppelter Weise auf einen gemeinsamen Hintergrund beziehen: Für alle ist Percival, der Freund, der im Roman niemals direkt zu Wort kommt, die Bezugsperson, und weiterhin werden alle Phasen in der Biographie der sechs Personen auf die zyklische Ordnung der Natur abgestimmt, die in 10 Abschnitten (durch Kursivdruck deutlich von den Monologpassagen abgesetzt) beschrieben wird.

Bei der Darstellung der kosmischen Ordnung ist vom ersten einführenden Satz: »*The sun had not yet risen*« (*W,* 5) bis zur letzten lapidaren Feststellung: »*The waves broke on the shore*« (*W,* 211) eine fächerartige Entfaltung und, nachdem die Sonne den Zenit überschritten hat, eine allmähliche Vereinfachung der zuvor graduell differenzierten Szenerie zu beobachten. Die räumliche Perspektive ist also dem Gesetz der Expansion und der Konzentration unterworfen; ähnliches läßt sich auch von der Darstellung der Zeit sagen: die zehn Abschnitte sind auf den Tagesablauf von der frühen Morgendämmerung bis zur Abenddämmerung abgestimmt. Virginia Woolf will jedoch nicht einen einzigen Tag darstellen wie in *Mrs. Dalloway,* sondern sie verbindet, wie aus den Naturbeschreibungen erschlossen werden kann, den Tages- und den Jahreszyklus und beobachtet innerhalb dieser Zyklen die graduelle Entfaltung des Lebens und seinen ebenso graduellen Zerfall, sein allmähliches Verlöschen. Virginia Woolf sieht die Natur und das menschliche Leben – ähnlich wie James Joyce in *Finnegans Wake* – einem ewigen Kreislauf unterworfen. In dem zentralen Symbol der Wellen drückt sich das Gesetz des »rising and falling« aus, dem die Elemente ebenso unterstellt zu sein scheinen wie das Leben jedes einzelnen.

Die Entwicklung der sechs Personen ist so konzipiert, daß in den einzelnen Monologpassagen jeweils eine bestimmte Phase im Leben dieser Personen dargestellt wird, wobei der Lebenslauf auf den »Sonnentag« und das »Sonnenjahr« bezogen ist. Ein Kindheitstag (1), die Zeit im Internat (2), der Eintritt ins Leben (3), das Treffen in London (4), die Reaktionen auf Percivals Tod (5), der Prozeß der Vereinzelung (6), die Steigerung der Vereinzelung (7), das erneute Treffen in Hampton Court (8) und der abschließende Monolog Bernards (9) sind in mannigfacher Weise auf die Vorgänge in der Natur und auf den Lauf der Sonne abgestimmt.

Die Tatsache, daß Virginia Woolf auch London und Hampton Court als Schauplätze gewählt hat, beweist, daß sie die sechs Charaktere zwar auf die kosmische Ordnung bezogen hat, aber auch auf geschichtliche Räume und Traditionen. Noch deutlicher tritt dies zutage, wenn wir fragen, welche Bedeutung Percival in diesem Roman zukommt. Daß Virginia Woolf bei dieser Figur Erinnerungen an ihren Bruder Thoby verarbeitete, der in Griechenland an Typhus erkrankte und daran 1906 in England starb, ist nicht auszuschließen. Allein die Verlagerung des Ortes (Percival stirbt in Indien) weist bereits darauf hin, daß Virginia Woolf in Percival mehr sah, als nur eine nostalgische Erinnerung an den eigenen Bruder. Nach den Darlegungen von Ingeborg Weber-Brandies (*Virginia Woolf – »The Waves«: Emanzipation als Möglichkeit des Bewußtseinsromans,* Bern, Frankfurt a. M. 1974, S. 118) kann es nicht mehr ausgeschlossen werden, daß die Autorin mit dieser Figur auch an John Percival, einen Headmaster aus dem 19. Jahrhundert dachte, von dem sie in ihrer Biographie Roger Frys sagt, daß er

stets für »an ideal ›not only of simplicity, seriousness, mod-
esty and industry but of a devotion to public service‹« (*RF,*
36) eingetreten sei. Percival ist weder nur ein autobiographi-
sches Dokument, noch – was der Name nahelegen könnte –
eine mythisch-magische Gestalt; er ist eine Verkörperung
von Werten, die im 19. Jahrhundert in der Literatur wie im
öffentlichen Leben als ideale Normen bewundert wurden.
Louis sieht in ihm einen Helden mit religiösen Zügen,
»some mediaeval commander« (*W,* 26) und evoziert damit
Erinnerungen an Carlyles Schrift *On Heroes, Herowor-
ship, and the Heroic in History;* Neville bewundert in Percival die paganen Züge (vgl. *W,* 26) und läßt damit an den Pa-
ganismus eines Swinburne denken; für Bernard ist er im
ganz konventionellen Sinn »a hero« (*W,* 88). Jeder der modernen Charaktere konstruiert aus seiner modernen Bewußtseinslage heraus einen Heldentypus, der zeigt, in welcher Weise er die Tradition des 19. Jahrhunderts in sich aufgenommen und sich mit ihr auseinandergesetzt hat.

Wenn Neville über Percival einmal sagt: »He sees nothing; he hears nothing« (*W,* 25 f.), dann sind diese Äußerungen dahingehend auszulegen, daß Percival eben jenes moderne Bewußtsein abgeht, das sich von den ersten visuellen
und auditiven Eindrücken an in den sechs Personen entwikkelt. Percival repräsentiert die Normen der »public values«
des 19. Jahrhunderts in einer instinktiven und für den modernen Geist ›blinden‹ Weise. Wenn Percival in Indien fällt,
ist auch dieses Faktum symbolisch zu nehmen. Sein Fall an-
tizipiert den Fall des British Empire, den Zusammenbruch
der politischen Weltmacht, die im 19. Jahrhundert den Höhepunkt ihrer Entwicklung erreicht hatte. Mit Percivals
Tod beginnt eine neue Zeit, symbolisiert durch Bernards
Sohn, der um die gleiche Zeit geboren wird und ganz ein
Kind des 20. Jahrhunderts ist.

Wenn sich alle Personen des Romans Percival zuwenden,
von ihm fasziniert sind, so ist diese Haltung aus der Krise
des modernen Bewußtseins zu erklären. Seine monolithi-
sche Stabilität muß Charaktere beeindrucken, die perma-

Rhoda

nent an ihrer eigenen Instabilität leiden. Das Grundproblem, das alle Personen beschäftigt, die Suche nach ihrer Identität, wird von Neville und Bernard in die (leitmotivisch wiederholte) Frage zusammengedrängt: »Who am I?« (*W,* 60, 205). Diese Frage ergibt sich mit innerer Notwendigkeit, wenn der einzelne sich aus konventionellen Bindungen gelöst und traditionelle Normen abgestreift hat, die ihm Möglichkeiten der Selbstfindung und der Selbstbestimmung anboten. Die monologischen Passagen des Romans sind die Antworten, die die Personen auf die Frage: »Who am I?« in einem unablässigen und unabschließbaren Prozeß der Selbstauslegung in den verschiedenen Situationen ihres Lebens zu geben versuchen.

Von allen Personen des Romans hat sich Rhoda am stärksten von der äußeren Realität gelöst; ihr Scheitern ist das Scheitern der radikalen Verinnerung. Bereits ihr Spiel mit den weißen Blütenblättern, die sie als Kind in einer Wasserschale hin- und hertreiben läßt, ist für ihre Einstellung zur Realität kennzeichnend. Wenn Rhoda weiße Blütenblätter wählt (und nicht rote), so deutet dies darauf hin, daß sie keinen Bezug zum Bereich der leidenschaftlichen Liebe und Hingabe hat, der durch die Farbe Rot (bei Jinny und Susan) symbolisiert wird; die Farbe Weiß symbolisiert die Reinheit, aber auch die Sterilität und den Tod. In Rhodas Phantasie verwandeln sich die weißen Blütenblätter in Schiffe, die auf hoher See scheitern oder an Klippen zerschellen. Nur ihr eigenes Schiff treibt unbeschädigt auf Eishöhlen (Symbol äußerster Abgeschlossenheit) zu; wenn Rhoda als Kind noch in der Illusion lebt, Inseln erreichen zu können, so beweist ihr späteres Leben, daß sie mit dieser Vorstellung einer Selbsttäuschung verfiel. Es gelingt ihr nirgendwo, einen Ort des Friedens und der Geborgenheit zu finden; sie begeht deshalb Selbstmord und versinkt damit wie ihre Schiffe im Reich des Todes.

Das Gefühl, ein Opfer der Gesellschaft zu sein, in der sie sich nicht zu entfalten vermag, evoziert in ihr die Traumvision einer russischen Zarin, die einem tragischen Schicksal ausgeliefert ist. In ihrer eingebildeten Größe glaubt Rhoda, über alle Widerstände triumphieren zu können: »My attitude is one of defiance. I am fearless. I conquer« (W, 40). Aber solche Illusionen währen nur einen Augenblick. Unmittelbar danach stellt Rhoda fest:

> But this is a thin dream [...] It is not solid; it gives me no satisfaction – this Empress dream. It leaves me, now that it has fallen, here in the passage rather shivering (W, 41).

Rhoda erinnert in ihren Träumen und Visionen an Dichter der Romantik und des Symbolismus, an Shelley und Verlaine zugleich, der von sich sagte: »Je suis l'Empire à la fin de la décadence« (Ich bin das Kaiserreich an des Verfalles Ende). Ihre Sehnsucht geht, um mit den deutschen Romantikern zu sprechen, nach der Blauen Blume, aber die Blumen, die sie pflückt, die Veilchen, sind »Blumen des Todes«; sie erinnern nicht nur an Percival, sondern deuten auch auf ihren freigewählten Tod voraus. Wenn Rhoda von sich mehrfach sagt, daß sie kein Gesicht habe (»I have no face«, W, 30f.), so läßt dies an Gestalten aus der modernen Malerei, an Figuren von Matisse oder Vanessa Bell, der Schwester Virginia Woolfs, denken; es gelingt ihr nicht, sich zu einer Persönlichkeit zu entwickeln, die in einer dialektischen Auseinandersetzung mit der Umwelt eine stabile Ich-Identität ausbildet. Wenn Louis Rhoda einmal als »unseeing« und Neville sie als »blind« beschreibt, dann deuten diese Adjektive bei Rhoda darauf hin, daß sie ganz aus ihrer Imagination, aus den inneren Gesichten lebt und den Abgrund zwischen »vision« und »fact« nicht zu überbrücken vermag.

Bei Jinny dagegen konstituiert der Körper das Bewußtsein:

> But my imagination is the bodies. I can imagine nothing beyond the circle cast by my body. My body goes before me, like a lantern down a dark lane, bringing one thing after another out of darkness into a ring of light (W, 92).

Die körperliche Erfahrung bedeutet für sie Kommunika-

Jinny / Susan

tion und Erhellung der Realität. Der vergoldete Stuhl, Symbol der gesellschaftlichen Atmosphäre, in der sich Jinny bewegt, sowie das feurig-wallende Kleid werden leitmotivisch auf sie bezogen. Das Milieu, das ihre angeborene Natur am besten zur Entfaltung kommen läßt, ist der Ballsaal. Jinny ist ständig in Bewegung: »[...] I move, I dance; I never cease to move and to dance« (*W*, 30). Verben wie »to tingle« und »to flash« charakterisieren die sinnlichen, auditiven wie visuellen Effekte, die mit ihrem Auftreten verbunden sind. In ihrem ekstatischen Erleben werden Wörter zu gelben, feurigen Gebilden, und auch ihr Kleid nimmt die Eigenschaft des Feuers an. Jinny überläßt sich ganz ihren animalischen Regungen und findet im dionysischen sexuellen Rausch höchste Erfüllung. Sie genießt die (gesellschaftliche) Welt in der Vielfalt ihrer Erscheinungen, ohne sich nach Dauer im Wechsel zu sehnen. Zwar gibt es in ihrer Jugend einmal das Erschrecken, daß sich alles bewegt. Aber nirgendwo ist bei Jinny der Versuch zu spüren, reflektierend in metaphysische Hintergründe des Lebens einzudringen. Sie findet jedoch in ihrer Lebenswelt ebensowenig eine Ich-Identität wie Rhoda: auch ihr Dasein steht im Zeichen einer wenngleich faszinierenden, so doch letztlich sterilen Dekadenz. Wenn Jinny einen gelben Schal trägt, so ist es möglich, daß Virginia Woolf mit dieser Farbe bei ihren (englischen) Lesern Erinnerungen an die Lieblingsfarbe der Dekadenten wecken wollte.

Susan ist zwar ebenso wie Jinny dem Physischen zugewandt, jedoch nicht in der Absicht, die eigenen physischen Reize zu genießen und die sexuelle Liebe auszukosten. Sie entwickelt sich zur Mutter im konservativen Sinn, erstrebt eine Familie, heiratet einen Squire und hat Söhne, auf die sie stolz ist wie auf ihren ländlichen Besitz. Susan ist der Inbegriff der biologisch-vitalen Kräfte, und es gibt in ihren Monologen Passagen, die darauf schließen lassen, daß sie bereit ist, ganz in der Natur aufzugehen, sich mit dem natürlichen Rhythmus zu identifizieren. »I am the seasons, I think sometimes, January, May, November; the mud, the

Susan / Neville

mist, the dawn« (*W*, 71). Wenn sie im gleichen Zusammenhang sagt: »At this hour, this still early hour, I think I am the field, I am the barn, I am the trees« (*W*, 70), so artikuliert sie damit eine Neigung zur romantisch-lyrischen Naturmystik. Eine völlige lyrische Entgrenzung liegt Susan jedoch fern; in dem gleichen Augenblick, in dem sie bereit ist, sich an die Dinge zu verlieren, schlägt ihr Bewußtsein um, und es dominiert ihr Wille, die Dinge für sich zu besitzen. Deshalb fährt sie an der zitierten Stelle fort: »[...] mine are the flocks of birds, and this young hare who leaps, at the last moment when I step almost on him. Mine is the heron that stretches its vast wings lazily; and the cow that creaks as it pushes one foot before another munching [...] all are mine« (*W*, 70).

Zur Londoner Gesellschaft findet sie keinen Zugang; die Gesellschaft ist für sie Schein und Attrappe, Inbegriff der Stagnation und Sterilität. Dennoch wäre es falsch, bei der Deutung Susans von der einfachen Antithese zwischen der positiv bewerteten Natur und der negativ gezeichneten Gesellschaft auszugehen. Natur und Gesellschaft sind für Susan ambivalente Bereiche. Sie fühlt sich zwar in der Natur geborgen, empfindet jedoch gelegentlich Überdruß am Nur-Biologischen; sie haßt die Gesellschaft und begreift doch auch, daß sie mit der inneren und äußeren Distanz zur Londoner Gesellschaft Lebensmöglichkeiten verliert, die nur außerhalb ihres alltäglichen Lebenskreises und außerhalb ihrer possessiven Denkweise gedeihen können.

Die Komplementärfigur zu Susan ist Neville. Beide sind durch einen ausgeprägten Sinn fürs Konkrete ausgezeichnet, beide streben danach, sich die Natur zu eigen zu machen. Während Susan jedoch die Natur im ökonomischen Sinn »besitzen« möchte, strebt Neville nach der künstlerisch geordneten, gestalteten Natur. Er möchte sich Natur in einem schöpferischen Prozeß aneignen, in dem die Form den Gegenstand gleichsam vernichtet und neu – als Produkt der Imagination – erstehen läßt. Die Tatsache, daß er sich die römischen Dichter Catull, Horaz und Lukrez zum

Vorbild wählt, daß er sich überdies an Pope und Dryden, Hauptvertretern des englischen Klassizismus, orientiert, beweist zum einen, daß er einen ausgesprochen klassischen Formsinn besitzt, zum andern, daß er kein Originalgenie ist, sondern ein Imitator vorgegebener Muster. Seine atheistisch-agnostische Haltung verrät, wie stark er insgesamt durch die Tradition der Aufklärung geprägt ist.

Seine Liebe zum Schönen findet in seiner leidenschaftlichen Verehrung für Percival ihren deutlichsten Ausdruck. Wenn er seinen Schmerz über Percivals Tod in die Worte faßt: »Come, pain, feed on me. Bury your fangs in my flesh. Tear me asunder. I sob, I sob« (*W*, 109), so klingt diese Klage wenig überzeugend. Er gefällt sich in der Dramatisierung des eigenen Schmerzes, in der stilisierten Pose. Die Klage Nevilles wirkt deshalb unaufrichtig, weil er bereits vor Percivals Tod bekannt hatte, daß das Ziel, die Person, der seine leidenschaftliche Liebe gelten könne, sich ständig ändere, nicht aber die Natur seiner Leidenschaft (vgl. *W*, 93). Die Art und Weise, in der Neville über seine homosexuelle Veranlagung spricht, beweist, daß er in seiner Emotionalität eher dem romantischen Typus eines Dichters zuzuordnen ist. Im Wechselspiel zwischen romantischer (oft gespielter) Leidenschaft und klassizistischem Formwillen entspricht Neville Oscar Wilde, dem Dichter, der in Virginia Woolfs Jugend zugleich am berühmtesten und berüchtigtsten von allen Dekadenten war. Mit Oscar Wilde hat Neville die kühle Distanz und auch die hochmütige Arroganz gemeinsam, mit der er seine ästhetizistische Lebensform vor der breiten Masse abzuschirmen versucht: »I cannot read in the presence of horse-dealers and plumbers. I have no power of ingratiating myself« (*W*, 51). Der Haß auf alles Mittelmäßige, der sich bei Neville zu einer blinden, aber auch ohnmächtigen Zerstörungswut steigern kann, zeigt die Grenzen seiner Rationalität an. Vernunft wird bei ihm zu einem formalen Prinzip, zu einem Instrument degradiert, das vor seiner Selbstzerstörung nicht zurückschreckt, wenn es an seine eigenen Grenzen stößt. Neville

Louis

bleibt sein ganzes Leben hindurch eine egozentrische Natur, die an dem unaufgelösten Widerspruch zwischen dem rational Faßbaren und dem irrational Unfaßbaren leidet und sich als Opfer des Lebens deutet, wo er das Opfer eigener Schwächen, das Opfer der nicht vollzogenen Integration des aufklärerischen und des romantischen Erbes ist.

Auch Louis, die Komplementärfigur zu Rhoda, bleibt während seines ganzen Lebens ein Außenseiter, wenngleich er mit dieser Rolle auf andere Weise fertig zu werden versucht als Neville. Außenseiter ist Louis aufgrund seiner Herkunft, seiner Erziehung und seiner Aussprache:

> My father is a banker in Brisbane and I speak with an Australian accent. I will wait and copy Bernard. He is English. They are all English (*W,* 14).

In der Religion sieht Louis von frühester Kindheit an eine Macht, der er sich anvertrauen kann, weil sie der Wechselbeziehung zwischen Vergangenheit und Gegenwart, dem Leiden des einzelnen und dem Leiden der Menschheit einen tieferen Sinn zu verleihen, weil sie äußerlich und innerlich Ordnung zu stiften vermag und weil sie eine Gleichheit zwischen den Menschen herstellt, die in dem gesellschaftlichen Bereich, in dem Louis lebt, nicht vorhanden ist: »›Now we march, two by two,‹ said Louis, ›orderly, processional, into chapel‹« (*W,* 24).

Auch seine Arbeit im Büro einer Reederei, die Beziehungen zu Ländern in allen Erdteilen unterhält, versteht Louis als einen Versuch, Ordnung in der chaotischen Vielfalt der Erfahrung zu stiften. Wenn Louis mit dem Leitmotiv eines stampfenden Elefanten assoziiert wird, wenn er weiterhin bereit ist, kühn an die Tür zu klopfen und einzutreten, während Rhoda Angst hat, daß die Tür sich öffnet und die Realität sie anspringt wie ein Tiger, so beweisen diese Leitmotive, daß Louis einen Minderwertigkeitskomplex durch energische Aktivität zu kompensieren versucht. Bewunderte er in seiner Jugend die Autorität eines Priesters, so nimmt er später selbst die autoritären Züge eines kühnen Pioniers an,

Louis/Bernard

der andere Menschen zu führen, aber auch zu beherrschen versteht.

Dennoch zieht sich Louis immer wieder in eine Mansarde in der Vorstadt zurück, um sich von dem Leben zu lösen, das er mit energischer Hand formt: »Thus I divest myself of my authority« (*W,* 142). In diesem Zimmer arbeitet er an einem Gedicht; hier besucht ihn auch Rhoda gelegentlich: »For we are lovers« (*W,* 121). Beide ähneln einander insofern, als sie durch das Gefühl, ihrer Umgebung unterlegen zu sein, in ihrer Identität geschwächt sind und auch vor physischer Vereinigung zurückschrecken. Diese Gleichartigkeit ihres Empfindens ist der Grund dafür, daß ihre Beziehung nicht von Dauer ist und sie sich beide in ihre private Einsamkeit zurückziehen. Beide weigern sich, in der Bildersprache des Romans gesprochen, ihr Schneckenhaus zu verlassen (oder zu zerstören), sich als Person ungeschützt der Erfahrung der Realität auszusetzen und in der personalen Auseinandersetzung mit anderen Menschen eine Synthese von privatem und gesellschaftlichem Dasein zu finden. Louis führt daher eine Doppelgänger-Existenz: die private Existenz ist von seiner öffentlichen Existenz abgespalten.

Bernard

Während Louis und Neville in ihrer egozentrischen Haltung die Lyrik als die angemessene Gattung betrachten, in der sie ihre inneren Konflikte austragen können, ist Bernard in seiner Offenheit für alle Formen des Lebens, in seiner Sympathie für Menschen aller Stände der geborene Epiker. Die Fähigkeit, andere Charaktere intuitiv zu erfassen, prägt auch sein Verhältnis zur Literatur, so daß er in der Rückschau einmal bemerkt: »[...] I changed and changed; was Hamlet, was Shelley, was the hero, whose name I now forget, of a novel of Dostoevsky; was for a whole term, incredibly, Napoleon; but was Byron chiefly« (*W,* 177). Bernard gesteht in diesem Zusammenhang freimütig, daß er sich als Poseur im Stile Byrons an das literarische Rollenspiel verlor und dabei auch Verhaltensformen einem weiblichen Partner gegenüber zeigte, die diesem völlig unangemessen waren (vgl. *W*, 177). Wenn Bernard in seinem letzten zusammenfassenden Monolog im Anschluß an eine spätere Episode bemerkt: »I rose and walked away – I, I, I; not Byron, Shelley, Dostoevsky, but I, Bernard« (*W*, 180), so wird deutlich, daß er sich bei allem Vergnügen am literarischen Rollenspiel und bei aller Sympathie für andere Menschen nicht um seine persönliche Identität brachte. Auch wenn er einmal auf die Frage »Who am I?« (*W*, 205) nur skeptisch bemerkt: »Am I all of them? Am I one and distinct? I do not know« (*W*, 205), so zeigt ein Vergleich mit Louis und Neville, daß er im lebendigen Prozeß der Kommunikation mit anderen die Fülle menschlicher Erfahrung in sein Selbst hereinholt und diesem Selbst damit eine differenzierte Gestalt verleiht. Seine Persönlichkeitsstruktur nimmt ständig stabilere Züge an, so daß er sich am Schluß ohne alle Überheblichkeit der Auseinandersetzung mit dem Tod zu stellen vermag. Bernard unterliegt weder einer morbiden Todessehnsucht wie Rhoda, noch verliert er sich an die sinnliche Fülle der Erfahrung wie Jinny, und er ist auch frei von jener Arroganz, zu der sich Neville und Louis in ihrer Egozentrizität verleiten lassen. Bernard bemerkt einmal mit einer gewissen Ironie, daß sein Biograph über ihn festgestellt habe: »joined to the sensibility of a woman [...] Bernard possessed the logical sobriety of a man« (*W*, 55). Er vereint in sich die weibliche und die männliche Natur, ist also ein androgyner Geist, über den Virginia Woolf in ihrer Prosaschrift *A Room of One's Own* ausführt: »If one is a man, still the woman part of the brain must have effect; and a woman also must have intercourse with the man in her. Coleridge perhaps meant this when he said that a great mind is androgynous. It is when this fusion takes place that the mind is fully fertilised and uses all its faculties« (*R*, 147f.). Bernard hat jene »dissociation of sensibility« überwunden, an der die übrigen fünf Personen leiden, ohne sich des Ursprungs ihrer Leiden voll bewußt zu sein.

Bernard erfüllt in diesem Roman insofern eine doppelte Funktion, als er sich als Person entwickelt und dem Leser da-

mit eine Vorstellung von einer ausgeformten Persönlichkeit
vermittelt, und als er zugleich als eine Art Norm fungiert, an
der sich die Grenzen in der Entwicklung der übrigen Personen – sei es das possessive Streben Susans oder das autoritäre
Gebaren von Louis – ablesen lassen. Bernard läßt den Leser
begreifen, daß Realität nicht auf ein rationales Begriffssystem
zu bringen ist, sondern nur im Zusammenwirken von Sensibilität, Imagination und Ratio annähernd zu erfassen ist, zumal
Realität kein statisches Gebilde, sondern einen dynamischen
Prozeß darstellt. Sinnvolle Teilhabe am Leben heißt für Bernard wie für Virginia Woolf in kreativer Wechselbeziehung
zur Realität und zu anderen Menschen stehen. Für Bernard,
den Epiker, bedeutet dies, daß er die Lebensformen, die in *To
the Lighthouse* durch Mrs. Ramsay und Lily Briscoe repräsentiert werden, in sich vereinigt. Er hat einerseits am gesellschaftlichen Leben teil, heiratet, wird Vater eines Sohnes; er
vermag sich andererseits vom Leben zu distanzieren und die
beobachtete und erlebte (äußere wie innere) Wirklichkeit mit
den Mitteln eines Künstlers, eines Epikers, darzustellen. Bernard versteht es nicht nur, die verschiedenen Aspekte des
menschlichen Lebens, die er wahrgenommen hat, zu einer
Einheit zu integrieren (allen Entgrenzungserlebnissen zum
Trotz, die auch ihm zuteil werden, vgl. *W*, 83); es gelingt ihm
auch, die Erfahrung des zeitlichen Wandels und der Todesver-
fallenheit in seine Lebensform mit einzuschließen. Das Bewußtsein des Wandels geht in seine Vorstellung von der ewigen Erneuerung ein (»the eternal renewal«, *W*, 210f.), von der
er gegen Ende seines letzten Monologs spricht, wiewohl er bereits auf dem Zenit seines Lebens dieses Daseinsgesetz wahrnehmen konnte: Als Percival starb, wurde sein Sohn geboren.

Bernard ist in diesem Roman eine Person wie alle anderen
Personen, er ist auch der Stellvertreter der Autorin, allerdings
nicht als Kommentator im Sinne der auktorialen Erzähler des
19. Jahrhunderts, sondern als ein exemplarischer Charakter
im Sinne Virginia Woolfs, als ein Charakter, der zugleich ist,
was er bedeutet, und dessen Kommentar über das Leben in
seiner Lebensform beschlossen ist.

Gelegentlich ist in der Virginia Woolf-Forschung der Versuch gemacht worden, diesen Roman als einen Schlüsselroman zu deuten und die Personen dieses Werkes als Porträts der Mitglieder des Bloomsbury-Kreises aufzufassen. Daß Beziehungen zwischen Percival und Thoby vorhanden sind, wurde schon vermerkt; Virginia Woolf selbst hat in ihren Tagebüchern gelegentlich davon gesprochen, daß ihr Rhoda besonders nahestehe, und in der Tat hat sie mit die-

Thoby Stephen, Virginia Woolfs älterer Bruder, begründete die »Thursday Evenings« 1905, starb bereits im Jahr 1906.

ser Figur nicht nur Aspekte ihrer Sensibilität porträtiert, sondern auch ihr eigenes Schicksal vorweggenommen. Aber auch der Epiker Bernard ähnelt in seinen künstlerischen Absichten – wie soeben dargelegt wurde – der Autorin; er ist gleichsam ihr Statthalter im Roman. Neville, den ich, dichtungsgeschichtlich gesehen, in die Nähe von Oscar Wilde rückte, wurde wegen seiner persönlichen Veranlagung, aber auch wegen seines kritischen Habitus mit Lytton Strachey verglichen, und in Louis sah man Züge von Leonard Woolf. Überzeugender ist die These, daß Louis ein fiktives Porträt von T. S. Eliot sei (der in St. Louis, Missouri, geboren wurde). Der fremdländische Akzent, der besondere Sinn für alles Geschichtliche, für Autorität und Ritus im religiösen Bereich, für Ordnung, Form und Gestalt im künstlerischen wie im ökonomischen Bereich, die Doppelexistenz – Kaufmann und Poet –, all dies sind Züge, die sich bei Louis wie bei Eliot finden.

Aber es geht hier nicht darum, solche Beziehungen noch zu vertiefen und *The Waves* als *roman à clef,* als Schlüsselroman zu etablieren. Wenn wir aber voraussetzen dürfen, daß jede Gesellschaft einen eigenen Erzählstil hervorbringt, so kann man allerdings die These wagen, daß *The Waves* insgesamt als ein Spiegelbild der Bloomsbury-Sensibilität und der Bloomsbury-Mentalität verstanden werden darf, die in wesentlichen Zügen durch die Philosophie G. E. Moores geprägt wurde. Quentin Bell hat die Philosophie G. E. Moores, der 1903 mit den beiden Schriften *The Refutation of Idealism* und *Principia Ethica* hervorgetreten war, als »a tremendous instrument of liberation« (Quentin Bell, *Bloomsbury,* London 1968, S. 25) bezeichnet und gezeigt, wie stark auch bei Moore das Bemühen ist, sich im ethischen Bereich von traditionellen Vorstellungen, Normen und Idealen zu lösen. Moore setzt die intellektuellen und moralischen Energien des einzelnen frei, und er sieht in seiner Ethik die höchste Steigerung menschlichen Lebens dann erreicht, wenn der Mensch sich einer kontemplativen Versenkung in die Schönheit, die Liebe und die Wahrheit hingibt. Nicht heroische Aktionen, nicht Märtyrerschicksale sind für ihn die Normen, an denen er den einzelnen mißt, sondern die Bewußtseinszustände (»states of mind«, »states of consciousness«), in denen der Mensch das Schöne intuitiv erfaßt, die Wahrheit begreift und die Liebe zur höchsten Entfaltung gelangen läßt.

G. E. Moore wandte sich mit dieser Lehre gegen die materialistisch-utilitaristische Gesinnung des viktorianischen Zeitalters; gegen die Überbetonung der moralischen Pflicht spielt er die Bedeutung natürlicher Zuneigung aus; der Forderung, das gesellschaftlich Schickliche zu erfüllen, setzte er die Bedeutung persönlicher Beziehungen entgegen. Er verließ sich auf die Vernunft und den Geschmack des einzelnen und führte mit seiner Lehre Gedanken weiter, die im 19. Jahrhundert John Ruskin, Matthew Arnold, vor allem aber Walter Pater entwickelt hatten. Der Kunst, der ästhetischen Einstellung zur Wirklichkeit wird ein hoher Stellenwert zugesprochen, weil sie den Menschen aus der Bindung an die utilitaristisch-

Bedenken des Rect *F. Humboldt*

pragmatischen Zwecke zu lösen und zur Steigerung seines »spiritual life« beizutragen vermag; sie erweitert seine Wahrnehmungsfähigkeit, verfeinert seine Sensibilität und schärft sein Urteilsvermögen.

Eine Beziehung zwischen der Philosophie G. E. Moores und Virginia Woolfs *The Waves* ergibt sich dadurch, daß sich der Prozeß des Monologisierens in diesem Roman als der permanente Versuch deuten läßt, die Bewußtseinszustände, »states of mind«, die meist momentanen visionären Erfahrungen, die in individueller Abgeschlossenheit gewonnen werden, für den Leser zu artikulieren. Der extreme Grad der Entfremdung, der etwa K., den Helden in Kafkas Roman *Das Schloß*, kennzeichnet, ist bei den Charakteren in Virginia Woolfs Buch niemals festzustellen, weil sie von frühster Jugend aufeinander bezogen bleiben – wie die Mitglieder des Bloomsbury-Kreises. Die freundschaftlichen Beziehungen, über die sie reflektieren, bilden den tragenden Grund für ihr Leben. Freundschaft in Aktion umzusetzen, hätte Virginia Woolfs Einstellung zum »Handlungsroman« wie ihrer prinzipiellen Einstellung zur Realität widersprochen; es hätte dies auch einen Verstoß gegen das Bloomsbury-Credo dargestellt, nämlich daß höchste Erfüllung in der kontemplativen Haltung, im Genuß des Schönen, in der Kultivierung persönlicher Beziehungen zu suchen sei. Wenn Virginia Woolf der Erfahrung der »loneliness« eine Erfahrung der »love« entgegensetzte, so ist diese Liebe unter Freunden (nicht die Liebe, die Jinny außerhalb des Freundeskreises bei andern Männern findet) die ästhetisch verfeinerte Liebe, von der G. E. Moore gesprochen hatte. Die Diktion, die Virginia Woolf ihren Charakteren in den Mund legt, ist nicht nur ein Zeichen des souveränen schriftstellerischen Könnens der Autorin, sondern ein Zeichen für den Grad der Vervollkommnung, den die Charaktere im Sinne der Ethik G. E. Moores erlangt haben.

VII

ORLANDO

Biographie und Geschichte – Orlandos Androgynie –
Die Integration des Ich

A ROOM OF ONE'S OWN

Die Darstellungsweise – Frauen und die Universitäten – Frauen
und die Gesellschaft – Die Frau als Schriftstellerin –
Der androgyne Geist

THREE GUINEAS

Die Briefform – Die Situation der Akademikerinnen

Bereits vor dem Erscheinen des Romans *The Waves* hatte
sich Virginia Woolf mit sozialkritischen und historischen
Themen befaßt. 1928 erschien *Orlando,* das Werk Virginia
Woolfs, das gleichzeitig mit dem Essay *A Room of One's
Own* (1929) entstand, allerdings bereits ein Jahr früher
(1928) veröffentlicht wurde und das nach dem Urteil James
Hafleys die erste angemessene erzählerische Behandlung
des Themas Androgynie im Gesamtwerk dieser Autorin
ist. Virginia Woolf nannte dieses Buch im Untertitel »A Biography«, und sie widmete es Vita Sackville-West, mit der
sie eine Zeitlang sehr eng befreundet war.

Das Buch ist insofern eine Biographie, als es das Leben eines Menschen darstellt; es ist eine ›phantastische Biographie‹, insofern der Protagonist zunächst als Mann erscheint, dann aber eine Geschlechtsumwandlung erlebt
und danach die Welt aus der Perspektive einer Frau sieht,
die am Schluß dieser Biographie 36 Jahre alt ist. Das Buch
ist deshalb zugleich auf eine besondere Weise eine Familien-

chronik. Da aber die Geschichte der Familie und das Leben
des Protagonisten sich in verschiedenen Epochen der englischen Geschichte abspielen und Virginia Woolf jeweils die
besondere Atmosphäre des Zeitalters, den ›Zeitgeist‹, zu erfassen versucht, wie er sich nicht nur im literarischen Leben, sondern auch in den Sitten und Gebräuchen, in den
Umgangsformen, in der materiellen Kultur, in der zivilisatorischen Umwelt spiegelt, hat das Buch Anteil an einer kul-
turgeschichtlichen Darstellung Englands und der Engländer. Das Buch beginnt in der elisabethanischen Zeit, leitet
dann über zu der Epoche Jakobs I. und zur Restauration,
insbesondere zu den Verhältnissen in der Regierungszeit
Karls II. Auf die Beschreibung der Zustände zu Beginn des
18. Jahrhunderts folgt die Charakterisierung des 19. Jahrhunderts und schließlich der zeitgenössischen Verhältnisse. Das Buch schließt am 11. Oktober des Jahres 1928.

Virginia Woolf lehnte sich bei der Wiedergabe der Fami-
liengeschichte sehr eng an Victoria (= Vita) Sackville-Wests
Buch *Knole and The Sackvilles* an, in dem sie nicht nur die
Schicksale der Sackvilles seit dem 16. Jahrhundert beschreibt, sondern auch von der Geschichte des Familienbe-
sitzes Knole House erzählt, das Thomas Sackville im Jahre
1566 von Königin Elisabeth I. erhielt, das aber im 20. Jahrhundert aus erbrechtlichen Gründen der Familie Vitas ver-
lorenging. Das Gedicht »The Oak Tree«, an dem Orlando
über die Jahrhunderte hinweg arbeitet, das erst im 20. Jahrhundert veröffentlicht wird und einen literarischen Preis er-
hält, entspricht dem Roman *The Land* von Vita Sackville-
West, für den sie 1927 den Hawthornden Preis erhielt.

Viele Einzelheiten aus dem Leben von Vitas Vorfahren
und aus ihrem eigenen Leben sind in die Biographie Orlandos einbezogen. Wie Orlando war auch Vita 1928 sechsund-
dreißig Jahre alt. Orlandos Ehe mit Marmaduke Bonthrop
Shelmerdine hat ihre Entsprechung in Vitas Ehe mit Harold Nicholson. In die Liebesaffäre, die sich zwischen Orlando und der russischen Prinzessin Sascha abspielt, sind in
versteckter Weise Fakten eingearbeitet, die an die lesbische

Freundschaft und leidenschaftliche Liebe erinnern, die eine Zeitlang Vita Sackville-West und Violet Trefusis miteinander verband – eine Beziehung, die mit einer ähnlichen Enttäuschung endet wie diejenige zwischen Vita und Virginia. Wenn Orlando später seine Ehe mit der Zigeunerin Pepita annullieren läßt, erinnert dies an die Liebesaffäre Lionel Sackville-Wests mit einer spanischen Tänzerin namens Pepita, mit der er fünf uneheliche Kinder hatte, darunter auch eine Tochter namens Victoria, die ihrerseits die Mutter Vitas war.

Wenngleich *Orlando* nachweislich auf historischen Fakten beruht, kann nicht von einer positiv-realistischen Darstellung einzelner Epochen der englischen Kultur und noch weniger von einer Biographie im traditionellen Sinn gesprochen werden. Bereits mit dem Roman *Jacob's Room* hatte Virginia Woolf gezeigt, daß sie das Vertrauen in die herkömmlichen Darstellungsschemata verloren hatte, deren sich die englischen Biographen des 18. und 19. Jahrhunderts und auch noch ihr Vater Leslie Stephen in dem von ihm begründeten *Dictionary of National Biography* bedient hatten. Bei den Biographien stört sie, wie bei vielen Geschichtswerken und auch bei realistischen Romanen, die Überbetonung der Oberflächenrealität, das Registrieren bloßer Tatsachen. Virginia Woolf versuchte, in den Kern der Realität einzudringen; sie verzichtete deshalb weitgehend auf eine realistisch-mimetische Darstellungsweise und benutzte dafür eine poetisch-suggestive Technik.

Dies gilt auch für die Biographie *Orlando*, die in einem heiter verspielten Ton geschrieben ist, die von der Sympathie und der Liebe zeugt, die sie für Vita, deren Familie und Familienbesitz empfand. Virginia Woolf vermochte es jedoch zugleich, sich über ihren Gegenstand zu erheben und Personen und Ereignisse in ein ironisches Licht zu rücken. Ihre Ironie richtet sich gegen den männlichen Herrschaftsanspruch im gesellschaftlichen Leben, der sich von Zeitalter zu Zeitalter in unterschiedlichen Formen zu Wort meldet, gegen die Blindheit der Verliebten, gegen das oft törichte Spiel, das die Geschlechter miteinander treiben können, gegen gesellschaftliche Konventionen und Urteilsnormen, die das Denken und Handeln der beiden Geschlechter über die Jahrhunderte hinweg bestimmt haben. Ironie wird im literarischen Bereich durch einen Kritiker wie Nick Greene oder einen Satiriker wie Alexander Pope artikuliert, aber auch die Verwendung einzelner Darstellungstechniken und Stilformen zeugt von einem souveränen, und das heißt zugleich ironischen Zugriff der Erzählerin auf die Ausdrucksformen, die ihr zu Gebote stehen. Virginia Woolf versteht es, ähnlich wie James Joyce im *Ulysses* (insbesondere im »Oxen of the Sun«-Kapitel), bestimmte Autoren- und Epochenstile in parodistischer Manier nachzubilden, weil sie sich bewußt bleibt, daß jeder Stil immer nur begrenzte Wahrnehmungsfelder in dichterische Sprache umsetzen kann und daß mit einem bestimmten Stilrepertoire Wirklichkeit immer nur in einer begrenzten Weise gedeutet, für das Bewußtsein eines Lesers ausgelegt wird. Sie läßt ihre Leser erkennen, daß sie der Wahrheit immer nur auf der Spur ist, daß sie sie nirgendwo ganz erfaßt hat. Ihre Darstellung ist in *Orlando* – wie sie selbst in ihrem Tagebuch einmal vermerkt – »half laughing, half serious« (*AWD*, 120). Diese stilistische Schwebelage ermöglichte es ihr, das Wesen Orlandos zu charakterisieren, das in gleicher Weise ›verschwebt‹, das sich niemals in eine bestimmte Darstellungs- und Bewertungskategorie pressen läßt.

Der Geschlechtswechsel ist gleichsam nur der Beweis für die Bisexualität Orlandos, dessen innerer Reichtum dadurch sinnfällig zum Ausdruck gebracht wird, daß seine Biographie in eine ca. 350 Jahre umfassende Geschichte Englands eingegliedert ist. Es läßt sich auch so argumentieren: Im Bewußtsein Orlandos, der Frau des 20. Jahrhunderts, ist – wie gegen Ende des Buches angedeutet wird – die gesamte Geschichte der Familie und dazu des englischen Volkes und der englischen Literatur lebendig. Die Form des Romans läßt sich auch dahingehend erklären, daß dieses Geschichtsbewußtsein, das eine einzelne Person prägt und bestimmt, in Gestalten aus verschiedenen Epochen umgesetzt wird; da es sich dabei aber immer nur um den Bewußtseinsraum eines einzelnen handelt, ist dieser als Protagonist gleichen Namens ständig präsent.

Bedenkt man in diesem Zusammenhang, daß die Erbfolge innerhalb der Familie Sackville im 19. Jahrhundert auf eine weibliche Seitenlinie der Familie überging – West war der Name des Ehemannes der letzten Sackville-Erbin –, dann läßt sich auch der Geschlechtswandel Orlandos als symbolischer Ausdruck dieser historischen Tatsache verstehen. Freilich sollte man sich mit einem solchen Interpretationsansatz nicht begnügen und – mit Frederick Kellermann – auch darauf hinweisen, daß Virginia Woolf mit größtem Interesse die Informationen über eine tatsächliche Geschlechtsumwandlung zur Kenntnis nahm, über die in ihrem Freundeskreis diskutiert wurde (vgl. Frederick Kellermann, *A New Key to Virginia Woolf's »Orlando«*, English Studies, 59, 1978, S. 138–150; hier S. 147). Für die historische Ausdifferenzierung des androgynen Wesens Orlandos bedeutet dies, daß er zunächst dem männlichen Pol seines Charakters mit deutlichem Bezug zum Weiblichen in seiner Natur zur Geltung verhilft und daß dann, nach der geschlechtlichen Metamorphose, die Erinnerung an den männlichen Erfahrungsbereich in der sich entfaltenden Frau gleichen Namens als Vorgabe vorhanden ist und in ihrer Persönlichkeitsstruktur einen integrierenden Bestandteil bildet.

Der erste Satz des Buches macht bereits in einer ironisch versteckten Weise auf die geschlechtliche Problematik des Protagonisten aufmerksam:

> He – for there could be no doubt of his sex, though the fashion of the time did something to disguise it – was in the act of slicing at the head of a Moor which swung from the rafters (*O*, 15).

Orlandos Geschlecht wird durch die Mode der Zeit eher verdeckt als betont. Damit ist ein Motiv eingeführt, das durch das ganze Werk hindurch verfolgt werden kann: Die

Kleidung, die Maske, kaschiert wie zu Beginn das biologische Geschlecht, sie kann aber auch latente Veranlagungen und Neigungen zur Entfaltung bringen. Der spielerische Umgang mit Kleidung und Maske paßt zur elisabethanischen Zeit, insbesondere zu den Konventionen auf der Bühne – Orlando erinnert an Shakespeares *As You Like It* –, wo stets Männer die weiblichen Charaktere spielten, die aber ihrerseits – wie Rosalind – als Männer auftreten konnten, um in dieser Rolle ihre wahren Empfindungen unverhohlen zum Ausdruck zu bringen. Orlando übersetzt seinerseits Dichtung in gelebtes Leben, verwandelt aber in seinen dichterischen Bemühungen wiederum Leben in Kunst. Er ist der Inbegriff eines Adligen, der sich aus der Perspektive der Königin durch »strength, grace, romance, folly, poetry, youth« (*O*, 25) auszeichnet. Die Erzählerin bestätigt diesen Eindruck, läßt jedoch deutlich werden, daß Orlando kraft der ihm angeborenen Natur – er ist adliger und bäuerlicher Herkunft zugleich – alle gesellschaftlichen Grenzen sprengt: »For Orlando's taste was broad; he was no lover of garden flowers only; the wild and the weeds even had always a fascination for him« (*O*, 28).

Alle Liebesabenteuer Orlandos werden übertroffen durch die leidenschaftliche Begegnung mit einer russischen Prinzessin, wobei er zunächst unsicher ist, ob es sich bei dieser faszinierenden Gestalt um einen Mann oder eine Frau handelt (vgl. *O*, 36 f.); auffällig ist, daß er sie auch später nicht mit einem ihrer Vornamen (etwa Natascha), sondern mit Sascha (= ›Alexander‹ und ›Alexandra‹) anspricht. Ohne nähere Gründe anzugeben, weist er ihr auf diese Weise eine androgyne Natur zu, sieht sich aber später von ihr getäuscht. Als sie ihn verrät und verläßt, nimmt sie in seinen Augen diabolische Züge an:

> Standing knee-deep in water he hurled at the faithless woman all the insults that have ever been the lot of her sex. Faithless, mutable, fickle, he called her; devil, adulteress, deceiver [...] (*O*, 61).

Die Attribute, die Orlando hier für Sascha gebraucht, erinnern an mittelalterliche Dichtung: »Faithless, mutable, fickle« sind Adjektive, mit denen Chaucer die treulose Criseyde und die wetterwendische Fortuna charakterisiert. In Orlandos Sicht sind aufgrund dieser Erfahrungen die weibliche und die männliche Natur jetzt getrennte Welten.

Die Abgründigkeit, die im anderen Geschlecht stecken kann, kommt noch deutlicher im zweiten Kapitel der Biographie bei der Begegnung mit der angeblichen Erzherzogin zum Ausdruck, einem Erlebnis, das in die Zeit König Jakobs I. verlegt ist. Bei der Beschreibung der seltsamen Gestalt, die sich Orlando nähert, werden die animalischen Züge hervorgehoben; zugleich wird betont, daß ihr eine Kühnheit und Direktheit eigen ist, die keine andere Frau zeigen würde (vgl. O, 105). Auffallend sind auch ihre Kenntnisse der Feuerwaffen und der Jagdgebräuche. Es handelt sich um ein doppelgesichtiges Wesen, und auch die Liebe, die Orlando durch diese Gestalt zuteil wird, wird dementsprechend »double faced« (O, 107) genannt. Da Orlando sich in seinem innersten Wesen bedroht sieht, entzieht er sich dieser Gefahr durch die Flucht und läßt sich vom König als Gesandter nach Konstantinopel schicken.

Die Flucht nach Konstantinopel bedeutet den Höhepunkt seiner Karriere im öffentlichen Leben – es wird ihm die Herzogswürde verliehen –, aber auch das Ende seiner Existenz als Mann. Nach einem tranceähnlichen Schlaf erwacht Orlando als Frau. Die Erzählerkommentare lassen erkennen, daß dieser Geschlechtswandel keine Änderung in Orlandos Wesen mit sich brachte:

> Orlando had become a woman – there is no denying it. But in every other respect, Orlando remained precisely as he had been. The change of sex, though it altered their future, did nothing whatever to alter their identity. Their faces remained, as their portraits prove, practically the same (O, 127).

Orlando ist als ein androgynes Wesen konzipiert, in dem

ständig männliche und weibliche Anlagen vorhanden sind, welches auch immer das biologische Geschlecht dieser Gestalt ist. Nach der Geschlechtsumwandlung lebt Orlando zunächst unter Zigeunern; sie streift damit bis zu einem gewissen Grad die Lebensformen der europäischen Gesellschaft ab, ohne freilich gänzlich in eine andere Lebensform überwechseln zu können. Die Welt der Zigeuner stellt keinen Naturzustand (im romantischen Sinne) dar, sondern eine Lebensform, die ihrerseits auf einer langen geschichtlichen Tradition ruht. Aber das Leben in dieser Umgebung bietet Orlando die Freiheit, über die neue Perspektive zu reflektieren, von der aus sie von nun an die Wirklichkeit wahrnimmt.

Mit ihrer Rückkehr in die augusteische Epoche Popes, Swifts und Addisons nimmt Orlando die besonderen Bedingungen wahr, die die englische Gesellschaft Frauen seit der Renaissance auferlegte. Sie muß nun nach den Forderungen leben, die sie selbst als Mann ehedem an Frauen richtete: »She remembered how, as a young man, she had insisted that women must be obedient, chaste, scented, and exquisitely apparelled« (O, 143). Andererseits ist aber auch zu konstatieren, daß sie, die sie jetzt eine Frau ist und ehedem ein Mann war, beide Geschlechter in einer Weise zu begreifen vermag, wie ihr dies zuvor verwehrt war.

Im Gegensatz zum 18. Jahrhundert ist das 19. Jahrhundert, insbesondere das viktorianische Zeitalter, durch eine deutliche Abgrenzung der Lebensbereiche beider Geschlechter gekennzeichnet, was sich bis in die Formen der alltäglichen Kommunikation bemerkbar macht: »Love, birth, and death were all swaddled in a variety of fine phrases. The sexes drew further and further apart« (O, 207).

Aufgabe der Frauen ist es nun, eine möglichst große Anzahl von Kindern zu gebären (vgl. O, 207), die der Männer, ein Weltreich aufzubauen. Der Ehe wird in diesem Zeitalter eine ungleich größere Bedeutung geschenkt als zuvor (»Wedding rings were everywhere«; O, 218). Die Freizügigkeit im Zusammenleben der Geschlechter, die Orlando in

früheren Zeitaltern beobachten konnte, verschwindet; die
Paare scheinen aneinandergekettet zu sein, in einer Weise,
die Orlando unnatürlich erscheint und die sie nur auf den
Einfluß gesellschaftlicher Mächte zurückführen kann (vgl.
O, 218).

Wenngleich sich Orlando innerlich gegen den Zeitgeist
wehrt – aus ihrer Antipathie gegen die Gesellschaft spricht
der kritische Vorbehalt, mit dem Virginia Woolf und der
Bloomsbury-Kreis dem Viktorianischen Zeitalter begegne-
ten –, spürt auch sie, wie der Zeitgeist sie geradezu physisch
zwingt, eine Ehe zu schließen (vgl. O, 219). Der Verlobung
mit Marmaduke Bonthrop Shelmerdine geht eine Episode
voraus, die an Orlandos Aufenthalt bei den Zigeunern erinnert. Orlando löst sich zunächst aus dem gesellschaftlichen
Raum, der im 18. und 19. Jahrhundert in England ihr Leben
bestimmt; sie flieht in einer geradezu ekstatischen Stimmung in eine Heidelandschaft und glaubt, daß es möglich
sei, in dieser Einsamkeit eins zu werden mit der Natur, sich
gleichsam mit der Natur anstatt mit einem Mann zu ver-
mählen:

> »I have found my mate,« she murmured. »It is the moor. I
> am nature's bride,« she whispered, giving herself in rapture
> to the cold embraces of the grass as she lay folded in her
> cloak in the hollow by the pool (O, 223 f.).

Gleich einem romantischen Dichter sehnt sie sich nach einer Auflösung in der Natur, nach dem Tod. Ihre Hoffnung,
sich den Konventionen der Gesellschaft entziehen zu können, erweist sich jedoch (wie bei ihrem Aufenthalt unter
den Zigeunern) als eine Illusion. Der Satz: »I'm dead, sir!«
(O, 225), mit dem sie Shelmerdine, den Retter und romantischen Liebhaber, begrüßt, ist doppeldeutig, insofern sie
zwar einen symbolischen Tod stirbt, als sie von ihrer bisherigen Existenzform Abschied nimmt, zugleich aber in ein
neues Leben hineingeboren wird, in dem sie unter viktorianischen Bedingungen ihre androgyne Veranlagung zu bewahren versteht. Shelmerdine fühlt sich nicht dem viktoria-

nischen Lebensstil verpflichtet, sondern er gleicht eher dem Typ eines romantischen Abenteurers. Er lernte als Soldat und Seemann den Orient kennen, besitzt eine Schloßruine auf den Hebriden und tritt unmittelbar nach seiner Hochzeit eine Reise nach Kap Horn an. In seiner abenteuerlichen Lebensart läßt er an Lord Byron denken; sein Name Shelmerdine, den Orlando gelegentlich zu Shel verkürzt, erinnert an Shelley, »whose entire works he had by heart« (O, 235).

Die Sympathie, die die beiden Liebenden füreinander empfinden, läßt in ihnen für einen Augenblick den Verdacht aufkommen, daß sie gleichen Geschlechts seien (vgl. O, 227). Die androgyne Veranlagung, die ihnen beiden eigen ist, überrascht sie so sehr, daß sie sich geradezu herausgefordert fühlen, die Probe auf ihr biologisches Geschlecht zu machen (vgl. O, 232f.).

Die Trauung, die vor Shelmerdines Abreise stattfindet, ist das Äußere, konventionelle Zeichen für ihre innere Verbundenheit; zugleich wirkt die hastig vollzogene Zeremonie wie eine Parodie auf die Konventionen des Zeitalters, denn die beiden gleichartigen, gleich empfindenden Menschen gehen in eine freiwillig gewählte Einsamkeit, um dem Anspruch ihrer jeweiligen Natur gerecht zu werden, genau in dem Augenblick, in dem sie äußerlich miteinander verbunden werden.

Wenn Shelmerdine – am Ende des Buches – zurückkehrt, »now grown a fine sea captain, hale, fresh-coloured, and alert« (O, 295), dann wirkt dies wie das *happy ending* einer Komödie. Weit bedeutsamer als dieses äußere Geschehen sind die Erzählerkommentare über das Selbstverständnis, das Orlando inzwischen erlangt hat. Wenngleich sie sich als Ehefrau und Mutter eines Sohnes – Vita Sackville-West war Mutter zweier Söhne – in ein traditionelles Rollenverständnis der Frau einbezogen sieht, wird ihr bei der Reflexion über das eigene Ich bewußt, daß ihr Innerstes sich in eine Vielzahl von Personen aufgliedert, vom Knaben der Renaissance bis zur Frau der Moderne:

For she had a great variety of selves to call upon, far more than we have been able to find room for, since a biography is considered complete if it merely accounts for six or seven selves, whereas a person may well have as many thousand (*O, 278*).

Das Ich gleicht jedoch nicht nur beim Rückblick in die Vergangenheit einem Bündel von Rollen; auch ihre gegenwärtige Existenz scheint zunächst nicht mehr zu sein als ein unerschöpfliches Reservoir an Einstellungen und Haltungen: »[...] she was, to hear her talk, changing her selves as quickly as she drove« (*O, 278*).

Es bleibt die Frage, was denn das wahre Selbst, »the true self« (*O, 279*) ausmache. Dieses wahre Ich erscheint in dem Augenblick, in dem sie aufhört, »Orlando« zu rufen, d.h. willentlich, bewußt eine bestimmte Person herbeizuzwingen.

And it was at this moment, when she had ceased to call »Orlando« and was deep in thoughts of something else, that the Orlando whom she had called came of its own accord; as was proved by the change that now came over her [...].
So she was now darkened, stilled, and become, with the addition of this Orlando, what is called, rightly or wrongly, a single self, a real self. And she fell silent. For it is probable that when people talk aloud, the selves (of which there may be more than two thousand) are conscious of disseverment, and are trying to communicate, but when communication is established they fall silent (*O, 282*).

Sie erlebt in diesem kontemplativen Augenblick eine Integration des Ich, eine Aufhebung der inneren Trennung, und ihre Einstellung zur Wirklichkeit gleicht derjenigen, die Virginia Woolf in *A Room of One's Own* Shakespeare zuschreibt. Es ist daher auch kein Zufall, daß Orlando erst in dieser Phase in der Lage ist, das Gedicht »The Oak Tree«, an dem sie als dichterisch begabter Mensch seit der Renaissance arbeitete, zu vollenden. Das Gedicht erlangt erst seine endgültige Gestalt, als sie die innere Freiheit gewonnen hat, die Wirklichkeit mit unvoreingenommenem Blick zu erfas-

sen, und sie nicht mehr bestimmt wird von den Konventionen eines Zeitalters, die ihre dichterische Vision, ihre persönliche Einsicht in die Wahrheit nur entstellen und verzerren.

Die Idee, daß der schöpferische Geist eines jeden Menschen androgyn sei, liegt auch dem sozialkritischen Essay
A Room of One's Own zugrunde. Dieser Essay ging aus
zwei Vorlesungen hervor, die Virginia Woolf über das Thema »Women and Fiction« im Oktober 1928 in Newnham
und am Girton College in Cambridge hielt und die sie im
folgenden Jahr überarbeitete, so daß der Essay im Oktober
1929 in Buchform erscheinen konnte. Ähnlich wie in ihren
grundlegenden literaturkritischen Essays »Mr. Bennett
und Mrs. Brown« und »Modern Fiction« herrscht auch in
A Room of One's Own die erzählerische Darbietungsweise
vor. Zwar stellt sie an den Anfang ihrer Darlegungen die
These: »[...] a woman must have money and a room of her
own if she is to write fiction« (*R*, 6), aber sie ist im folgenden nicht darauf bedacht, die Gültigkeit ihrer These in einer streng systematischen Argumentation zu beweisen: Sie
berichtet vielmehr von Erlebnissen und Erfahrungen, um
auf diese Weise die verschiedenen Aspekte des Gesamtthe-
mas ›Frauen und die Literatur‹ zu beleuchten.

Für die Darbietungsweise, derer sich Virginia Woolf in
diesem Essay bedient, ist die folgende Bemerkung aufschlußreich, die sich auf den ersten Seiten des Essays findet:

> Here then was I (call me Mary Beton, Mary Seton, Mary
> Carmichael or by any name you please – it is not a matter of
> any importance) sitting on the banks of a river a week or
> two ago in fine October weather, lost in thought (*R*, 8).

Die Namen wurden von Virginia Woolf nicht willkürlich
gewählt, sondern sie entstammen einer Ballade aus dem 16.
Jahrhundert, die den Titel »Marie Hamilton« oder auch
»The Queen's Marie« trägt und in der sich folgende Stro-
phe findet:

> Yestreen the Queen had four Maries,
> 'The night she'll hae but three;

There was Marie Seaton, and Marie Beaton,
And Marie Carmichael, and me
(Alice Fox, *Literary Allusion as Feminist Criticism in
»A Room of One's Own«*, Philological Quarterly, 63,
1984, S. 155).

Aus der Feststellung: »Here, then, Mary Beton ceases to
speak« (*R*, 158) geht hervor, daß der größte Teil des Essays
dieser Gestalt in den Mund gelegt ist; sie ist die eigentliche
›Ich-Erzählerin‹. Daran wird der Leser gelegentlich durch
eine Bemerkung wie: »My aunt, Mary Beton, I must tell
you, died by a fall from her horse« (*R*, 56) erinnert. Mary Seton erscheint in Kapitel I als die Begleiterin und Gesprächs-
partnerin Mary Betons (vgl. *R*, 28 u. 30). Die Bemerkungen:
»If only Mrs. Seton and her mother and her mother before
her had learnt the great art of making money« (*R*, 33) und
»It is only for the last forty-eight years that Mrs. Seton has
had a penny of her own« (*R*, 35) zeigen, daß der Personenna-
me »Mary Seton« zugleich als Gattungsname für die Frau
schlechthin benutzt werden kann. Der Name Mary Carmichael erscheint im fünften Kapitel des Essays als Autoren-
name: »[...] I settled down with a notebook and a pencil to
make what I could of Mary Carmichael's first novel, *Life's
Adventure*« *(R*, 120). Erst gegen Ende des gesamten Essays
schiebt Virginia Woolf alle Rollen und Masken beiseite und
verwendet das Pronomen »I«, um ihrer Autorenperspektive
Geltung zu verschaffen (vgl. *R*, 158).

Die Autorin meldet sich zum einen als Kritikerin der von
Mary Beton vorgetragenen Anschauungen zu Wort; zugleich läßt sie einen gewissen Skeptizismus bezüglich der
Wahrheitsfindung zum Ausdruck kommen. Wie in ihren
Romanen, wo Virginia Woolf auf den auktorialen Erzählerstandpunkt weitgehend verzichtete, meidet sie auch im Essay den Gestus der souveränen Darbietung von Wissen;
strenge Systematik wäre für sie der Ausdruck eines männ-
lich-herrscherlichen Verfügens über den Stoff und die Auslegung des Themas. Wahrheit ist nach ihrer Auffassung
nicht durch *einen* gezielten Zugriff zu gewinnen; es bedarf

eines häufigen Perspektivenwechsels, um ihr näherzukom-
men. Virginia Woolf folgt dabei in einer legeren Weise dem
›Gedankenfluß‹ (so wie sie im Roman dem ›Bewußtseinsstrom‹ folgt) und läßt durch verschiedene Personen eine
Fülle von Beobachtungen und Reflexionen zur Geltung
kommen, durch die die Erörterung der Thematik ›Die
schriftstellerisch tätige Frau in der englischen Gesellschaft‹
gefördert werden kann.

Das Zurücktreten der Autorin hinter fiktive Gestalten
wie Mary Beton, Mary Seton und Mary Carmichael dürfte
freilich nicht nur epistemologisch, sondern auch autobio-
graphisch begründet sein: Virginia Woolf selbst verfügte
seit dem Tode ihres Vaters im Jahre 1904 über ausreichende
finanzielle Mittel und konnte ihre äußeren Lebensbedingungen so gestalten, wie es ihr für ihre schriftstellerische Tätigkeit wünschenswert erschien. Dennoch vermochte sie
sich in die Situation der Frauen zu versetzen, die noch um
die Erlangung der materiellen Bedingungen kämpfen mußten, um ungehindert geistig tätig sein zu können, und sie
trat darüber hinaus für die Gleichberechtigung der Frauen
im öffentlichen Leben ein. Dabei reflektierte sie ständig
auch über ihre eigene Position, um zu verhindern, daß die
männlichen Vorzeichen des bestehenden Herrschaftssy-
stems lediglich in weibliche umgeändert wurden. Es
schwebte ihr eine freie Gesellschaft vor, in der Frauen und
Männer in ihrer jeweiligen Eigenart nebeneinander und miteinander leben und in gegenseitiger Achtung die polaren
Spannungen der Androgynie, die in beiden Geschlechtern
vorhanden sind, kreativ entfalten.

Die Beobachtungen und Erfahrungen, die Mary Beton
und andere Frauen in der modernen Gesellschaft sammeln,
und die Reflexionen, die durch diese Erlebnisse in ihnen
ausgelöst werden, sind in dem Essay *A Room of One's
Own* in sechs Kapiteln zusammengefaßt und um bestimmte thematische Schwerpunkte gruppiert, die im folgenden
erläutert werden sollen.

Die Erlebnisse, die der Erzählerin in Oxbridge zuteil

wurden, stehen im Mittelpunkt des ersten Kapitels. »Oxbridge« ist der Inbegriff der alten Universitäten Oxford und Cambridge, wobei zu bemerken ist, daß Virginia Woolf primär an Cambridge denkt, wo ihr Bruder Thoby studierte. In gleicher Weise ist »Fernham« ein fiktiver Name, mit dem auf die beiden Frauen-Colleges in Cambridge, auf Newnham und Girton, angespielt wird.

Wie stark sich der männliche Herrschafts- und Machtanspruch selbst in trivialen Dingen bemerkbar macht, bekommt die Erzählerin zu spüren, als sie in einem College für junge Männer über den Rasen eilt. Voller Entsetzen und Empörung registriert der Pedell den Verstoß gegen die Regel, wonach das Betreten des College-Rasens nur den Dozenten und Studenten erlaubt ist. Ähnlich ergeht es Mary Beton bei dem Versuch, in die Bibliothek zu gelangen:

> [...] a deprecating, silvery, kindly gentleman, who regretted in a low voice as he waved me back that ladies are only admitted to the library if accompanied by a Fellow of the College or furnished with a letter of introduction (*R*, 12).

Die Beschreibung eines opulenten Mittagsmahls in einem College für junge Männer – mit Lachs und Rebhuhn, mit scharfen und süßen Saucen und Salaten, mit blattreichem Rosenkohl und einem köstlichen Nachtisch – bildet einen einprägsamen Kontrast zu dem Bericht über das frugale Abendessen im Frauen-College, wo eine klare Fleischbrühe, Rindfleisch, Gemüse und Kartoffeln, Backpflaumen und Eierrahm gereicht werden. Die Colleges der Männer leben aus dem Reichtum, den Könige und Königinnen, Adlige und Geldmagnaten über die Jahrhunderte hin ansammelten, während die Colleges für die Frauen nur über wenig finanzielle Mittel verfügen, da den Frauen das Geldverdienen ebenso wie der Besitz von Geld verwehrt war; infolgedessen hinterließen sie auch keine Mittel, um Colleges für das weibliche Geschlecht in dem Maße auszustatten und die Studierenden zu fördern, wie dies bei den Colleges für das männliche Geschlecht der Fall war.

Mehrfach läßt die Erzählerin erkennen, daß der Ton ihrer Darlegungen weit entfernt ist von dem epischen Tonfall eines Romanciers, der lediglich die Fülle seiner Beobachtungen und Erlebnisse in Ausgewogenheit und Behaglichkeit darbieten möchte. Aus den Worten Mary Betons spricht der Zorn einer Frau, die sich, gleich den Feministinnen und Suffragetten zu Beginn des 20. Jahrhunderts, über die ungerechte Behandlung der Frauen im öffentlichen, insbesondere intellektuellen Leben empört und gegen die bestehende Gesellschaftsordnung mit ihren ungeschriebenen Konventionen und Restriktionen angeht (vgl. *R*, 12 u. 32).

Der weitere Weg der Ich-Erzählerin wird als eine Suche nach der Wahrheit beschrieben, der sie im zweiten Kapitel zum British Museum führt, wo sie hofft, über die Probleme, die sie seit ihren Erlebnissen in Oxbridge beschäftigten, wissenschaftlichen Aufschluß zu gewinnen. Die Bücher, von denen sie sich eine Antwort auf die Frage: »Why are women poor?« (*R*, 43) erhofft, enttäuschen sie, obwohl eine Vielzahl von Werken geschrieben wurde, in denen sich Männer über Frauen äußern. Aufgrund dieser Lektüre ersinnt sie in ihrer Phantasie einen namentlich nicht näher bezeichneten Professor, der ein Buch verfaßt, das den paradigmatischen Titel *The Mental, Moral, and Physical Inferiority of the Female Sex* (vgl. *R*, 46) trägt. Für die Erzählerin ist dieses Buch der Ausdruck einer emotionalen Haltung, die ihrerseits die gleiche Haltung im anderen Geschlecht hervorruft: beide werden durch den Zorn bestimmt. Aus der possessiven und akquisitiven Mentalität der herrschenden Schicht erklärt Mary Beton die Rolle, die Männer den Frauen zuweisen; sie lassen Frauen zu Spiegelbildern ihres Selbstbewußtseins werden (vgl. *R*, 53).

Die bestehenden gesellschaftlichen Verhältnisse, das Patriarchat, können nur dann überwunden werden, wenn Frauen sich aus dieser ihnen aufgezwungenen Rolle lösen und die Wahrheit sagen: »For if she begins to tell the truth, the figure in the looking-glass shrinks; his fitness for life is diminished« (*R*, 54).

Die Wahrheit findet nach Mary Beton aber erst dann in einem Buch ihren Ausdruck, wenn es leidenschaftslos und in strenger Sachbezogenheit geschrieben worden ist, wenn es nicht von vornherein der Ausdruck des Wunsches ist, ein bestimmtes Resultat zu erreichen und eine bestimmte Absicht durchsetzen zu können (vgl. *R*, 51). Noch treffender bringt Mary Beton ihre Überzeugung kurz zuvor mit folgendem Satz zum Ausdruck: »They had been written in the red light of emotion and not in the white light of truth« (*R*, 49). Die Voraussetzung für die gewünschte innere Einstellung der Frauen ist aber die Veränderung ihrer materiellen Lebensbedingungen; diese Tatsache erläutert Mary Beton an ihrer eigenen Entwicklung (die wiederum die Entwicklung der Autorin Virginia Woolf spiegelt). Sie berichtet, daß ihre Tante bei einem Reitunfall ums Leben kam und daß sie ihr 500 Pfund pro Jahr bis an ihr Lebensende vermacht hat: »[...] I found that she had left me five hundred pounds a year for ever« (*R*, 56).

Damit ändert sich nicht nur ihre alltägliche Lebensweise, sondern auch ihre Einstellung zur Realität: »Therefore not merely do effort and labour cease, but also hatred and bitterness« (*R*, 57). An die Stelle von Angst und Bitterkeit treten bei ihr jetzt Mitleid und Nachsicht; vor allem aber gewinnt sie nach ihren eigenen Worten die innere Freiheit, die Wirklichkeit unvoreingenommen wahrnehmen und beurteilen zu können; »freedom to think of things in themselves« (*R*, 59).

Um die gegenwärtige Situation besser begreifen zu können, wendet sich Mary Beton in den beiden folgenden Kapiteln historischen Fragestellungen zu und zieht insbesondere sozialgeschichtliche Darstellungen wie Trevelyans *History of England* heran. Die Frage, die sie beschäftigt, lautet: »What were the conditions in which women lived, [...]?« (*R*, 62). Wiewohl die Frauen in der Literatur über die Jahrhunderte hin wie Leuchtfeuer brennen (vgl. *R*, 64), zeichnet die Geschichtswissenschaft ein düsteres Bild von den tatsächlichen Lebensverhältnissen der Frauen: Im ausge-

henden Mittelalter war in allen Gesellschaftsklassen das
Verprügeln der Ehefrau ein Recht, das Ehemänner in Anspruch nahmen, und über den Ehepartner entschied nicht
das heiratsfähige Mädchen, sondern die Eltern diktierten ihrer Tochter, oft in deren Kindesalter, bereits den zukünftigen Ehemann zu.

Mary Beton malt sich in ihrer Phantasie aus, wie es einer
Judith Shakespeare, einer Schwester des Dramatikers, hätte
ergehen können, wenn sie, bei gleicher Begabung, denselben Weg wie ihr Bruder von Stratford nach London gegan-
gen wäre. Sie hätte keine Schauspielerin werden können,
Nick Greene hätte sie verführt, sie hätte ein Kind von ihm
gehabt und hätte schließlich Selbstmord begangen. Die er-
fundene Biographie Judith Shakespeares dient der Erzählerin dazu, den Widerstreit zwischen Begabung und Lebens-
umständen zu erläutern, der nicht nur im 16. Jahrhundert
kreative Frauen daran hinderte, sich in der Weise weitgehend ungehindert zu entfalten, wie dies Shakespeare vermochte.

Das dritte Kapitel von *A Room of One's Own* gipfelt in
der Beschreibung der geistig-seelischen Verfassung, die für
schöpferische Arbeit am förderlichsten ist. Mary knüpft dabei an bildhafte Vorstellungen und Reflexionen an, die sie
bereits gegen Ende des zweiten Kapitels vorgetragen hat:
dort spricht sie von »the white light of truth« (*R*, 49); hier
taucht zweimal in Verbindung mit der Charakterisierung
Shakespeares das Wort »incandescent« = ›weißglühend‹ auf:

> [...] the mind of an artist, in order to achieve the prodigious
> effort of freeing whole and entire the work that is in him,
> must be incandescent, like Shakespeare's mind [...] (*R*, 85),

und:

> If ever a human being got his work expressed completely, it
> was Shakespeare. If ever a mind was incandescent, unimped-
> ed, I thought, turning again to the bookcase, it was Shake-
> speare's mind (*R*, 86).

Shakespeare war in der Sicht Mary Betons unfähig, sich frei-
zumachen von einer einseitig-didaktischen Haltung (vgl.
R, 86) und zu einer geläuterten, ausgewogenen Darstellung
der Wirklichkeit vorzustoßen.

Die Beispiele aus der Geschichte der englischen Literatur, die Mary Beton im vierten Kapitel des Essays *A Room
of One's Own* präsentiert, sind als Illustrationen der These
zu verstehen, mit der das dritte Kapitel schließt. Obwohl
Lady Winchilsea (1661–1720) der Adelsklasse angehörte,
war es ihr nicht vergönnt, ihre kreativen Fähigkeiten in der
Weise zu entfalten, wie dies Shakespeare vermochte. Die zitierten Beispiele aus Lady Winchilseas Dichtungen bringen
die Empörung über die Hindernisse, die einer freien Entfaltung ihrer schöpferischen Fähigkeiten entgegenstehen,
deutlich zum Ausdruck:

> Clearly her mind has by no means »consumed all impedi-
> ments and become incandescent«. On the contrary, it is har-
> assed and distracted with hates and grievances. The human
> race is split up for her into two parties. Men are the »oppos-
> ing faction«; men are hated and feared, because they have
> the power to bar her way to what she wants to do – which is
> to write (*R*, 88).

Die Begriffe »hate« (*R*, 89), »fear« (*R*, 89) und »bitterness«
(*R*, 89 u. 90) bezeichnen die durch die gesellschaftlichen
Umstände bedingte psychische Verfassung Lady Winchel-
seas, die es hinnehmen mußte, von Zeitgenossen wie Pope
oder Gay verspottet zu werden »›as a blue-stocking with an
itch for scribbling‹« (*R*, 91).

Einen Markstein in der englischen Literatur- und Sozialgeschichte stellt das schriftstellerische Werk Aphra Behns
dar. Sie war eine Frau der Mittelklasse, »with all the plebe-
ian virtues of humour, vitality and courage« (*R*, 95), ver-
diente mit ihrer schriftstellerischen Arbeit genug, um davon leben zu können, und hatte auch Spielraum, um sich
kreativ zu entfalten (vgl. *R*, 95). Das 18. Jahrhundert erwies
sich als förderlich für die schriftstellerische Tätigkeit einer

Frau, insofern die Frau nun durch diese Arbeit nicht nur zu Geld, sondern auch zu gesellschaftlichem Ansehen gelangen konnte. Damit wurden Voraussetzungen geschaffen, von denen Jane Austen und Emily Brontë ebenso profitierten wie George Eliot.

Die Ausführungen Mary Betons über den Wandel in der Bewertung der schriftstellerischen Tätigkeit einer Frau zeigen, wie bedeutsam für Virginia Woolf die gesellschaftliche Einbettung aller schriftstellerischen Tätigkeit und die daraus entstehende literarische Tradition waren. Hinter jeder bedeutsamen Einzelleistung stehen nach ihrem Urteil die geistigen Anstrengungen eines gesellschaftlichen Verbandes (vgl. *R*, 98).

Wenn Mary Beton sodann der Frage nachgeht, weshalb Frauen sich im 19. Jahrhundert vorwiegend der Gattung des Romans zuwandten, rekurriert sie – wie in anderem Zusammenhang auch – auf die äußeren Bedingungen des gesellschaftlichen, alltäglichen Lebens. Die Schriftstellerinnen der Mittelklasse waren gezwungen, mit der Familie zusammen in einem gemeinsam benutzten Wohnraum zu leben, was (nach Mary Beton) das Verfassen von erzählerischer Literatur eher begünstigte als die konzentrierte Arbeit an Lyrik oder an einem dramatischen Werk. Das Zusammenleben in einem einzigen Wohnraum prägte die Sensibilität dieser Schriftstellerinnen; sie registrierten ständig, was sich um sie herum ereignete, und dies wiederum führte ihnen vor Augen, wie die Menschen sprachen, lebten und dachten, über die sie schrieben.

Das Bemerkenswerte an Jane Austen ist, daß sie trotz solcher Lebensbedingungen jene schöpferische Überlegenheit über den Stoff erreichte, die auch für Shakespeare kennzeichnend ist:

> Here was a woman about the year 1800 writing without hate, without bitterness, without fear, without protest, without preaching. That was how Shakespeare wrote, I thought, looking at *Antony and Cleopatra* [...] (*R*, 101 f.).

Frauenromane des 19. Jahrhunderts weisen nach Mary Beton deshalb künstlerische Schwächen auf, weil die meisten Autorinnen bereit waren und sich durch äußere Lebensumstände auch gezwungen sahen, auf die unbeeinflußte Wiedergabe ihrer Erfahrungen zu verzichten, weil sie Kompromisse schlossen mit den Normen, die in der Welt der Männer galten (vgl. *R*, 111).

Sie brachten sich damit um ihre künstlerische Integrität, die für den Leser ein Zeichen und auch eine Garantie ist, daß eine Autorin (oder ein Autor) die Wahrheit im Kunstwerk zum Ausdruck bringt. Nach dem Urteil Virginia Woolfs (das Mary Beton artikuliert) waren es im 19. Jahrhundert Jane Austen und Emily Brontë, die die künstlerische Kraft und Integrität besaßen, an der Wahrheit ihrer künstlerischen Vision mitten in einer patriarchalischen Gesellschaft festzuhalten. Über sie wird denn auch das bemerkenswerte Urteil gefällt: »They wrote as women write, not as men write« (*R*, 112). In diesen Autorinnen steckt ein Potential, das auch für die geschichtliche Situation, in der der Essay *A Room of One's Own* enstand, von Bedeutung war. Die Kritiker und Zensoren, die Frauen in bestimmte Konventionen des geistigen, insbesondere literarischen Lebens zu drängen versuchen, gleichen den Pedellen, die in Oxbridge die Frauen vom Rasen jagen; für beide gilt der Satz: »Lock up your libraries if you like; but there is no gate, no lock, no bolt that you can set upon the freedom of my mind« (*R*, 114). Nur wenn Frauen diese Freiheit garantiert ist, vermögen sie eigene Sätze zu formulieren, eigene Romanstrukturen zu entwickeln und damit eine Tradition des Schreibens zu begründen, die ihrer Mentalität angemessen ist.

Um die Situation einer Schriftstellerin im 20. Jahrhundert zu erläutern, läßt Virginia Woolf ihre Erzählerin Mary Beton zu dem Buch einer angeblich zeitgenössischen Autorin namens Mary Carmichael, betitelt *Life's Adventure*, Stellung nehmen. Der Titel könnte auch über das Gesamtwerk Virginia Woolfs gesetzt werden, denn ihre Romane von *A Voyage Out* bis zu *Between the Acts* sind thematisch wie formal Vorstöße in die Realität, oft in die Alltagsrealität dieses Jahrhunderts, die in neuer Sprache beschrieben, mit neuen Erzähltechniken erfaßt wird, um dem Leser den Blick zu öffnen für die Welt, in der er lebt und an der er oft blind.vorbeigeht.

Als erstes registriert Mary Beton Besonderheiten der Sprache, die sich merklich von derjenigen Jane Austens unterscheidet:

> The smooth gliding of sentence after sentence was interrupted. Something tore, something scratched; a single word here and there flashed its torch in my eyes (*R,* 121).

Wie diese stilistische Eigenart zu deuten sei, vermag Mary Beton zunächst nicht zu sagen; möglicherweise spiegelt sich darin nach ihrer Meinung eine gewisse Angst der Autorin, etwa die Angst, ›sentimental‹ genannt zu werden. Sodann wendet Mary Beton kritisch ein: »But she is heaping up too many facts« (*R,* 122). Auch hinter einer solchen Bemerkung steckt die Erfahrung der Autorin Virginia Woolf, die gerade in ihren ersten Romanen, etwa in *Night and Day,* zuviel Stoff anhäufte und deshalb im folgenden Roman, in *Jacob's Room,* den Stoff radikal reduzierte, um in konzentrierter Form ihre künstlerische Vision zum Ausdruck bringen zu können. Es ist daher naheliegend, die kritische Auseinandersetzung Mary Betons mit Mary Carmichael auf den inneren Dialog zu übertragen, den die Autorin mit der Kritikerin Virginia Woolf ständig führte.

Eine gewisse Überraschung löst sodann Mary Carmichaels Satz: »Chloe liked Olivia ...« (*R,* 123) in Mary Beton aus. Lesbische Liebe – so spekuliert sie – war bis zu dieser Zeit für eine Schriftstellerin tabu. Hier tritt eine Autorin mit dem Anspruch auf, die Wirklichkeit zu erschließen, in der Frauen alltäglich leben, sie in ihren Besonderheiten zu charakterisieren, zu denen auch eine lesbische Beziehung gehören kann (vgl. *R,* 127).

Wie aus Mary Betons Bericht weiterhin hervorgeht, ist

sie sich bewußt, daß große Autoren die weibliche Natur und die schöpferischen Wirkungen, die von Frauen auf das männliche Geschlecht ausgehen, erfaßt haben. Aber sie bleiben jeweils an ihre Perspektive gebunden. Deshalb setzt sich Virginia Woolf dafür ein, die schöpferische Kraft der Frauen, die sich nach ihrer Überzeugung von der schöpferischen Begabung der Männer unterscheidet (vgl. *R*, 132), zu fördern, sie dazu anzustacheln, sich auf die Entdeckung und Darstellung der Wirklichkeit aus ihrer Perspektive zu begeben.

Wenn Mary Beton befürchtet, daß Mary Carmichael sich zu einer naturalistischen Romanschriftstellerin entwickeln könnte, spiegelt sich auch darin ein Stück eigener Erfahrung der Autorin Virginia Woolf, denn ihre Kritik galt den ›Materialisten‹ Galsworthy, Bennett und Wells, die – so ihr Urteil in dem Essay »Modern Fiction« – nur die Oberflächenrealität erfassen und nicht wie Conrad oder Joyce ins Zentrum der menschlichen Existenz vordringen. Wie Virginia Woolf selbst setzt auch Mary Beton den modernen Autorinnen zum Ziel, das Leben einfacher Menschen, etwa einer achtzigjährigen Dame und ihrer Tochter, zu erfassen, die abseits vom ›großen‹ Geschehen in dunkler Anonymität ihr Dasein fristen (vgl. *R*, 124f.).

Der Rat, den Mary Beton einer solchen Autorin gibt und den sich Virginia Woolf selbst zugesprochen haben dürfte, lautet: »Be truthful« (*R*, 137). Daß Mary Carmichael bei aller Unvollkommenheit, die ihrem Werk infolge der historischen Situation, in der sie schreibt, notwendigerweise noch anhaftet, eine Romanschriftstellerin im Sinne Virginia Woolfs ist, geht aus folgender Bemerkung hervor:

> [...] she wrote as a woman, but as a woman who has forgotten that she is a woman, so that her pages were full of that curious sexual quality which comes only when sex is unconscious of itself (*R*, 140).

Dieses Fazit mag widerspruchsvoll, mag paradox erscheinen: Als Frau zu schreiben, die Weiblichkeit zu vergessen und doch das Weibliche zum Ausdruck zu bringen, scheint eine schier unlösbare Aufgabe zu sein. Wie dieses Paradoxon von Virginia Woolf aus zu verstehen ist, läßt sich aus dem letzten Kapitel des Essays *A Room of One's Own* ermitteln.

Im Mittelpunkt der abschließenden Bemerkungen Mary Betons steht die nähere Bestimmung des androgynen Geistes, von dem Coleridge sprach und den Shakespeare in exemplarischer Weise verkörperte. Um die Vorstellung der Androgynie zu verdeutlichen, wählt die Erzählerin unterschiedliche Bilder und Begriffe. Zunächst geht sie von einer Szene aus, die sie im Londoner Alltag beobachtete – eine Szene, die man in der Terminologie von James Joyce eine Epiphanie nennen könnte. In einem Augenblick, in dem der Londoner Verkehr stillsteht, glaubt Mary Beton einen unsichtbaren Fluß wahrzunehmen, der ein Mädchen, einen jungen Mann und ein Taxi zusammenbringt, die sogleich wieder verschwinden, als würden sie von dem Fluß weggeschwemmt. Die Entspannung, die Mary Beton bei dieser Beobachtung empfindet, erklärt sie auf folgende Weise: Mit der Wahrnehmung eines Mannes und einer Frau löst sich in ihr die Spannung, in der sie zuvor lebte, als sie sich die beiden Geschlechter getrennt vorstellte. Eine solche trennende Betrachtungsweise verlangt eine besondere Anstrengung, insofern sich der Geist dabei von der Realität zurückzieht und überdies wechselnde Standorte zur Realität einnehmen muß. Dies führt zu einer Bewußtseinsspaltung, »a sudden splitting off of consciousness« (*R*, 146), zu Repressionen, insofern eine bestimmte Perspektive dann erst voll zur Geltung kommen kann, wenn die andere unterdrückt wird. Dieses Erlebnis löst aber auch die Sehnsucht aus, die harmonische Einheit des Geistes, »›the unity of the mind‹« (*R*, 146) (wieder)herzustellen.

Das Zusammentreffen des Mädchens und des jungen Mannes symbolisiert für Mary Beton die Auflösung der Spannungen im menschlichen Bewußtsein, in dem sie mit

Coleridge einen männlichen und einen weiblichen Pol angelegt sieht. Dieses polare Verhältnis ist bei jedem Menschen
anzutreffen, und deshalb ist der Geist einer Frau wie der eines Mannes androgyn zu nennen: »[...] there are two sexes
in the mind corresponding to the two sexes in the body«
(R, 147). Das harmonische Zusammenspiel der beiden Kräfte im Geist wird durch die Wendung »spiritually co-operat-
ing« (R, 147) erläutert. Danach werden die Begriffe »intercourse« und »fusion« (R, 148) angewendet, und schließlich
schlägt Mary Beton die Begriffe »man-womanly« und
»woman-manly« (R, 148) vor, um die Androgynie jeweils
von einem der beiden Geschlechter zu erfassen; die biologische Geschlechterdifferenz bleibt, die Wechselbeziehung
zwischen dem Männlichen und dem Weiblichen im Geist
ist ein ›spiritueller‹ Akt, der die beiden Geschlechter auf ein
Übergeordnetes, beiden gemeinsames Ziel zustreben läßt,
das jeder einzelne von seinen besonderen Voraussetzungen
her zu verwirklichen hat.

Wenn Mary Beton einige Seiten weiter erneut den androgynen Geist charakterisiert, verwendet sie die Begriffe »col-
laboration« und »marriage of opposites«:

> Some collaboration has to take place in the mind between
> the woman and the man before the art of creation can be ac-
> complished. Some marriage of opposites has to be consum-
> mated. The whole of the mind must lie wide open if we are
> to get the sense that the writer is communicating his expe-
> rience with perfect fullness. There must be freedom and
> there must be peace (R, 157).

Schließlich fällt auf, daß Virginia Woolf bei der Beschreibung des androgynen Geistes auf einen Begriff zurück-
greift, der im Essay bereits im dritten Kapitel bei der Beschreibung des schöpferischen Bewußtseins verwendet wurde. Unter Bezugnahme auf Coleridge heißt es im letzten Kapitel von *A Room of One's Own*:

> He meant, perhaps, that the androgynous mind is resonant
> and porous; that it transmits emotion without impediment;

that it is naturally creative, incandescent and undivided (*R*, 148).

Die Grenzen in der Selbstentfaltung der Menschen treten dort zutage, wo sich ein Pol des Bewußtseins absolut setzt. So provoziert nach Mary Beton die Überakzentuierung des Weiblichen oder des Männlichen eine entsprechende aggressive Reaktion. Von diesem Hintergrund aus erklärt sich beispielsweise Virginia Woolfs Kritik an der Suffragettenbewegung, die sie in das sechste Kapitel von *A Room of One's Own* eingearbeitet hat (vgl. *R*, 149). Und weiterhin stellt Mary Beton fest, daß engagierte Literatur der Frauen, so brillant sie auch sein mag, allzu schnell der Vergänglichkeit anheimfällt, weil in ihr die fruchtbare androgyne Spannung getilgt wurde:

> It ceases to be fertilised. Brilliant and effective, powerful and masterly, as it may appear for a day or two, it must wither at nightfall; it cannot grow in the minds of others (*R*, 157).

In gleicher Weise fällt Mary Beton auch ein Verdikt über Galsworthy und Kipling, weil in ihren Werken der männliche Pol uneingeschränkt dominiert (vgl. *R*, 153 f.). Wohin auftrumpfende Männlichkeit – Mary Beton spricht von »self-assertive virility« (*R*, 154) und »unmitigated masculinity« (*R*, 154 f.) – führen kann, zeigt in den zwanziger Jahren die Entwicklung in Italien: der politische Faschismus und dessen Auswirkungen auf die italienische Dichtung.

Aus den Darlegungen über den androgynen Geist der Frauen wie der Männer und aus der Kritik an der Aufhebung der im menschlichen Geist angelegten Spannung zwischen dem Weiblichen und dem Männlichen wird ersichtlich, daß Virginia Woolf sich von einer Literatur distanzierte, die – wie es einmal heißt – »stridently sex-conscious« (*R*, 149), in greller Weise geschlechtsbewußt ist. Jeder Schriftstellerin (und jedem Schriftsteller) ist es nach Mary Beton aufgetragen, entsprechend den Voraussetzungen, die in ihrem biologischen Geschlecht begründet sind, zu schreiben, zugleich aber die dem Geist inhärente androgyne Spannung schöpferisch zu entfalten.

Die abschließenden Bemerkungen Virginia Woolfs, in denen die Autorin die Maske der Mary Beton beiseite legt und nicht mehr durch eine ›persona‹, sondern direkt zum Leser spricht, lassen erkennen, daß die ausgewogene schöpferische Einstellung zur Realität, die nur aus einem androgynen Geist hervorgehen kann, identisch ist mit einer kontemplativen Haltung.

Für den zweiten sozialkritischen Essay, *Three Guineas* (1938), wählte Virginia Woolf die Form des Briefes. Sie geht von der Fiktion aus, daß sie von dem Schatzmeister einer Friedensgesellschaft gebeten wurde, zur Frage Stellung zu nehmen, in welcher Weise Frauen dazu beitragen könnten, den Frieden zu erhalten. Die Briefform gibt ihr – ähnlich wie der »informal essay« – die Freiheit, in einer lockeren Weise Beobachtungen und Reflexionen miteinander zu verbinden und mit dem im Brief angesprochenen Partner Debatten zu führen, zumal dieser als Mann all jene Vorteile der Erziehung an Public Schools und Universitäten genoß, die der Verfasserin des Briefes verwehrt waren. Die Darbietung der Materialien wird dadurch noch komplizierter, daß Virginia Woolf aus weiteren Briefen anderer Personen zitiert, die sich an sie wandten. *Three Guineas* bedient sich also einer eigenen Standpunkttechnik, um die Komplexität der Situation der Frau in der modernen Gesellschaft zu verdeutlichen. Bei aller Lockerheit des Briefstiles paßt sich Virginia Woolf in diesem Essay der Technik einer wissenschaftlichen Abhandlung insofern an, als sie ihr Buch mit etwa 50 Seiten Anmerkungen versieht und auch in der Form der Argumentation den Stil nachahmt, der in der öffentlichen Sphäre gilt, die von Männern beherrscht wird.

Die Kritik an den sozialen Verhältnissen wiederholt zwar Grundthesen, die schon in *A Room of One's Own* formuliert wurden, ist aber umfassender angelegt. Sie zeigt, daß Frauen des Bildungsbürgertums – und nur von diesen spricht Virginia Woolf – in dem geschichtlichen Augenblick, in dem der Essay entstand, von den Bereichen ausgeschlossen sind, in denen Macht ausgeübt und damit über Krieg oder Frieden entschieden wird. Sie haben weder im politischen noch im wirtschaftlichen Leben einen bemerkenswerten Einfluß; noch haben sie Zugang zu militärischen oder kirchlichen Ämtern oder zur Presse. Obgleich den Töchtern aus gebildeten Familien das Bildungswesen schon offensteht, sieht Virginia Woolf auch hier die Gefahr, durch Anpassung an die männlichen Vorstellungen das Erziehungswesen samt seiner Ideologie zu stabilisieren statt es umzuformen und an die Stelle des Konkurrenzdenkens, des Strebens nach Macht und Einfluß, eine Mentalität zu setzen, die die friedliche Entfaltung der menschlichen Gesellschaft zum Ziel hat. Virginia Woolf entscheidet sich dennoch dafür, eine der drei Guineas, die sie vergeben möchte, den Frauen-Colleges zu stiften, weil diese Bildungsstätten trotz aller Kompromisse, die auch sie mit dem traditionellen akademischen Stil schließen müssen, Möglichkeiten bieten, die auf die Entwicklung einer neuen Gesinnung bedachten Frauen zu fördern. Ihre zweite Guinea ist für jene Frauen bestimmt, die in akademischen Berufen tätig sind und denen keine Positionen eingeräumt werden, in denen sie ihre Fähigkeiten, ihre Mentalität in größerem Rahmen zur Geltung bringen könnten. Frauen, die sich in ihrem Beruf von jeglicher Art von Stolz frei halten, die weder auf ihre Nationalität, noch auf ihre Religion, ihre Bildung, ihre Abstammung oder ihr Geschlecht pochen, sollten gestützt und gefördert werden. Wenn Virginia Woolf schließlich eine Guinea der Friedensgesellschaft spendet, deren (fiktive) Anfrage diesen Brief-Essay auslöste, ohne sich dieser Gesellschaft anzuschließen, begründet sie diese Entscheidung mit Argumenten, die im Einklang stehen mit der Gedankenführung des gesamten Buches. Sie will die Sache des Friedens fördern, ohne sich gleichzeitig einer Gesellschaft anzuschließen, deren Geschicke und deren Politik von Männern bestimmt werden.

Aus beiden Essays sprechen die tiefe Betroffenheit Virginia Woolfs über die sozialen und politischen Fragen ihres Zeitalters und ihre Bereitschaft, Stellung zu beziehen, auch wenn sie mit Widerspruch, Ablehnung und Spott rechnen mußte. Sie scheute das Engagement nicht, hütete sich aber davor, ihre geistige Eigenständigkeit aufzugeben und sich einer vorgegebenen Doktrin zu verschreiben. Virginia Woolf schrieb ihr ganzes Leben hindurch als eine Frau, die auf ihre künstlerische wie ihre moralische Integrität bedacht war.

VIII

THE YEARS

Familienchronik – »1913« als Mittelachse – Die Todes- und Dekadenzthematik – Der Gesellschaftskritiker Pomjalovsky – Das
gesellschaftliche Rollenverhalten der Pargiters – Explizite und
implizite Gesellschaftskritik – Die Nähe zur
»short story« Tschechows

Als Virginia Woolf an den ersten Entwürfen für ihren Roman *The Years* arbeitete, für den sie zeitweilig den Titel
»The Pargiters« vorsah, nannte sie ihr Werk »an Essay-Novel«. So findet sich unter dem Datum des 2. November
1932 in ihrem Tagebuch folgende Bemerkung: »It's to be an
Essay-Novel, called *The Pargiters* – and it's to take in everything, sex, education, life etc. [...]« (*AWD*, 189). Eine solche
Äußerung zeigt, wie stark bei der Konzeption des neuen
Werkes die sozialkritische Reflexion beteiligt war. Der ursprüngliche Entwurf des Romans, den Mitchell A. Leaska
erst 1978 edierte, besteht aus 5 erzählerischen Kapiteln und
6 Essays, in denen die Thematik der einzelnen Kapitel in
kommentierender Manier gedeutet wird. In der Endfas-
sung jedoch verzichtete Virginia Woolf auf jegliche Form
der essayistischen Präsentation politischer und sozialkritischer Ideen. Die Autorenreflexion ist eingegangen in den gesamten Erzählstil: Was Virginia Woolf in ihren Reflexionen
über die englische Gesellschaft bewegte, ist umgesetzt in
epische Vorgänge und Situationen, in Gespräche und gelegentlich auch innere Monologe.

Wurde in *The Waves* die viktorianische Ära durch Percival repräsentiert, dem eine eigentümlich geisterhafte Existenz eigen ist, so bediente sich Virginia Woolf für den Roman *The Years*, den sie 1937 veröffentlichte, des Modells ei-

ner Familienchronik, um den Wandel der spätviktorianischen Epoche zur Moderne zu schildern. Ihre Tagebuchein-
tragungen weisen darauf hin, daß sie sich mit voller Absicht
auf die Darstellung der faktischen Realität einlassen wollte
und die visionären Erlebnisse, die in den vorhergehenden
Werken Dreh- und Angelpunkt der epischen Komposition
waren, in den Hintergrund drängte. So stellt sie am 2. November 1932 fest: »[...] I find myself infinitely delighting in
facts for a change, and in possession of quantities beyond
counting: though I feel now and then the tug to vision, but
resist it« (AWD, 189). Eine Eintragung vom 25. April 1933
beweist, daß sie um diese Zeit eher an eine Kombination
des faktischen und des visionären Elementes dachte und
daß sie nun auch eine Vorstellung vom epischen Ausmaß ihres Werkes hatte: »But The Pargiters. I think this will be a
terrific affair. I must be bold and adventurous. I want to
give the whole of the present society – nothing less: facts as
well as the vision. And to combine them both« (AWD,
197). Es ist nicht zu verkennen, daß Virginia Woolf den gesellschaftlichen Rahmen, den sie für ihr Buch wählte, weiter spannte als in To the Lighthouse oder The Waves. Aber
es ist festzuhalten, daß die Familie, deren Geschichte sie im
Chronikstil erzählt, der »upper middle class« angehört und
daß Eleanor, die älteste Tochter des Oberst, durch den gesamten Roman hindurch für den Leser das Orientierungs-
zentrum bleibt, auch wenn Eleanor nicht die dominierende
Rolle spielt, die etwa der Titelheldin in Mrs. Dalloway zuge-
billigt wird.

Die Zeitspanne, über die sich das Romangeschehen aus-
dehnt, reicht von 1880 bis in die Mitte der 30er Jahre; das
letzte und umfangreichste Kapitel dieses Romans ist »Present Day« überschrieben. Virginia Woolf bietet also einen
Abschnitt englischer Sozialgeschichte, der sich nahezu mit
der Spanne ihres Lebens bis 1937 deckt: sie wurde 1882 geboren, und das erste Kapitel, das vom Tod Mrs. Pargiters erzählt, dürfte durch Erinnerungen an den Tod der eigenen
Mutter inspiriert worden sein. Virginia Woolf verließ sich

bei der Wiedergabe der Fakten und Begebenheiten, die für das Leben einer englischen Familie der »upper middle class« vom Ausgang des 19. Jahrhunderts bis in die 30er Jahre als charakteristisch angesehen werden konnten, weitgehend auf eigene Erfahrung; es bedurfte keiner imaginativen Rekonstruktion einer geschichtlichen Phase, die außerhalb des Erfahrungsbereiches der Autorin gelegen hätte.

Die erzählerische Gliederung der Familienchronik ist auffällig. Virginia Woolf schließt sich insofern an den alten, schon in der mittelalterlichen Literatur praktizierten Chronikstil an, als sie die einzelnen Abschnitte des Romans, die man herkömmlicherweise Kapitel nennen würde, nicht mit Überschriften oder Kapitelziffern versieht; sie stellt lediglich die Jahreszahl voran, und nur das letzte Kapitel »Present Day« läßt es offen, welches Jahr der 30er Jahre gemeint sein soll. Die Auswahl der Jahre, denen Berichte über einzelne Episoden aus dem Leben der Familie Pargiter zugeordnet sind, ist höchst willkürlich. Die insgesamt 11 Abschnitte des Romans sind auf folgendes chronologische Schema festgelegt: 1880 – 1891 – 1907 – 1908 – 1910 – 1911 – 1913 – 1914 – 1917 – 1918 –Present Day. Es sind innerhalb des elfteiligen Schemas wiederum elf Jahre, von 1907 bis 1918, denen besondere Aufmerksamkeit gewidmet wird, wobei die einzelnen Abschnitte unterschiedlich lang sind. Es läßt sich allerdings feststellen, daß die Jahre unmittelbar vor dem Ersten Weltkrieg für Virginia Woolf nicht nur in diesem Roman, sondern auch in ihren sonstigen Äußerungen von Bedeutung waren.

Vom äußeren Umfang des Werkes her gesehen ist der kurze Abschnitt über das Jahr 1913 als die Mittelachse von *The Years* zu bezeichnen. Gestützt wird diese These durch die thematische Bedeutung dieses Abschnittes: er schildert den Abschied der Dienerin Crosby von Eleanor und damit von der Familie Pargiter, in deren Diensten sie 40 Jahre gestanden hatte und die sie nun verlassen muß, weil der Familienbesitz Abercorn Terrace (nach dem Tod des Oberst) verkauft wird. Für Crosby, die dieses Haus, wie es heißt, von ihren Knien her kannte, ist dies ein sentimentaler Abschied. Sie ist in den viktorianischen Konventionen groß geworden und kann sich von diesen Konventionen auch nicht lösen, als sich die Gesellschaft sichtbar ändert. Sie versteht sich als die treue Dienerin, die ihr Leben selbstlos der »Herrschaft« opfert, der sie dient. Als sie Abercorn Terrace verläßt, nimmt sie eine Reihe von Souvenirs mit, die sie in ihrem kleinen Zimmer aufstellt, um eine Erinnerung an eine vergangene Phase im Leben der Pargiters, im Leben des englischen Bürgertums und in ihrem eigenen Leben zu bewahren. Dazu überläßt ihr Eleanor den alten, kranken, übelriechenden Hund Rover, den Mrs. Crosby pflegt, bis er stirbt. Sie überträgt ihre Anhänglichkeit auf ein Tier, als ihr die äußeren Umstände es verwehren, mit der gleichen Anhänglichkeit den Pargiters zu dienen. Wie entwürdigend diese Situation ist, wird ihr selbst nicht bewußt; wohl aber dem Leser, der im gleichen Abschnitt über Martin Pargiter folgendes erfährt: »He hated talking to servants; it always made him feel insincere. Either one simpers, or one's hearty, he was thinking. In either case it's a lie« (*Y*, 238).

In gleicher Weise wie das Verhältnis Herr-Dienerin wird aus der Perspektive Martins auch das Familienleben der Pargiters entlarvt: Der Schein bürgerlichen Wohlverhaltens trügt; hinter der Maske des vornehmen Lebensstils verbirgt sich die Heuchelei.

> It was an abominable system, he thought; family life; Abercorn Terrace [...] there all those different people had lived, boxed up together, telling lies (*Y*, 239).

Wenn schließlich an dem Abschnitt über das Jahr 1913 von Eleanor, die nach dem Tod des Vaters der Mittelpunkt des Familienkreises war, gesagt wird: »[...] she was so glad to be quit of it all« (*Y*, 232), so deutet diese Äußerung darauf hin, daß sie im Gegensatz zu der Dienerin Crosby der Auflösung viktorianisch-patriarchalischer Verhältnisse nicht nachtrauert. Ähnlich wie die Autorin Virginia Woolf selbst ist Eleanor der Überzeugung, daß sie erst mit dem Tode des

Vaters und der Auflösung des in den Augen seiner Kinder fragwürdigen Familienlebens die Freiheit gewann, ihren persönlichen Lebensstil zu entfalten.

Der Abschnitt »1913« stellt den Schnittpunkt zweier thematischer Linien dar: zum einen gipfelt in diesem Kapitel mit der Auflösung des alten Herr-Diener-Verhältnisses die Thematik des Zerfalls viktorianischer Lebensverhältnisse; zum andern wird mit den knappen Äußerungen über Eleanors Bereitschaft, sich bei aller Sentimentalität des Abschieds von Mrs. Crosby vom Überkommenen zu lösen, auf eine neue Haltung dem Leben gegenüber hingewiesen, die in dem letzten Abschnitt des Romans in ihrer Vielfalt, aber auch in ihrer eigenen Problematik charakterisiert wird.

Die Entfaltung beider Themen im Roman sei kurz erläutert: Die Schilderung vom langsamen Sterben und Tod der Rose Pargiter bestimmt weitgehend die eigentümliche Atmosphäre und Stimmungslage des einleitenden Abschnittes »1880«. In dem Abschnitt »1891« ist die Nachricht vom Tode Parnells eingeflochten; »1908« vermeldet den Tod von Digby Pargiter und dessen Frau Eugenie (vgl. *Y,* 159); »1910« schließt mit der Nachricht vom Tod des Königs. In den Abschnitt »1911« ist eine lakonische Bemerkung eingebaut, aus der hervorgeht, daß inzwischen auch Eleanors Vater, Colonel Pargiter, gestorben ist. »Her father was dead; her house was shut up; she had no attachment at the moment anywhere« (*Y,* 209). »1913« berichtet schließlich vom Tod des Hundes Rover.

Privates und öffentliches Geschehen sind in den einzelnen Abschnitten auf die gleiche Thematik bezogen; das private Schicksal, etwa der Tod des Colonel Pargiter, hat zugleich eine symbolische Funktion: er signalisiert Veränderungen im gesellschaftlichen Leben. Privates und öffentliches Schicksal sind zugleich Präludien für das Schicksal der europäischen Völker im Ersten Weltkrieg, auf den Virginia Woolf wiederum aus einer privaten Erlebnisperspektive hinweist, wenn sie im Abschnitt »1917« die Atmosphäre in einem Londoner Luftschutzkeller während eines deutschen Fliegerangriffs schildert.

Mit der Todesthematik ist die Dekadenzthematik, sind die Anspielungen auf Krankheit und physische Deformation, Häßlichkeit und Brutalität sowie der Zerfall moralischer Werte aufs engste verbunden. Bereits zu Beginn des Romans wird berichtet, daß Colonel Pargiter während eines Aufstandes in Indien zwei Finger verlor; seine Hand gleicht einer Klaue, und der Hund, den seine Mätresse ihm aufs Knie setzt, leidet an einem Ekzem. Sara, die Tochter des Digby Pargiter, ist infolge eines Unfalls seit frühster Jugend physisch entstellt, und eine Blumenverkäuferin, der Martin zufällig ins Gesicht schaut, wird wie folgt beschrieben:

> She had no nose; her face was seamed with white patches; there were red rims for nostrils. She had no nose – she had pulled her hat down to hide that fact (*Y*, 253).

Die Menschen sind nach einem Gespräch, das in Abschnitt »1917« wiedergegeben wird, offenbar nicht mehr als Krüppel, die in einer Höhle wohnen (vgl. *Y*, 320), und die Straßen Londons, durch die Eleanor einmal auf dem Weg zu Delia fährt, sind Straßen der Armut und des Lasters (vgl. *Y*, 121). Es überrascht nicht, wenn in den Reflexionen von Peggy Pargiter London in Anlehnung an Joseph Conrad als »heart of darkness« bezeichnet wird:

> The far-away sounds, the suggestion they brought in of other worlds, indifferent to this world, of people toiling, grinding, in the heart of darkness, in the depths of night, made her say over Eleanor's words, Happy in this world, happy with living people. But how can one be »happy«? she asked herself, in a world bursting with misery. On every placard at every street corner was Death; or worse – tyranny; brutality; torture; the fall of civilisation; the end of freedom. We here, she thought, are only sheltering under a leaf, which will be destroyed (*Y*, 418f.).

Diese Reflexion Peggys findet sich im letzten Abschnitt

des Romans, »Present Day«; sie beweist, daß die Todes-
und Dekadenzthematik nicht nur bis zu den Kapiteln über
die Zeit kurz vor dem Ersten Weltkrieg und während des
Krieges den Roman beherrscht, sondern auch in die Darstellung der 30er Jahre einbezogen ist. Das Todesthema gewinnt in diesem Teil einen neuen Klang. Peggy artikuliert
die Befürchtungen vieler Menschen angesichts der politischen Lage in Europa; sie artikuliert die Angst vor dem To-
talitarismus und den zerstörerischen Auswirkungen des
Faschismus, die Angst auch vor dem Zweiten Weltkrieg,
der kurz bevorstand.

Als einer der Kritiker der englischen Gesellschaft tritt in
The Years der Pole Nicholas Pomjalovsky auf, den Virginia Woolf möglicherweise nach dem Vorbild von S. S. Ko-
teliansky charakterisiert hat, mit dem sie in den Jahren
1921 und 1922 zusammenarbeitete, als er Tolstoi und Dostojewski ins Englische übertrug. Nicholas Pomjalovsky
nimmt nicht nur wegen seiner polnischen Herkunft und
seiner Homosexualität unter den Personen des Romans
eine Sonderstellung ein; seine Kritik an der englischen Gesellschaft begnügt sich nicht mit einer Analyse der gegenwärtigen Situation; dem Bild von der derzeitigen Gesellschaft, wo jeder einzelne in seine Welt eingeschlossen ist
und in seinem eingegrenzten Bereich auf seine Herrschafts-
ansprüche pocht (vgl. *Y*, 319), setzt er – freilich nur in knappen Andeutungen – das Bild von dem befreiten einzelnen
und von einer Gesellschaft entgegen, die die Ideen der Freiheit und Gerechtigkeit verwirklicht hat. Im Gegensatz
zum materialistischen Denken vieler seiner Zeitgenossen
betont er die spirituellen Kräfte im Menschen: »›The soul
– the whole being,‹ he explained. He hollowed his hands as
if to enclose a circle. ›It wishes to expand; to adventure; to
form – new combinations?‹« (*Y*, 319). Nicholas Pomjalovsky, der im Freundeskreis »Brown« genannt wird, repräsentiert die utopische Komponente in diesem Roman.
Virginia Woolf ist freilich realistisch-kritisch genug, um
nicht einem einfachen Schematismus: satirische Verdam-

mung des Vergangenen – utopische Verherrlichung des zukünftigen Gesellschaftszustandes, in dem die Ideale Freiheit und Gerechtigkeit verwirklicht sind, zu verfallen. Als
Nicholas einen Trinkspruch auf die Zukunft der Menschheit ausbringt, von der er glaubt, daß sie erst allmählich
dem Kindesalter entwachse und der Reife zustrebe, heißt
es am Ende dieser Szene: »He brought his glass down with
a thump on the table. It broke« (*Y*, 460). Eine Gebärde und
ein äußerer Vorgang, das Zerbrechen des Glases, implizie-
ren die kritische Distanz der Autorin: enthusiastischer Optimismus wird damit in ironischer Weise eingegrenzt.

Daß Virginia Woolf die Entwicklung einer Familie sowie des gesellschaftlichen »Organismus« (um eine aus der
Soziologie des 19. Jahrhunderts stammende biologische
Metapher zu gebrauchen) in Analogie zu Naturvorgängen
sieht, läßt sich daran erkennen, daß sie auch in diesem Roman, in Anlehnung an eine in *The Waves* bereits geübte
Technik, die Hauptabschnitte mit einer Darstellung der eigentümlichen Atmosphäre in der Natur, an einem bestimmten Tag und in einer bestimmten Jahreszeit beginnt.
Aber im Gegensatz zu den Naturbildern, mit denen die
Hauptteile von *The Waves* eingeleitet werden und die
drucktechnisch von den folgenden Monologen abgesetzt
sind, hat Virginia Woolf die Naturbeschreibungen in *The
Years* mit den folgenden Szenen aus dem Leben der Familie Pargiter eng verflochten; dazu kommt, daß, wiederum
im Gegensatz zu *The Waves,* die einzelnen Naturbilder
nicht in die strenge Chronologie eines Tages- und Jahreszeitenzyklus eingegliedert sind: die Reihenfolge der Naturbilder ist in *The Years* willkürlich und zufällig wie die ausgewählten Jahre und Ausschnitte aus den einzelnen Jahren. Virginia Woolf verdeutlicht auf diese Weise die Eigenart der geschichtlichen Entwicklung, die äußerlich vielen
Zufälligkeiten unterworfen ist. Wenn ein Bild aus der Natur für die eigentümliche Bewegung, die der geschichtliche
Prozeß in diesem Roman durchläuft, angemessen ist, so ist
es das Bild eines Flusses, der sich in vielen Windungen

durch die Landschaft bewegt. Das Ziel dieser Bewegung wird durch eine knappe Szene am Romanende verdeutlicht: Eleanor beobachtet ein junges Paar, das einem Taxi entsteigt und sich in ein Haus zurückzieht. Die subtilen Andeutungen in dieser Szene dürfen wohl dahingehend gedeutet werden, daß die beiden Partner stellvertretend für die beiden Geschlechter stehen, die die Evolution der menschlichen Gesellschaft fortsetzen und vorantreiben. Der abschließende Satz: »The sun had risen, and the sky above the houses wore an air of extraordinary beauty, simplicity and peace« (Y, 469), ist ein Hinweis darauf, daß die Natur im Einklang steht mit dem Verlangen des Menschengeschlechtes nach Schönheit und Frieden; Natur und Geschichte, Natur und gesellschaftliches Leben sind Aspekte ein und desselben evolutionären Prozesses.

Der besondere Rhythmus in dem in *The Years* geschilderten Leben kommt dadurch zustande, daß die progressiven Kräfte immer wieder auf den Widerstand der Konvention, der in vieler Beziehung repressiven Kräfte stoßen. Die konservativen Tendenzen, deren Wirken Virginia Woolf darzustellen versucht, streben nach der Erhaltung der schon von der Selbstauflösung gezeichneten patriarchalischen Gesellschaftsstruktur der viktorianischen Ära, während die progressiven Tendenzen auf einen größeren Freiheitsspielraum für den einzelnen, auf die Gleichberechtigung der Frau, auf einen neuen Stil im Zusammenleben der Geschlechter und auf die Verwirklichung eines Höchstmaßes an Gerechtigkeit abzielen.

Zugleich hält Virginia Woolf an ihrer ursprünglichen Idee fest, daß es dem einzelnen möglich sein müsse, an der »vita activa« teilzuhaben, sich aber von Zeit zu Zeit davon zu lösen und sich der »vita contemplativa« zuzuwenden. Der einzelne steht damit bildlich gesprochen im Schnittpunkt zweier Linien: läßt sich die geschichtliche Entwicklung einer horizontalen Linie vergleichen, so entspricht die innere Bewegung von der »vita activa« zur »vita contemplativa« einer vertikalen Linie. Am deutlichsten läßt

sich dieses Spannungsgefüge divergierender Einstellungen
zur Realität bei Eleanor Pargiter nachweisen. Eleanors gelegentliche Strenge im Umgang mit der Dienerschaft oder
Handwerkern erinnert zwar an Colonel Pargiter, den Repräsentanten der viktorianischen patriarchalischen Gesellschaftsordnung. Ihre Bereitschaft, die Freiheit eines jeden
Menschen zu respektieren und für soziale Gerechtigkeit
zu arbeiten, weist jedoch darauf hin, daß sie gegebene gesellschaftliche Verhältnisse nicht als unveränderlich betrachtet. Schrankenloser Egoismus, der im Besitzwillen
des Bürgers gründet, verhindert nach ihrer Auffassung die
Verwirklichung eines gesellschaftlichen Idealzustandes,
der die entschiedene Hinwendung zum Nächsten zur Voraussetzung hat. Diese altruistische Haltung ist nicht theo-
logisch fundiert, sondern sie ist – ähnlich wie schon bei
George Eliot und Thomas Hardy – der Ausdruck einer
agnostischen autonomen Ethik. Nicht die gemeinschaftli-
che Erlangung eines jenseitigen Glücks, auf das das Dante-
Zitat hindeutet, das Eleanor zufällig liest (vgl. *Y*, 228), sondern die Verwirklichung eines glücklichen Zustandes im
Diesseits ist das Grundmotiv ihres Handelns und Denkens.

Wenngleich sich Eleanor mit Engagement den alltäglichen Aufgaben im Kreise ihrer Familie oder bei den Ärm-
sten Londons widmet, verliert sie sich niemals an die »vita
activa«; sie versteht es immer wieder, sich aus dem Alltag
zu lösen und sich der Reflexion und der Meditation über
ihr Ich, über ihr Leben hinzugeben. Eine Passage im ersten
Abschnitt des Romans ist dafür aufschlußreich:

> There was silence. Martin was asleep. Her mother was
> asleep. As she passed the doors and went downstairs a
> weight seemed to descend on her. She paused, looking
> down into the hall. A blankness came over her. Where am
> I? she asked herself, staring at a heavy frame. What is that?
> She seemed to be alone in the midst of nothingness; yet
> must descend, must carry her burden – she raised her arms
> slightly, as if she were carrying a pitcher, an earthenware
> pitcher on her head (*Y*, 44 f.).

Der Augenblick der Meditation erzeugt in ihr keine Euphorie, sondern läßt in ihr Fragen aufbrechen – »Where am I?« und »What is that?« –, die sie nicht zu beantworten vermag, denen sie sich aber stellt. Eleanor nimmt das gesellschaftliche Leben, die Aufgaben, die Pflichten, die Rollen, die ihr zufallen, nicht unreflektiert hin, sondern sie lebt in steter Bereitschaft, über die Erfahrung zu reflektieren. Eleanor bleibt damit offen für das Neue einer jeden Lebenssituation, so daß sie in der Rückschau (im letzten Abschnitt des Romans) feststellen kann: »[...] it's been a perpetual discovery, my life. A miracle« (*Y*, 413).

Eine ähnliche Einstellung zur Realität läßt sich bei ihrem Neffen North nachweisen, der einige Zeit in Afrika verbrachte, als Farmer arbeitete und dabei ein Idealbild einer im Denken, Fühlen und Handeln erfüllten Existenz entwickelte, an dem er nach seiner Rückkehr die englische Gesellschaft mißt. Die Haupttriebkräfte im Leben der »upper middle class« sind nach seiner Auffassung Geld und Politik. North widersetzt sich allen Tendenzen, die auf eine Uniformierung des modernen Lebens abzielen, und er ist ein erbitterter Gegner und Kritiker aller totalitären Mächte im politischen Leben, seien sie dem Faschismus oder dem Kommunismus zuzurechnen.

> Not halls and reverberating megaphones; not marching in step after leaders, in herds, groups, societies, caparisoned. No; to begin inwardly, and let the devil take the outer form, he thought, looking up at a young man with a fine forehead and a weak chin. Not black shirts, green shirts, red shirts – always posing in the public eye; that's all poppycock. Why not down barriers and simplify? But a world, he thought, that was all one jelly, one mass, would be a rice pudding world, a white counterpane world (*Y*, 442).

North begegnet seinem eigenen individualistischen Protest jedoch mit Skepsis, weil er sieht, wie stark die zeitgenössische Gesellschaft bereits von den Zwängen der Massenkultur bestimmt wird. Seine Skepsis stempelt ihn zum

Außenseiter, der weder zu sinnvollem Handeln noch zu einer klaren theoretischen Definition eines neuen gesellschaftlichen Zustandes fähig ist.

Die Erstarrungen des individuellen wie des gesellschaftlichen Lebens, gegen die sich North wendet, lassen sich an Colonel Abel Pargiter wie an dessen Söhnen Morris, Edward und Martin ablesen. Ihr Leben wird durch vorgegebene Rollen determiniert: Colonel Pargiter diente als Offizier in Indien, verbringt danach sein Leben bei gleichgesinnten Freunden, im Club, bei seiner Mätresse oder in der Familie, wo er mit einiger Heuchelei die Rolle des gestrengen Vaters zu spielen versucht. Edward wählt die Laufbahn eines Gelehrten, opfert sich selbstlos der Wissenschaft, ist als Gelehrter ein Muster an Genauigkeit, verliert aber weitgehend den Kontakt zur Realität des gesellschaftlichen Lebens, als seine Liebe zur Cousine Kitty unerwidert bleibt. In der Sicht des Gesellschaftskritikers North gleicht Edward eher einer Statue oder einem Tier als einem menschlichen Wesen:

> He looked as if his face had been carved and graved by a multitude of fine instruments; as if it had been left out on a frosty night and frozen over. He threw his head back like a horse champing a bit; but he was an old horse, a blue-eyed horse whose bit no longer irked him. His movements were from habit, not from feeling (*Y*, 437).

Morris geht ganz in der Rolle eines Anwalts auf, während Martin zunächst als Soldat in Indien dient, dann bei der Börse arbeitet, sich aber – ähnlich wie Peter Walsh in *Mrs. Dalloway* – seine Unabhängigkeit zu erhalten sucht und erst spät erkennt, daß er am ehesten zum Architekten geeignet gewesen wäre.

Stärker als bei den Söhnen Abel Pargiters zeichnet sich in seinen Töchtern der Kontrast ab zwischen der Identifikation mit einem traditionellen gesellschaftlichen Rollenverhalten und dem Versuch, aus den überlieferten Konventionen auszubrechen. Milly, die bereits als Kind ältere Personen bei ihrem Verhalten nachzuahmen pflegte, läßt jede kritische Regung, jeden Versuch zur Eigenständigkeit als Person vermissen. Sie wählte sich Hugh zum Mann, der bereits als Student kein anderes Thema kannte als »girls and horses«. Die gealterte, fett gewordene Milly erregt in North, der seine Umgebung mit dem Auge eines Satirikers beobachtet, physische Abneigung: »She gave him her fat little hand. He noticed how the rings were sunk in her fingers, as if the flesh had grown over them. Flesh grown over diamonds disgusted him« (*Y,* 402).

Im Gegensatz zu Milly löst sich Delia bereits in ihrer Kindheit von herkömmlichen Verhaltensweisen: Während ihr Bruder Morris niederkniet, als die Mutter im Sterben liegt, heißt es von Delia: »Ought I to kneel too? she wondered. Not in the passage, she decided« (*Y,* 48). Und als sie beim Begräbnis die Worte des Pfarrers hört, der davon spricht, daß es Gott gefallen habe, »unsere Schwester zu erlösen aus dem Elend dieser sündigen Welt«, ist sie empört: »What a lie! she cried to herself. What a dammable lie! He had robbed her of the one feeling that was genuine; he had spoilt her one moment of understanding« (*Y,* 93). Delia versteht sich im politischen Leben als eine leidenschaftliche Mitstreiterin Parnells und kämpft für Freiheit und Gerechtigkeit. Aber sehr bald verliert sie ihre ursprüngliche Dynamik und heiratet den konservativen Iren Patrick, der (in den 30er Jahren) genau jenen politischen Idealen aufs tiefste mißtraut, für die Delia in ihrer Jugend eingetreten war (vgl. *Y,* 437).

Weit stärker als Delia wird Rose vom politischen Aktionismus bestimmt. Sie versteht sich im kindlichen Spiel bereits als ein »Mann der Tat«, als »Pargiter of Pargiter's Horse« (*Y,* 27), der den Auftrag hat, persönlich einen Geheimbericht dem General in eine belagerte Garnison zu überbringen. Als erwachsene Frau möchte sie durch gezielte Eingriffe das politische Leben verändern; statt auf Evolution setzt sie auf Revolution. Sie wird im politischen Tageskampf von Backsteinen verletzt und vorübergehend ins

Gefängnis gebracht. Aber all ihre Versuche, durch politischen Aktionismus die Gesellschaft zu verändern, bleiben erfolglos-romantische Abenteuer. Während Rose sich in der Rückschau auf ihr Leben zu einer elementaren Verbundenheit mit ihren Mitmenschen bekennt: »I like my kind – on the whole« (*Y*, 386), kommt ihre Nichte Peggy, die als Ärztin ein freies, unabhängiges Leben führt, zu dem Schluß: »I do not love my kind« (*Y*, 419). Mit kühlem, analytischem Denken seziert sie ihre Umgebung, in der sie nur die Spuren des Verfalls und des Todes wahrnimmt; sie ist mit einem französischen Autor, dessen Buch sie zufällig aufschlägt, empört über *»la médiocrité de l'univers«*, *»la petitesse de toutes choses«*, *»la pauvreté des êtres humains«* (*Y*, 413). Ihre denkerischen Fähigkeiten ermöglichen es Peggy nicht nur, sich ohne jegliche Bindungen an Autoritäten mit ihrer Umwelt auseinanderzusetzen; Denken wird ihr zugleich auch eine Last:

> Thinking was torment; why not give up thinking, and drift and dream? But the misery of the world, she thought, forces me to think. Or was that a pose? Was she not seeing herself in the becoming attitude of one who points to his bleeding heart? to whom the miseries of the world are misery, when in fact, she thought, I do not love my kind (*Y*, 419).

Das Elend der Welt zwingt sie zur Kritik an den bestehenden Zuständen, aber auch zur Selbstkritik, zur Kritik an ihrer Art, auf diese Zustände zu reagieren: Ihre altruistische Haltung erscheint ihr in der kritischen Selbstanalyse nur als eine Pose.

Sara Pargiter, die Tochter Digby Pargiters und Nichte des Oberst, nimmt in der zweiten Generation der Pargiters insofern eine Sonderstellung ein, als in ihr die Kräfte des Verstandes ebenso differenziert ausgebildet sind wie die Kräfte der Phantasie und der Imagination. Als sie in einer Sommernacht des Jahres 1907 allein in ihrem Zimmer über sich und ihr Verhältnis zur Realität nachdenkt, glaubt sie plötzlich, sich in eine Wurzel, dann in einen Baum zu verwandeln, durch dessen Blätter das Sonnenlicht scheint, d. h. eins zu werden mit einem übergreifenden Lebenszusammenhang, der hier – wie an zahlreichen anderen Stellen bei Virginia Woolf – durch einen Baum symbolisiert wird. Sara wird sich bereits im nächsten Augenblick bewußt, daß der Baum, den sie im Garten wahrnimmt, in Wirklichkeit ohne Blätter und ganz schwarz ist, aber dadurch wird die Gültigkeit ihrer visionären Wahrnehmung nicht entwertet. Visionäre und faktische Realität sind bei Sara kontrapunktisch zugeordnet. Dies gilt auch für ihr Verhältnis zur Gesellschaft. Nach dem Tode ihrer Eltern ist sie gezwungen, zusammen mit ihrer Schwester Maggie in dem niederdrückenden Milieu der Londoner Slums zu leben; sie beschreibt dieses Milieu mit den Wendungen »Polluted city, unbelieving city, city of dead fish and worn-out frying-pans« (*Y,* 366f.). Zugleich fühlt sie sich zu Nicholas Pomjalovsky hingezogen, dessen utopisch-visionäre Vorstellungen von einer innerlich wie äußerlich befreiten Menschheit bereits in den frühen Phantasien Saras vorgebildet sind. Sara identifiziert sich mit Antigone (der Heldin jener griechischen Tragödie, deren englische Übersetzung Edward Pargiter verfaßt und Sara geschenkt hatte); wie Antigone fühlt sie sich vom Schicksal in eine Außenseiterrolle gedrängt.

Maggie teilt mit ihrer Schwester Sara den Hang zur philosophischen Reflexion. Die Frage, ob es eine Welt gebe, die unabhängig vom menschlichen Denken existiere, beschäftigt sie beide; ebenso die Frage, was das Ich sei. Ihre Fähigkeit, sich von Dingen zu lösen, sie wie eine Schattenwelt, ohne Substanz und Farbe, zu sehen (vgl. *Y,* 377), ist ein Zeichen der inneren Distanz, mit der Maggie aller Wirklichkeit entgegentritt. In ihrer Ehe mit René verwirklicht sie jene freiere und glücklichere Art zu leben, in der sich für Eleanor der in der nachviktorianischen Ära erzielte Fortschritt im Zusammenleben der Geschlechter am deutlichsten bekundet (vgl. *Y,* 417).

An der Intensität des Reflektierens bei den einzelnen

Personen läßt sich ablesen, bis zu welchem Grad sie sich ihrer eigenen und der gesamtgesellschaftlichen Situation bewußt sind; umgekehrt deutet ein Mangel an Reflexion auf die Bereitschaft des einzelnen hin, sich in den bestehenden Konventionen einzurichten und sich den traditionellen Strukturen und Normen des gesellschaftlichen Lebens aus schierer Bequemlichkeit auszuliefern. Bei den Reflexionen der meisten Pargiters fällt auf, daß Fragen wie »Where am I?« (*Y*, 25, 44) »What is one's past?« (*Y*, 180) oder »What's ›I‹?« (*Y*, 150) einen symptomatischen Charakter haben, denn sie spiegeln die Orientierungslosigkeit der Fragenden, die, auch wenn sie bereit sind, sich vom Bestehenden zu lösen, doch recht vage Vorstellungen von dem anderen Leben haben, dem sie zustreben. »Justice« und »Liberty« sind für sie oft nicht mehr als Reizworte aus der liberalistischen Tradition, die sie als Orientierungshilfe für ihren Aufbruch in eine neue Ära benutzen. Die Sonderstellung Pomjalovskys ist darin begründet, daß er offenbar stärker als seine englischen Zeitgenossen über ein neues Gesellschaftsideal nachgedacht hat und bereit und fähig ist, danach zu leben. Seine Auftritte und die Möglichkeiten, im Dialog utopische Vorstellungen zu konkretisieren, sind jedoch – wohl mit Absicht – knapp bemessen. Entweder wird (wie gezeigt) das Pathos ironisch unterlaufen, oder aber die Dialoge, in denen er ansetzt, seine Vorstellungen zu entwickeln, werden unterbrochen, so daß sie »offen« bleiben. Virginia Woolf will nicht primär (auch nicht durch eine als Sprachrohr agierende Person) eine bestimmte politische oder sozialreformerische ›Botschaft‹ verkünden, sondern das Dilemma einzelner präsentieren. Die Gespräche, in denen die einzelnen ihre ungelösten Fragen artikulieren, sind eingebunden in alltägliche Vorgänge im Leben der Familie. Es sind Gespräche, wie sie sich bei gegenseitigen Besuchen und auf Parties ergeben; es herrscht der leichte Konversationsstil vor – mit seinen vielen Unverbindlichkeiten und spielerischen Schnörkeln, mit seinen Trivialitäten und Banalitäten –, nicht aber die ernsthafte

Diskussion, die durch eine dem Gegenstand innewohnen-
de Logik bestimmt wird. Und da Virginia Woolf bewußt
auf eine Haupthandlung verzichtet, ergibt sich auch aus
dem bloßen Ablauf der Ereignisse keine ›dramatische‹ Dynamik. Dies mag der Grund sein für die negativen Urteile
vieler Kritiker über dieses Werk, die in ihren Lesegewohnheiten und Urteilsnormen entweder am Vorbild des viktorianischen Romans oder an der mittleren Phase Virginia
Woolfs, etwa an *To the Lighthouse,* orientiert sind, wo im
Sinne Roger Frys »vision« und »design« eine bruchlose
Einheit bilden. Aber von diesen ästhetischen Zielen löste
sich Virginia Woolf weitgehend, als sie an *The Years* arbeitete, und es bedarf auch beim Leser, der sich mit den Romanen dieser Autorin in chronologischer Folge vertraut
macht, einer Umorientierung seiner Lesegewohnheiten.
Am ehesten läßt sich ein angemessenes Verständnis gewinnen, wenn der Leser die einzelnen Abschnitte des Romans
als eine Folge von Kurzgeschichten auffaßt, die durch die
gleiche Personengruppe und eine durchgehende Thematik, nämlich den Wandel von der spätviktorianischen Ära
zur Moderne, zu einer Einheit verbunden sind. Die einzelnen Abschnitte des Romans liefern wie moderne Kurzgeschichten Ausschnitte aus dem Leben der englischen Gesellschaft und provozieren ihn dazu, über die dargestellten
Personen und Vorgänge zu reflektieren.

Versucht man die eigentümliche Form und Funktion
der einzelnen Abschnitte von der Thematik her näher zu
bestimmen, dann liegt die Frage nahe, ob wir es jeweils mit
exemplarischen Erzählungen zu tun haben. Nehmen wir
Gedanken auf, die Karlheinz Stierle in seiner Abhandlung
Geschichte als Exemplum – Exemplum als Geschichte (In:
Geschichte – Ereignis und Erzählung, München 1973, S.
347–375) entwickelt hat, so wäre zu konstatieren, daß
Exemplum stets eine Geschichte ist, die auf ein morali-
sches System bezogen wird. »Nur sofern Geschichten ihren Ort haben im moralischen System und für eines seiner
Elemente einstehen, können sie exemplarische Bedeutung

gewinnen [...]« (Ebd., S. 359). Will man den Begriff des Exemplums und des Exemplarischen bei Virginia Woolf überhaupt verwenden, dann müßte man an die Stelle des Begriffes »moralisch« den Begriff »sozialkritisch« setzen und statt von einem »System« von einem »Entwurf« sprechen, denn weder in *The Years* noch in der diesem Roman nahestehenden Schrift *Three Guineas* gibt sie sich als eine streng systematische Denkerin. Sie entwickelt vielmehr im Roman in erzählerischer, in *Three Guineas* in essayistischer Weise eine gesellschaftskritische Grundeinstellung, die von Antipathie gegen die patriarchalisch-autoritäre Zivilisation und von Sympathie für die Freisetzung aller schöpferischen Energien der Frauen geprägt ist – im Zeichen einer liberalen Gesinnung, die von der Gleichwertigkeit und Gleichrangigkeit der beiden Geschlechter ausgeht. Danach könnten im Roman die einzelnen Abschnitte und einzelnen Begebenheiten innerhalb der chronologischen Sektionen als exemplarische Verdeutlichungen dieses »sozialkritischen Entwurfes« angesehen werden.

Die komplexe Erzählweise Virginia Woolfs, die in jedem der chronologischen Abschnitte des Romans nachgewiesen werden kann, läßt die Auffassung, sie sei bei der endgültigen Niederschrift von *The Years* an »short stories« und deren Erzähltechnik orientiert gewesen, als wahrscheinlich erscheinen. Avrom Fleishman hat in einer Virginia Woolf-Monographie bereits Beziehungen zwischen James Joyces letzter Geschichte der *Dubliners*, »The Dead«, und dem Abschnitt »1912« in *The Years* hingewiesen. (Der Anfang des Abschnittes »1913«: »It was January. Snow was falling; snow had fallen all day« [*Y*, 230], wirkt wie ein Echo des Schlusses von »The Dead«: »Yes, the newspapers were right: snow was general all over Ireland.«) Noch enger sind jedoch die Beziehungen zwischen Virginia Woolf und Tschechow. Bereits in ihrem Essay »The Russian Point of View« hatte Virginia Woolf dargelegt, weshalb sie von Tschechow so fasziniert war. Gesellschaftssatire im Stile von Bernard Shaw und die psycholo-

gische Erzählkunst von Henry James werden von Virginia
Woolf nicht so hoch eingestuft wie die subtile Erzählkunst
Tschechows, der sich sowohl von reformerischem Eifer als
auch von einer »vernünftigen« Auflösung aller Konflikte
im letzten Kapitel fernhält. Sie bewundert an Tschechow
die souveräne Kompositionskunst, den Umgang mit den
Trivialitäten des Lebens, die scheinbar so lässige Darbietungsweise und den offenen Schluß:

> Nothing is solved, we feel; nothing is rightly held together.
> On the other hand, the method which at first seemed so cas-
> ual, inconclusive, and occupied with trifles, now appears
> the result of an exquisitely original and fastidious taste,
> choosing boldly, arranging infallibly, and controlled by an
> honesty for which we can find no match save among the
> Russians themselves (*CR I*, 224f.).

Die Wirkung, die Virginia Woolf der Erzählkunst Tschechows zuschrieb, charakterisiert sie wie folgt: »[...] as we
read these little stories about nothing at all, the horizon
widens; the soul gains an astonishing sense of freedom«
(*CR I*, 225). Tschechow verursacht in ihr eine »Bewußtseinserweiterung«, ohne daß er sie auf eine bestimmte Deutung der Realität oder eine eindeutige Bewertung gesellschaftlicher Zustände und individueller Erfahrung dogma-
tisch festlegen würde. Die Offenheit des Schlusses ist nicht
nur ein erzähltechnisches Problem; diese erzählerische Besonderheit ist die sichtbare Konsequenz einer inneren Offenheit, mit der Tschechow dem Leben begegnete und die
er seinen Lesern vermitteln wollte. Er griff dabei in seinen
Kurzgeschichten wie in seinen Dramen zu Darstellungs-
mitteln, die auch Virginia Woolf von Anfang an bevorzug-
te: keine zielstrebige Handlung, wenn möglich keinen
»Helden«, sondern eine Gruppe von Personen, von denen
eine jede mit gleich viel Aufmerksamkeit bedacht wird,
kein zielgerichteter Dialog, der die »Handlung« voran-
treibt, sondern ein scheinbar zielloses Gespräch, das aber
Schritt für Schritt zur schärferen Erfassung der Charakte-

re beiträgt; keine Didaxis, aber eine Koordination von Dialogen, von Segmenten und (in den Kurzgeschichten) von Beschreibungen unter einem übergreifenden thematischen Gesichtspunkt; weiterhin die Dominanz von Atmosphäre und Stimmung, verbunden mit einer wechselseitigen Spiegelung der inneren Entsprechungen der Vorgänge in der Natur und in der menschlichen Psyche; schließlich: die starke Betonung des Musikalischen sowohl in der Kompositionstechnik als auch in der lyrischen Färbung der Kurzgeschichten (bei Virginia Woolf). Besonders deutlich läßt sich die musikalische Kompositionsweise in *The Years* an der Verwendung einzelner Leitmotive wie etwa dem Gurren der Tauben (vgl. *Y*, 79, 80, 123, 190, 202, 467) nachweisen, worauf die jüngste Forschung ebenfalls aufmerksam gemacht hat.

Gewiß konnte Virginia Woolf einzelne dieser Techniken auch bei anderen Autoren beobachten. Für das Zusammenwirken der verschiedenen Techniken innerhalb eines Werkes, für die veränderte Einstellung zu einer gesellschaftlichen Umwelt, die zur Satire herausforderte, für die Offenheit des Fragens *und* Darstellens hatte sie in Tschechow ein vorzügliches Vorbild, das ihr half, sich näher an eine umfassende Sicht einer Epoche der englischen Sozialgeschichte heranzuarbeiten, als sie dies je zuvor vermochte. *The Years* ist wie andere ihrer Werke als eines ihrer erzählerischen Experimente zu bezeichnen. Es wurde lange vernachlässigt, weil ihr experimenteller Stil bei den meisten Lesern und Kritikern allzu einseitig von *To the Lighthouse* und *The Waves* her definiert wurde.

IX

BETWEEN THE ACTS

Zeitgeschichtlicher Hintergrund – Historische Spuren in der Landschaft –Das Historienspiel über die Geschichte Englands – Die Darstellung des 20. Jahrhunderts – Die Haupthandlung als »comédie humaine« – Die Deutung der Geschichte: Reverend G. W. Streatfield, Mrs. Swithin, Bartholomew Oliver – Der einzelne und die literarische Tradition – Virginia Woolfs Sicht der Geschichte

Der Roman *Between the Acts,* der zwischen 1938 und dem Februar 1941 entstand und postum veröffentlicht wurde, schließt sich in der Verarbeitung zeitgeschichtlicher Erfahrungen unmittelbar an das letzte Kapitel des Romans *The Years* an. Die Handlung des Romans wird auf einen Juli-Tag des Jahres 1939 datiert; die Angst vor dem Ausbruch eines neuen Krieges prägt die Atmosphäre, die in diesem Buch beschrieben wird, auch wenn sein Schauplatz, Pointz Hall, ein beschaulicher aristokratischer Landsitz ist.

Aus den Tagebüchern Virginia Woolfs geht hervor, wie stark sie von den politischen Ereignissen in Europa betroffen war. So stellte sie am 17. Mai 1938 fest: »[...] the whole of Europe may be in flames [...]. One more shot at a policeman and the Germans, Czechs, French will begin the old horror« *(AWD,* 293). Leonard und Virginia Woolf hielten stets einen kleinen Benzinvorrat parat, um im Falle einer Invasion Selbstmord begehen zu können. Persönliche Erfahrungen und Befürchtungen spiegeln sich deutlich im Roman. Wenn es in einer Dialogpassage heißt: »And what about the Jews? The refugees... the Jews... People like ourselves, beginning life again... But it's always been the same« *(BA,* 145), so ist in einer solchen Äußerung Virginia Woolfs

Leonard und Virginia Woolf im Jahre 1939. Kurz vor ihrem Tod schrieb Virginia Woolf an Leonard: »You have been in every way all that anyone could be. I don't think two people could have been happier till this terrible disease came«.

Angst um das Schicksal ihres Mannes mit eingegangen. An anderer Stelle wird die Furcht vor den Deutschen in knappen Zeilen wie folgt zum Ausdruck gebracht:

> »It all looks very black.«»No one wants it – save those damned Germans« (*BA,* 177).

Leonard Woolf verfaßte in dieser Zeit ein Buch, dem er den Titel *Barbarians at the Gate* gab. Er, wie Virginia Woolf, fürchtete nicht nur um ihr persönliches Leben und den Fortbestand der englischen Traditionen, denen sie sich um so mehr zuwandten, je mehr sie durch die politischen und militärischen Ereignisse bedroht waren: Es stand für sie auch eine der zentralen Vorstellungen des Bloomsbury-Kreises auf dem Spiel, nämlich die Idee der Zivilisation, die Idee des kulturellen Fortschritts.

Der Roman *Between the Acts* ist im doppelten Sinne ein historischer Roman: Er registriert zeitgeschichtliches Erleben, persönliche Stimmungen und Befürchtungen; er artikuliert aber zugleich das Bewußtsein, einem Volk und einer bestimmten Tradition anzugehören. Wenn Eliot im letzten der *Four Quartets* formulierte: »History is now and England«, so läßt sich eine derartig aphoristische Feststellung auch auf Virginia Woolfs Roman übertragen. Sie erfährt die Wirkkraft der Geschichte im Hier und Jetzt und vor dem Hintergrund der englischen Tradition.

Bereits in der einleitenden Beschreibung der Umgebung von Pointz Hall spielt Virginia Woolf auf die Spuren an, die an frühere geschichtliche Epochen, an die Zeit der Briten und Römer, an das elisabethanische Zeitalter (vgl. *BA,* 8) erinnern. Einige Familiennamen aus dieser Gegend finden sich im *Doomsday Book,* und die Tanten von Mrs. Oliver sind als O'Neils stolz darauf, ihre Abstammung von den Königen Irlands herleiten zu können (vgl. *BA,* 22). Der Garten von Pointz Hall soll 500 Jahre alt sein; das Haus gehört seiner Architektur nach in die vorreformatorische Epoche, auch wenn die einstige Kapelle inzwischen in eine Vorratskammer umgewandelt wurde. Die Scheune, in der ein

»pageant«, ein Historienspiel, aufgeführt wird, ist 700 Jahre alt, so alt wie die Kirche.

Die Beschreibung des ländlichen Milieus, insbesondere der Scheune, erinnert an Thomas Hardys Roman *Far from the Madding Crowd,* wo Kontinuität ländlichen Lebens und Brauchtums dargestellt werden, die sich zeitlichem Wandel zu entziehen scheinen. Wie stark Virginia Woolf gerade von den ländlichen Szenen in *Far from the Madding Crowd* angesprochen war, geht aus ihrem Essay »The Novels of Thomas Hardy« hervor, in dem sie über die Gemeinschaft der Wessex-Bauern feststellt:

> [...] it is not the part of the peasants in the Wessex novels to stand out as individuals. They compose a pool of common wisdom, of common humour, a fund of perpetual life [...]. They drink by night and they plough the fields by day. They are eternal. [...] The peasants are the great sanctuary of sanity, the country the last stronghold of happiness. When they disappear, there is no hope for the race (*CR II*, 249 f.).

Auch wenn in *Between the Acts* kein umfassendes episches Bild von der ländlichen Gemeinschaft entworfen wird, zeugt der Roman von der Sympathie der Autorin für die agrarische, vorindustrielle Periode der englischen Geschichte, eine Sympathie, die sie nicht nur mit Thomas Hardy, sondern auch mit den englischen Romantikern teilt. Die Anspielungen auf den Lebensstil der ländlichen Bevölkerung deuten darauf hin, daß Virginia Woolf – so überraschend dies bei einer Autorin des Bloomsbury-Kreises klingen mag – zumindest in ihrer Spätphase in dieser Bevölkerungsschicht eine Norm fand, an der sie die Desintegration des gesellschaftlichen Lebens im Industriezeitalter maß. Auf diese Norm, die zugleich einen Grundrhythmus suggeriert, weist im Spiel, das Miss La Trobe geschrieben und inszeniert hat, der Chor der Schauspieler hin:

> *Digging and delving* (they sang), *hedging and ditching, we pass. ... Summer and winter, autumn and spring return ... All passes but we, all changes ... but we remain forever the same*

> [...]. *Palaces tumble down* (they resumed), *Babylon, Nine-veh, Troy ... And Caesar's great house ... all fallen they lie* [...]« (*BA,* 164).

Ähnlich wie in T. S. Eliots »East Coker«, dem zweiten der *Four Quartets,* ist in diesem Chor der Fall der Weltreiche und der großen historischen Persönlichkeiten kontrapunktisch dem ständig sich erneuernden Leben im ländlichen Milieu gegenübergestellt. Es ist daher nicht überraschend, wenn in der neueren Virginia Woolf-Forschung die Unterscheidung zwischen Gemeinschaft und Gesellschaft, die der deutsche Soziologe F. Tönnies bereits 1912 in seinem gleichnamigen Buch getroffen hatte, wieder aufgenommen wird, um Grundvoraussetzungen ihrer Bewertung der englischen Tradition wie der modernen gesellschaftlichen Entwicklung zu beschreiben.

Das in Pointz Hall jährlich aufgeführte Spiel sieht Einheit im Zusammenleben der verschiedenen Schichten des englischen Volkes im Mittelalter, im Zeitalter Chaucers gegeben und versteht die Geschichte Englands in der Neuzeit als eine Steigerung der desintegrativen Tendenzen. Was in dem von Miss La Trobe verfaßten Pageant dargestellt wird, ist nicht die politische Geschichte Englands, eine Szenenfolge, in der die Entscheidungen großer Persönlichkeiten (etwa im Sinne der Carlyleschen Geschichtsauffassung) gezeigt werden, die für das Schicksal der ganzen Nation von Bedeutung waren. Miss La Trobe versteht (wie Virginia Woolf selbst) Geschichte primär als Sozialgeschichte; sie schildert »The Lives of the Obscure« am Beispiel einzelner Episoden. Geschichte wird in diesem Roman ganz im Gegensatz zu den historischen Romanen des 19. Jahrhunderts nicht »erzählt«, sondern »dramatisiert«. Man könnte auch sagen: im Spiel auf der Bühne sind die Rollen, die Personen im Alltagsleben spielen oder spielen können, in stilisierter Weise faßbar; die dramatische Darbietung weckt in den Laienspielern wie im Publikum die Illusion mitzuerleben, wie es einmal tatsächlich gewesen ist. Tatsächlich gelebtes Leben aber läßt sich in seiner ganzen Fülle und Komplexität nie ganz rekonstruieren. Wenn schon der erzählende Historiker seinen Stoff auswählen und gliedern muß, so ist beim dramatischen Spiel das selektive und stilisierende Verfahren noch größer. Allein die Auswahl der Epochen ist aufschlußreich. Der Prolog führt in die Anfänge der englischen Geschichte:

> *A child new born* [...]
> *Sprung from the sea*
> *Whose billows blown by mighty storm*
> *Cut off from France and Germany*
>   *This isle* (*BA*, 95).

Es folgt unmittelbar danach die spätmittelalterliche Phase. Die Schauspieler erinnern an die Canterbury-Pilger Chaucers: »*To the shrine of the Saint... to the tomb ... lovers ... believers ... we come*« (*BA*, 98). Mit der Wendung »lovers... believers« wird auf den doppelten Aspekt ihres Lebens aufmerksam gemacht, auf ihre Beziehung zum natürlichen und zum übernatürlichen Bereich. Auf den religiösen Bereich weisen zwar auch die folgenden Szenen, in denen neben den Vertretern von Jugend und Alter stets auch die Geistlichkeit präsent ist; aber es ist nicht zu übersehen, daß die Desintegration von Natürlichem und Übernatürlichem zunimmt, je mehr sich das Historienspiel der Gegenwart nähert.

Wenngleich durch alle Szenen hindurch »gleiche Grundsituationen« und »die gleichbleibenden Themenkreise von Liebe, Tod und Jenseits« (Frieder Stadtfeld, *Virginia Woolfs letzter Roman: More Quintessential than the Others*, Anglia, 91, 1973, S. 56–76; hier S. 63) verfolgt und das Wechselspiel von Liebe und Haß in den Beziehungen der Geschlechter beobachtet werden können, wenngleich also von einer zyklischen Wiederholung der Grundkonflikte im Zusammenleben der Geschlechter durch die Jahrhunderte hin gesprochen werden muß, hat Virginia Woolf – wie schon angedeutet – den geschichtlichen Ablauf auch auf ein

bestimmtes Entwicklungsschema abgestimmt: Ist im Elisabethanischen Zeitalter noch eine Einheit im gesellschaftlichen Leben nachweisbar, vergleichbar dem Zeitalter Chaucers, so verdeutlicht die Renaissance-Episode doch zugleich, wie im Handeln der Menschen sich der Wille zur
Überlistung und Beherrschung des anderen bemerkbar
macht. Diese Tendenz verstärkt sich in der Szene aus dem
Zeitalter der Restauration, die zwar im Zeichen der Vernunft steht, die aber den sprechenden Titel trägt: »*Where
there's a Will there's a Way*« (*BA*, 149). Es geht darum, mit
Kalkulation und schlauem Raisonnement den Willen durchzusetzen, sich im Kampf der Generationen und Geschlechter zu behaupten. Im viktorianischen Zeitalter hat das Streben nach Macht und Reichtum von der ganzen Nation Besitz ergriffen: Inbegriff dieser Epoche ist der Polizist; er
symbolisiert im alltäglich-innenpolitischen Bereich den
staatlichen Herrschaftsanspruch, der im außenpolitischen
Bereich im Auf- und Ausbau des British Empire seinen
Ausdruck fand. Das 20. Jahrhundert ist durch den Zusammenbruch dieses Herrschaftsanspruchs gekennzeichnet.

Die Darstellung des modernen Zeitalters läßt nicht nur
das Selbstverständnis der Personen, sondern auch die Problematik der Kunst hervortreten, die dieses Selbstverständnis zum Vorschein bringen möchte. Zunächst bleibt die
Bühne leer; Miss La Trobe läßt das Publikum, wie aus ihrem Scriptum hervorgeht, mit Absicht warten (vgl. *BA,*
209). Nur das Grammophon tickt und markiert das Verstreichen der Zeit. Die volle Wirklichkeit aber dadurch einzufangen, daß die Personen nicht mehr über Vorgänge auf
der Bühne, sondern über sich selbst zu reflektieren gezwungen sind – dieser Versuch, »ourselves« darzustellen, miß-
lingt. Das Publikum ist durch die vorausgehenden Histo-
rienszenen so sehr auf die Vermittlung geschichtlicher Verhältnisse durch dramatische Konventionen eingestellt, daß
es die von Miss La Trobe intendierte perspektivische Wendung im eigenen Bewußtsein ohne entsprechende Anre-
gung von der Bühne her nicht vollzieht. Der Erwartungsho-

rizont des Publikums wird durch Mrs. Mayhew markiert; sie erwartet »a Grand Ensemble. Army; Navy; Union Jack; and behind them perhaps – Mrs. Mayhew sketched what she would have done had it been her pageant – the Church« (*BA*, 209). Nur die Symbole des Staates und der Kirche, der weltlichen wie der geistlichen Macht und Autorität, sind für Mrs. Mayhew ein angemessener Ausdruck für englisches Selbstverständnis im Jahre 1939.

Eine Phase der Entspannung setzt bei dem irritierten Publikum und der enttäuschten Autorin des Spiels ein, als es beginnt zu regnen. Die Natur spielt wie öfter in den Intervallen des Pageant ihre Rolle (vgl. *BA*, 211: »Nature once more had taken her part«) und sorgt dafür, daß das Publikum wie die Autorin das Gefühl haben, in einer kosmischen Ordnung geborgen zu sein. Es folgt sodann ein Kindervers, der durch das ganze Stück hindurch leitmotivischen Charakter hat:

> *The King is in his counting house,*
> *Counting out his money,*
> *The Queen is in her parlour...* (*BA*, 211).

Diese mehrfach wiederholten Zeilen sprechen zwar von der Vereinsamung, stiften aber als Nursery Rhyme unter den vereinsamten Menschen des Publikums Gemeinschaft. Anschließend wird eine Dumb Show vorgeführt: Eine Mauer, eine Leiter und ein Mann mit einem Mörteltrog sind zu sehen; der Sinn dieser Episode wird mit einer gewissen Ironie über den Bericht eines Journalisten vermittelt: »With the very limited means at her disposal, Miss La Trobe conveyed to the audience Civilization (the wall) in ruins; rebuilt (witness man with hod) by human effort; witness also woman handing bricks« (*BA*, 212). Wiederum gibt es einen Augenblick, in dem das Geschehen im menschlichen Bereich und die Natur im Einklang zu stehen scheinen, denn Virginia Woolf läßt eine anonyme Stimme über die Schwalben sagen:

> Yes, perched on the wall, they seemed to foretell what after all the *Times* was saying yesterday. Homes will be built. Each flat with its refrigerator, in the crannied wall. Each of us a free man; plates washed by machinery; not an aeroplane to vex us; all liberated; made whole ... (*BA*, 213).

Die Musik schlägt jedoch in moderne Rhythmen um und evoziert im Publikum Vorstellungen von einer jungen Generation, »die nichts errichten kann, nur vernichten kann« (vgl. *BA*, 214: »The young, who can't make, but only break; shiver into splinters the old vision; smash to atoms what was whole«). Sodann treten Schauspieler mit gesprungenen Spiegeln auf und zwingen die Zuschauer, sich selbst in diesen Spiegeln zu betrachten. Das traditionelle Spiegelungsprinzip ist hier auf eine primitive, aber um so wirksamere Stufe reduziert. Bis auf Mrs. Manresa scheuen die Zuschauer vor der Konfrontation mit dem eigenen Ich zurück und klagen: »Must we submit passively to this malignant indignity?« (*BA*, 217). Eine Stimme aus dem Megaphon – es dürfte Miss La Trobes Stimme sein – fordert jeden auf, der Wahrheit nicht auszuweichen, und sie verdeutlicht diese Wahrheit wie folgt:

> *Let's break the rhythm and forget the rhyme. And calmly consider ourselves. Ourselves. Some bony. Some fat.* (The glasses confirmed this.) *Liars most of us. Thieves too.* (The glasses made no comment on that.) *The poor are as bad as the rich are. Perhaps worse. Don't hide among rags. Or let our cloth protect us* (*BA*, 218).

Mit dem Spiegeltrick und dem angefügten Kommentar übersetzt Miss La Trobe Hamlets Forderung in die Gegenwart, wonach es die Aufgabe des Schauspiels ist, »to hold, as 'twere, the mirror up to nature; to show virtue her own feature, scorn her own image, and the very age and body of the time his form and pressure« (III,2., 18f.); dabei darf allerdings nicht übersehen werden, daß die Spiegel in *Between the Acts* gesprungen sind. Nicht nur die moderne Zivilisation ist brüchig geworden; auch das Vertrauen in die

Möglichkeiten der künstlerischen Darstellung des gegenwärtigen gesellschaftlichen Zustandes ist skeptischer Kritik gewichen. Wenn die kommentierende Stimme abschließend fragt, wie aus den Fragmenten der Gegenwart – gemeint sind die Zuschauer selbst – die Zivilisation aufgebaut
werden könne, scheint die Musik zunächst den Eindruck,
daß nur das Chaos regiere, zu bestätigen. Dann aber er-
klingt eine Melodie, bei der nicht auszumachen ist, ob sie
von Bach, Händel, Beethoven, Mozart oder einem unbe-
kannten Komponisten ist; sie läßt jedoch eine Vorstellung
von einer maßvollen Ordnung aufkommen, die sich hinter
der chaotischen Realität (möglicherweise) verbirgt. Das gegenwärtige Zeitalter erscheint also auch bei Virginia Woolf
als ein »waste land«, aber die Vorstellung, daß es eine Welt
der Ordnung und der Harmonie gibt oder geben könne, ist
nicht getilgt. Die Kunst, genauer gesagt die Musik, ist Trä-
ger einer sprachlosen Utopie und vermittelt eine Vorstellung von potentieller Zivilisation als Ziel, auf das sich die
Menschheitsgeschichte hinbewegen sollte, auch wenn Virginia Woolf schmerzlich bewußt war, daß die Mauer der Zivilisation erneut zerstört werden könnte.

Die »comédie humaine«, die sich »between the acts«, genauer gesagt: vor dem Beginn des Schauspiels, während der
Pausen und danach zwischen den Hauptpersonen abspielt,
bestätigt in zahlreichen Variationen die Gültigkeit der an-
thropologischen Grundkonzeption, die dem Historienspiel von Miss La Trobe zugrunde liegt. Sind die letzten
Worte, die vom Grammophon her vernehmbar sind, »Unity – Dispersity«, so faßt Isabella, eine der Zentralgestalten
des Romans, die Quintessenz des Stückes wie folgt zusammen: »The plot was only there to beget emotion. There
were only two emotions: love; and hate« (BA, 109). Und
kurz danach wird diese Feststellung erweitert: »Peace was
the third emotion. Love. Hate. Peace. Three emotions
made the ply of human life« (BA, 111). Liebe ist das ein-
heitsstiftende Prinzip (»Unity«); Haß bewirkt die Trennung, die Zerstreuung des Gemütes (»Dispersity«); Friede

(»Peace«) zielt auf die Synthese von »Love« und »Hate«, die sich immer wieder auflöst, so daß die beiden Pole »Love« und »Hate« sich erneut aufladen.

So fühlt sich Isabella in einer eigentümlichen Haßliebe an ihren Mann Giles Oliver gebunden, der für sie nur »the father of my children« (*BA*, 19) ist; gleichzeitig ist sie fasziniert von Rupert Haines, »the romantic gentleman farmer« (*BA*, 19), der sich in ihrer Phantasie – wie sie selbst – in einen Schwan verwandelt: »Isa raised her head. The words made two rings, perfect rings, that floated them, herself and Haines, like two swans down stream« (*BA*, 9). Diese romantische Vision, durch ein Byron-Zitat ausgelöst, wird jedoch von der Realität zerstört. Isabella wird sich bewußt, daß ihre Vision nicht verwirklicht werden kann. Das gleiche Erlebnis wiederholt sich, als sie William Dodge, einem Gast in Pointz Hall, begegnet, der sich wie sie nach einer Vollkommenheit sehnt, wie sie in der Kunst oder der physischen Schönheit einer Frau ihren Ausdruck findet.

Giles seinerseits leidet an der Doppelexistenz, die er führen muß: Er ist als Börsenmakler in der Stadt tätig, findet wenig Befriedigung in seinem Beruf, hält das gesellschaftliche Leben für sinnlos, sieht mit Furcht der geschichtlichen Entwicklung entgegen, fühlt sich aber gleichzeitig unfähig, die politische Entwicklung handelnd zu beeinflussen. Giles glaubt, an einen Felsen gefesselt, zur Passivität verdammt zu sein: »[...] manacled to a rock he was, and forced passively to behold indescribable horror« (*BA*, 74). Der Zorn über die Unfähigkeit zu handeln findet in seinem aggressiven Verhalten seinen Niederschlag. Zunächst überträgt er seinen Ärger auf seine Tante Mrs. Swithin: »He hung his grievances on her, as one hangs a coat on a hook, instinctively« (*BA*, 58f.). Als er später im Garten eine Schlange sieht, die vergebens versucht, eine Kröte zu verschlingen, zertritt er die Tiere, so daß Blut auf seine weißen Tennisschuhe spritzt: »But it was action. Action relieved him« (*BA*, 119). Danach erregt William Dodge seine Antipathie, dessen homosexuelle Veranlagung er intuitiv erfaßt: »His [i.e. Wil

liam Dodge's] expression, considering the daggers, coming
to this conclusion, gave Giles another peg on which to hang
his rage as one hangs a coat on a peg, conveniently« *(BA, 75)*.

Ähnlich wie Isabella sich von Rupert Haines angesprochen fühlt, ist Giles von Mrs. Manresa fasziniert, die als ein
»wild child of nature« *(BA, 52, 56)* auftritt, spontan rea-
giert, ihren Empfindungen unmittelbaren Ausdruck verleiht und nicht von bohrenden Zweifeln geplagt wird, obgleich sie der städtischen Gesellschaft angehört und in ihrem alltäglichen Leben nicht in unmittelbarer Übereinstim-
mung mit dem Rhythmus der Natur lebt wie die Landbe-
völkerung, die in Miss La Trobes Stück als Chor agiert.
Giles spielt im Gefolge von Mrs. Manresa lediglich die *Rolle* eines Liebhabers, bleibt aber auch ihr gegenüber letztlich
passiv.

Am Ende des Romans stehen sich nach allen Irrungen
und Wirrungen eines Junitages Giles und Isa gegenüber:

> Left alone together for the first time that day, they were si-
> lent. Alone, enmity was bared; also love. Before they slept,
> they must fight; after they had fought, they would embrace.
> From that embrace another life might be born. But first
> they must fight, as the dog fox fights with the vixen, in the
> heart of darkness, in the fields of night *(BA, 255f.)*.

Giles und Isa begegnen sich wie zwei animalische Wesen,
die miteinander kämpfen, dann aber einander lieben und
möglicherweise ein neues Leben zeugen. Die letzten Sätze
binden diese Szene ein in die Geschichtsauffassung, die
sich durch den ganzen Roman hindurch verfolgen läßt: »It
was the night that dwellers in caves had watched from some
high place among rocks. Then the curtain rose. They
spoke« *(BA, 256)*. Die beiden Partner verwandeln sich in
riesenhafte Figuren; sie gleichen urtümlichen Gestalten, die
in Höhlen wohnen. Die unmittelbare Gegenwart des 20.
Jahrhunderts, der Junitag des Jahres 1939, wird auf den Anfang der Geschichte bezogen, der freilich nicht nur ein Anfang im biologischen Sinne ist, sondern zugleich den An-

fang der menschlichen Zivilisation bedeutet – sie beginnt mit einem Gespräch, mit sinnvoller Kommunikation.

Die Deutung der Geschichte und der Zusammenhänge zwischen Natur und Geschichte ist bei dem offiziellen Vertreter des christlichen Glaubens, Reverend G. W. Streatfield, auf wenige von ihm absichtlich knapp formulierte Hinweise beschränkt. Er beschreibt die Menschheit als eine Gemeinschaft, auch wenn die einzelnen in Vergangenheit und Gegenwart verschiedene Rollen zu spielen haben, und er sieht die Menschheit zugleich einbezogen in einen kosmischen Rhythmus. Tiefer werden diese Zusammenhänge von Mrs. Swithin durchdrungen, die ein Leben der Meditation und des Gebetes führt und in allem Geschehen in Gegenwart und Vergangenheit, auch im Leid, das Menschen zu ertragen haben, ein Walten der göttlichen Providenz sieht. Sie hat die Fähigkeit, sich leicht und gewandt durch die verschiedenen Zeiträume in ihrer Phantasie zu bewegen, und sie gibt sich gerne einer imaginativen Wiederbelebung der Vergangenheit hin. Wenn bei der knappen Beschreibung ihres eigentümlichen Verhältnisses zur Geschichte auf den ersten Seiten des Romans gesagt wird: »[...] she was given to increasing the bounds of the moment by flights into past or future; or sidelong down corridors and alleys« (*BA*, 14), dann erinnert eine solche Stelle an eine Passage aus T. S. Eliots *Gerontion:* »Think now / History has many cunning passages, contrived corridors / And issues [...]«. In ihren visionären Augenblicken nimmt sie die Einheit von Mensch und Tier, der ganzen Schöpfung wahr. Als sie einmal Fische beobachtet, murmelt sie: »Ourselves«, und im erzählerischen Bericht heißt es sodann: »And retrieving some glint of faith from the grey waters, hopefully, without much help from reason, she followed the fish; the speckled, streaked, and blotched; seeing in that vision beauty, power, and glory in ourselves« (*BA*, 239f.). Ihre Meditationen über die Geschichte und das Universum führen sie immer wieder zu der für sie beglückkenden Erkenntnis, daß allem Leben in Vergangenheit und Gegenwart eine Harmonie zugrunde liegt.

And thus – she was smiling benignly – the agony of the par-
ticular sheep, cow, or human being is necessary; and so –
she was beaming seraphically at the gilt vane in the distance
– we reach the conclusion that *all* is harmony, could we
hear it (*BA*, 204).

Bei ihren Reflexionen über die Geschichte empfängt Mrs.
Swithin wiederholt Anregungen von einem Buch, das »an
Outline of History« genannt wird; dieses Buch veranlaßt
sie, sich vorzustellen, wie es in Europa in vorgeschichtli-
cher Zeit aussah, als England und der Kontinent noch eine
Einheit bildeten (vgl. *BA, 13*). In der bisherigen Virginia
Woolf-Kritik sprach man meist nur von »Mrs. Swithin's
Outline of History«; es scheint jedoch nicht ausgeschlossen, daß Mrs. Swithin sich mit H. G. Wells' *The Outline of
History* befaßt, einem Buch, in dem die verschiedenen vor-
und frühgeschichtlichen Phasen, das Zeitalter der Reptilien
oder die Geographie des Paläolithikums eingehend beschrieben werden. Ein solcher Zusammenhang ist auch deshalb wahrscheinlich, weil dieses Buch, das zuerst 1920 erschien, bei der Generation, die Mrs. Swithin im Roman repräsentiert, ein Bestseller war. Schließlich sollte nicht übersehen werden, daß Wells ursprünglich beabsichtigte, dieses
Buch zusammen mit anderen Schriftstellern und Gelehrten
zu verfassen und Leonard Woolf ebenfalls zur Mitarbeit eingeladen war. Wenn aber Mrs. Swithin bei ihren Meditationen über Geschichte von der christlichen Tradition ebenso
bestimmt ist wie vom Evolutionismus und Darwinismus,
dann steht sie mit dieser gedanklichen Synthese für eine Tradition, die in das viktorianische Zeitalter zurückreicht. Sie
sieht das Menschengeschlecht als eine Einheit, die sich im
Sinne der Deszendenztheorie aus primitiven Anfängen wei-
terentwickelt hat, aber nach wie vor die Spur dieser primitiven Anfänge an sich trägt und – so schwebt es auch Miss La
Trobe vor, als sie ein neues Drama konzipiert – immer wieder zu den Anfängen der Höhlenbewohner zurückkehren
kann, um eine neue Phase in der Geschichte der Menschheit zu inaugurieren. In dieser Vorstellung vom Ablauf der

Menschheitsgeschichte sind das Modell der zirkularen Bewegung und das der linearen Entfaltung miteinander verbunden. Jede Epoche hat ihre eigene Gestalt, ihr eigenes Gepräge; jede Epoche treibt aber zugleich die Menschheitsgeschichte einen Schritt weiter.

Im Gegensatz zu seiner Schwester Lucy betrachtet Bartholomew Geschichte nicht als Universalgeschichte, sondern bleibt der Nationalgeschichte verhaftet. Er hängt an seinen Erinnerungen an die Zeit, die er in Indien verbrachte; er träumt von den Erfolgen der Engländer beim Aufbau des Empire. Die aufklärerisch-kritische Haltung Bartholomews macht offenbar vor den nationalen Traditionen halt. Seine Einstellung gegenüber der Literatur ist eigentümlich ambivalent: Wenn er vor seinem Bücherschrank steht, fällt sein Blick auf »Garibaldi; Wellington; Irrigation Officers' Reports, and Hibbert on the Diseases of the Horse« (*BA,* 138). Zugleich meditiert er über die Dichter und entsinnt sich, daß Shelley sie »the legislators of mankind« (*BA,* 138) nennt, wiewohl er eingestehen muß, daß ihn das Schicksal seines Sohnes innerlich mehr beschäftigt als die gesamte literarische Tradition (vgl. *BA,* 138). Wenn Lucy ihrerseits einmal bekennt: »Here are the poets from whom we descend by way of the mind« (*BA,* 85), dann läßt eine solche Äußerung erkennen, daß Bruder und Schwester sich bei allen Unterschieden, die in ihrem Lebensstil ebenso wie in ihrem Verhältnis zur Religion zu beobachten sind, einer besonderen *literarischen* Tradition verbunden fühlen.

Analysiert man die Sprache der übrigen Figuren, so ergibt sich, daß eine solche Verbundenheit selbst in der einfachsten Form der volkstümlichen Erzählungen, der Sprichwörter und der Nursery Rhymes, für sie alle zutrifft. Die englische Literatur, die hohe wie die volkstümliche, ist für sie nicht Gegenstand gelehrten Interesses, sondern ist lebendige, wenn auch in mancher Beziehung beschädigte Tradition.

Untersuchungen zu *Between the Acts* haben gezeigt, daß Isa Shakespeare und Tennyson; Bartholomew Byron, Stevenson und Swinburne; Giles *King Lear* und Websters *White Devil*, William Blake und William Cowpers *The Task;* Lucy Swithin Dante (»In His Will is our peace«) und Thomas Bayleys Lied: »I'd be a Butterfly« zitieren. Von der Lebendigkeit volkstümlicher Sprache und Ausdrucksweise zeugt insbesondere die Diktion Lucy Swithins: Sie erinnert sich, daß ihre Mutter zu ihr sagte: »Don't stand gaping, Lucy, or the wind'll change...« (*BA*, 14), und ihren Bruder fragt sie nach dem Ursprung einer Wendung wie »Touch wood« (*BA*, 32); William Dodge schließlich hört, wie sie ein altes Kinderlied singt: »Come and see my sea weeds, come and see my sea shells, come and see my dicky bird hop upon its perch« (*BA*, 87). Möglicherweise hat Virginia Woolf sogar die Namen Lucy Swithin und Giles Oliver in Anlehnung an die Nursery Rhymes über »St. Swithin's Day« und »Old Farmer Giles« gefunden.

Das Spiel, das Miss La Trobe geschrieben hat, bewegt sich stilistisch in gleichen Bahnen wie die Sprache der Hauptcharaktere; es intensiviert die angedeuteten Tendenzen lediglich und stilisiert die einzelnen Spiele so, daß innerhalb einer jeden Epoche die Anklänge an die Diktion des dargestellten Zeitalters dominieren. Dazu kommt, daß nicht nur die Sprache, sondern auch bestimmte Charaktere und Handlungselemente benutzt werden, um die spezifischen Züge einer Epoche, wie sie sich dem Gedächtnis der Engländer auf Grund der überlieferten Literatur eingeprägt haben, hervortreten zu lassen. Sind in der Episode, die vom elisabethanischen Zeitalter handelt, Verbindungslinien zu Shakespeares *Henry IV,* (I; II, 4), *As You Like It, Cymbeline* und *The Tempest* gezogen worden, so erinnert das Spiel des Restaurationszeitalters, das *Where there's a Will there's a Way* betitelt ist, vor allem an Congreves *The Way of the World*, aber auch an Goldsmith und Sheridan. Anklänge an Goldsmith sind auch noch im Stück über das viktorianische Zeitalter zu vernehmen – möglicherweise soll damit eine literarische Kontinuität angedeutet werden –, vorherrschend aber sind die sentimentalen und bombastischen Klischees zweitrangigen viktorianischen Schrifttums und die Anklänge an Henry Arthur Jones sowie Gilbert und Sullivan. In der turbulenten Schlußszene mischen sich Zitate aus Stevenson und Tennyson, Dante und Shakespeare, wobei sich bei dem Leser wiederum Erinnerungen an Eliot, insbesondere an den Schluß des *Waste Land* einstellen können: »These fragments I have shored against my ruins«.

Miss La Trobes Historienspiel, der kakophone Chorus im Anschluß an das Spiel, aber auch die Diktion der Romanfiguren und die Diktion des Erzählers, die mehrfach in die Diktion einer anonymen Stimme übergeht, zeugen von dem gleichen Verhältnis zur Literatur und Sprache: der einzelne Sprecher, ob Künstlerin wie Miss La Trobe oder Angehörige des Publikums wie Giles Oliver, nützt ständig, halb bewußt, halb unbewußt, überlieferte künstlerisch, d. h. vor allem rhythmisch und bildhaft vorgeprägte Ausdrucksmittel und ordnet sich damit als einzelner in eine Sprach- und Literaturgemeinschaft ein, ohne damit völlig seinen eigenen Ausdruckswillen aufzugeben. In Anlehnung an T. S. Eliot ließe sich sagen: Es besteht eine produktive Spannung zwischen »tradition« und »the individual talent« (oder »the individual speaker«).

Virginia Woolf wurde sich dieser Zusammenhänge gegen Ende ihres Lebens offenbar aus doppeltem Anlaß bewußt: Zum einen studierte sie, wie eine Tagebuchnotiz vom 18. Dezember 1939 beweist, Freuds Schrift *Massenpsychologie und Ich-Analyse*, in der englischen Übersetzung von James Strachey: *Group Psychology and The Analysis of the Ego* (London, Wien 1922), in der Freud vom Verhältnis einzelner Denker und Dichter zum geistigen Leben der Masse spricht und dabei auch auf Volkslied und Folklore als Ausdrucksformen der Massenseele hinweist. Zum anderen bewegten sie die politische Entwicklung der 30er Jahre und der Ausbruch des Zweiten Weltkrieges dazu, sich der sprachlichen und literarischen Tradition intensiver als je zuvor zu vergewissern, die die Voraussetzung für ihre künstlerische Entwicklung bildete. Je mehr sie das Gefühl hatte, daß *diese* Tradition vom Zerfall und der Zerstörung bedroht sei, um so entschiedener und deutlicher brachte sie ihre Bindung an die Überlieferungen zum Ausdruck.

Zweifel, ob die Zivilisation, insbesondere die durch die gemeinsame Sprache und Literatur gestiftete historische Kontinuität, von Bestand sein werde, sind in Virginia Woolfs letztem Roman nicht zu überhören. Miss La Trobe fragt sich immer wieder, ob ihr Stück nicht ein Fehlschlag sei, ob es ihr überhaupt gelinge, das Publikum zu fesseln: »Every moment the audience slipped the noose; split up into scraps and fragments« (*BA,* 145). In dem Augenblick, in dem die Schauspieler ihre Masken und Kostüme beiseite legen, löst sich auch die temporäre Gemeinschaft des Publikums auf, damit aber scheint die gemeinschaftsbildende Funktion der Kunst in Frage gestellt zu sein. In ähnlicher Weise wird die Deutung des Pageant, die Rev. Streatfield vorträgt, von vornherein ein wenig ironisiert: »What an intolerable constriction, contraction, and reduction to simplified absurdity he was to be sure!« (*BA,* 221). Schließlich ist nicht zu übersehen, daß auch Mrs. Swithin, die von ihrer Umgebung für exzentrisch gehalten und mit gutmütigem Humor bedacht wird, bei ihrem Bruder Bartholomew ständig auf Kritik stößt: ihrer religiösen Sicht der Geschichte begegnet er mit der Kritik eines Aufklärers. Wenn einmal festgestellt wird: Lucy Swithin »looked like a tragic figure from another play« (*BA,* 251), wird damit auch aus der Sicht des Autor-Erzählers ihre Sonderstellung deutlich markiert; so sympathisch Mrs. Swithin auch gezeichnet ist, sie kann nicht als Kommentatorin gelten, die die Rolle der Autorin im Roman übernimmt.

Versucht man diese Position der Autorin zu bestimmen, die sich in den Romanen *The Years* und *Between the Acts* abzeichnet, so muß man konstatieren: In ihrer Sicht der Geschichte liegen zwei Konzeptionen miteinander im Widerstreit, die beide bereits im 19. Jahrhundert nachzuweisen sind: Fortschritt und Dekadenz. Wird das Modell der Deka-

denz in *The Years* für die Darstellung der spätviktorianischen Ära benutzt, so ist das gleiche Modell in *Between the
Acts* auf die englische Geschichte vom Mittelalter bis zur
Gegenwart übertragen. Daß Virginia Woolf die Geschichte
nicht als eine einlinige Entwicklung sieht, sondern als ein
Konfliktfeld, das von polaren Spannungen beherrscht
wird, geht daraus hervor, daß in der Darstellung der Dekadenz die Idee des Fortschritts als wirksame Gegenkraft nie
in Vergessenheit gerät, auch wenn diese Idee in beiden Romanen schwächer ausgeprägt ist als die Idee der Dekadenz.
Will man den Fortschrittsglauben, der sich in den beiden
letzten Romanen Virginia Woolfs abzeichnet, näher bestimmen, so muß man konstatieren, daß er mit den politischen
Überzeugungen, die sie in ihren Essays anklingen ließ, verwandt ist, daß sie sich aber nirgendwo explizit zu einem sozialkritischen Erklärungsmodell der Geschichte und der gegenwärtigen Entwicklungen, wie es Leonard Woolf als So-
zialist vertrat, bekennt. Virginia Woolfs Fortschrittsglaube,
ihr Optimismus, der in beiden Romanen zum Ausdruck
kommt, gleicht eher einer Trotzgebärde; er ist Ausdruck eines bewußten stoischen Widerstandes gegen den Sog de-
struktiver Kräfte, die sie im politischen Bereich, aber auch
in ihrer Psyche ständig spürte. Aus dieser Haltung der bewußten Auflehnung erklärt es sich auch, daß gerade die
Schlußpassagen in beiden Romanen eher gewollt denn ge-
schaut oder gestaltet wirken.

Virginia Woolf vertraute im Hinblick auf die geschichtliche Entwicklung nicht so sehr einem vernünftigen, poli-
tisch geschulten Willen, sondern auf das Leben selber, auf
dessen generative und regenerative Kräfte. Deshalb sollte
bei ihr von einer pathetischen Lebensgläubigkeit gesprochen werden. Diese Lebensgläubigkeit findet in einer Szene
gegen Ende von *Between the Acts* ihren Ausdruck. Dort reflektiert Miss La Trobe einen Augenblick lang, hinter einem Baum verborgen, über ihr Spiel, das sie als Fehlschlag
betrachtet; plötzlich fallen Stare in den Baum ein, und es
heißt dann weiter:

> The tree became a rhapsody, a quivering cacophony, a
> whizz and vibrant rapture, branches, leaves, birds sylla-
> bling discordantly life, life, life, without measure, without
> stop devouring the tree (*BA,* 245).

Virginia Woolf ordnet sich mit einer derartigen emphati-
schen Betonung und Verabsolutierung des Lebensbegriffes
in einen geistes- und literaturgeschichtlichen Zusammenhang ein, den Wolfdietrich Rasch in seiner Abhandlung
Aspekte der deutschen Literatur um 1900 (in: Wolfdietrich
Rasch, *Zur deutschen Literatur seit der Jahrhundertwende:
Gesammelte Aufsätze,* Stuttgart 1967, S. 1–48) untersucht
hat. Er führt u. a. aus: »Das Pathos, mit dem allenthalben
und in unzähligen Wiederholungen das Wort Leben ausgesprochen wird, hat eine seiner Wurzeln in der vehementen
Diesseitigkeit, in einer polemischen Spannung gegenüber
der herkömmlichen Daseinsorientierung am Jenseits, die
besonders durch Nietzsche destruiert wurde. Vom Leben
pathetisch sprechen, das bedeutet, in ihm selbst seinen einzigen Sinn sehen, keine Sinngebung des Daseins anzuneh-
men, die von irgendeiner Instanz außerhalb des Lebens
selbst ausgehen könnte« (S. 21), und weiterhin: »Das Ge-
samtleben, dessen Einheit in gesteigerten Augenblicken erfahren wird, ist immer zugleich Werden und Vergehen,
Schaffen und Zerstören. Es enthält den Tod in jedem Augenblick in sich, es besteht als Einheit von Leben und Tod«
(S. 24).

Die Polarität, die Virginia Woolf als Grundgesetz des Lebens – im Leben des einzelnen wie im Leben eines Volkes –
wahrnimmt, lautet »Unity« – »Dispersity«, »Love« –
»Hate«. Sie steht damit in Nachbarschaft zu James Joyce,
der in *Finnegans Wake* – dieses Buch wurde zwei Jahre vor
Between the Acts veröffentlicht – ebenfalls eine Sicht der
Geschichte zum Ausdruck brachte, die von den polaren
Spannungen zwischen den beiden Geschlechtern und der
permanenten Dekadenz und der ebenso permanenten Rege-
neration im Leben der Völker berichtet. Für beide Autoren

gilt: sie stehen der theologisch-christlichen Geschichtsdeutung ebenso ablehnend gegenüber wie der politologisch-marxistischen Deutung. Beide berufen sich letztlich auf eine »Lebensphilosophie«, die ihre Wurzeln im Denken Nietzsches, Schopenhauers und Henry Bergsons hat.

ZEITTAFEL

1882
25. Januar   Adeline Virginia Stephen in London geboren, Tochter von Leslie Stephen und Julia Prinsep Duckworth (geb. Jackson)

1895
5. Mai   Tod der Mutter
Sommer   Erster Nervenzusammenbruch Virginias

1897
Oktober   Virginia hört Griechisch und Geschichte am King's College in London

1899
Oktober   Thoby Stephen beginnt mit seinem Studium in Cambridge (Trinity College); Studienfreunde Lytton Strachey, Saxon Sidney-Turner, Clive Bell, Leonard Woolf

1901
September   Vanessa Stephen beginnt ihr Studium (Royal Academy Schools)

1902
Oktober   Adrian Stephen geht ebenfalls zum Studium nach Cambridge

1904
22. Februar   Tod von Sir Leslie Stephen
10. Mai   Zweiter Nervenzusammenbruch von Virginia
Oktober   Die Geschwister Stephen geben die Wohnung 22 Hyde Park Gate auf und ziehen nach 46 Gordon Square, Bloomsbury

November   Leonard Woolf geht nach Ceylon

1905
Februar   Thoby Stephen lädt zu den »Thursday
                      Evenings« ein; der Freundeskreis trifft
                      sich 46 Gordon Square
März   Virginia und Adrian reisen nach Portugal
                      und Spanien

1906
September   Reise nach Griechenland
Oktober   Rückkehr nach England
20. November   Thoby stirbt an Typhus
22. November   Vanessa nimmt Clive Bells Heiratsantrag
                      an

1907
März   Virginia und Adrian beziehen eine neue
                      Wohnung, 29 Fitzroy Square
Oktober –
Dezember   Virginia beginnt einen Roman, der zu-
                      nächst »Melymbrosia« betitelt ist; später:
                      The Voyage Out

1909
Februar   Lytton Strachey macht Virginia Woolf ei-
                      nen Heiratsantrag
März   Erste Begegnung mit Lady Ottoline Mor-
                      rell
August   Besuch der Festspiele in Bayreuth mit
                      Adrian und Saxon Sidney-Turner

1910
Januar   Virginia arbeitet für die Suffragettenbewe-
                      gung
8. November   Eröffnung der ersten Nachimpressioni-
                      sten-Ausstellung, Grafton Galleries, Lon-
                      don; vorbereitet von Roger Fry

1911

April	Acht Kapitel von »Melymbrosia« fertiggestellt
Juli	Leonard Woolf kehrt aus Indien zurück
November	Virginia bezieht eine neue Wohnung: 38 Brunswick Square, zusammen mit ihrem Bruder Adrian, Maynard Keynes und Duncan Grant; im Dezember schließt sich ihnen Leonard Woolf an

1912

11. Januar	Heiratsantrag von Leonard Woolf
29. Mai	Virginia nimmt Leonards Heiratsantrag an
10. August	Hochzeit von Virginia Stephen und Leonard Woolf
18. August – 3. Oktober	Hochzeitsreise nach Frankreich, Spanien, Italien
Oktober	Umzug, neue Wohnung: 13 Clifford's Inn; einen Teil des Jahres wohnen sie in Asham House, Beddingham
Dezember	Virginia erkrankt

1913

März	Das Manuskript des Romans *The Voyage Out* ist fertiggestellt
Juni	Leonard und Virginia besuchen den Women's Co-operative Congress in Newcastle-upon-Tyne
Juli	Konferenz der Fabian Society in Keswick; Virginia erkrankt erneut
August	Virginia leidet an Depressionen
9. September	Selbstmordversuch

1914

Januar	Der Gesundheitszustand Virginias bessert sich allmählich
Oktober	Umzug nach 17 The Green, Richmond

1915

26. März — *The Voyage Out* erscheint

April, Mai — Erneuter Nervenzusammenbruch, Virginia wird von vier Schwestern betreut

1916

Oktober — Virginia hält Vorträge bei der Women's Co-operative Guild in Richmond

1917

April — Eine Druckerpresse wird zum Hogarth House, Richmond, geliefert

Juli — Erste Veröffentlichung der Hogarth Press: *Two Stories* (»The Mark on the Wall« von Virginia Woolf und »Three Jews« von Leonard Woolf)

Oktober — Virginia Woolf führt jetzt regelmäßig Tagebuch

1918

März — Arbeit an dem zweiten Roman *Night and Day*

15. November — Erste Begegnung mit T. S. Eliot

1919

7. März — *Night and Day* beendet

Mai — T. S. Eliots *Poems* werden von der Hogarth Press veröffentlicht

Juli — Leonard und Virginia Woolf kaufen Monk's House, Rodmell

September — Umzug nach Rodmell

20. Oktober — *Night and Day* veröffentlicht

1920

September — Virginia ist mit ihrem dritten Roman *Jacob's Room* beschäftigt

1921

7. April — *Monday or Tuesday* erscheint

Sommer — Virginia Woolf erkrankt

1922

Juli	*Jacob's Room* abgeschlossen
Oktober	Pläne für *Mrs. Dalloway*

1923

März/April	Reise nach Frankreich und Spanien
Sommer	Virginia arbeitet an dem Roman *Mrs. Dalloway*

1924

März	Umzug nach 52 Tavistock Square, Bloomsbury
5. Juli	Mit Victoria (Vita) Sackville-West nach Knole
Juli – Oktober	Arbeit an *Mrs. Dalloway* fortgesetzt, am 9. Oktober abgeschlossen
30. Oktober	*Mr. Bennett and Mrs. Brown* erscheint

1925

April	Veröffentlichung von *The Common Reader*
14. Mai	*Mrs. Dalloway* erscheint

1926

Januar – März	Arbeit an *To the Lighthouse*
29. April	Erster Teil von *To the Lighthouse* beendet
25. Mai	Zweiter Teil beendet

1927

Januar	Virginia Woolf beendet den gesamten Roman *To the Lighthouse*
5. Mai	*To the Lighthouse* erscheint
Juli	Virginia verbringt zwei Wochenenden bei Victoria Sackville-West
5. Oktober	Arbeit an *Orlando* wird begonnen

1928

17. März	*Orlando* beendet
24. September	Virginia Woolf und Victoria Sackville-West unternehmen eine Reise nach Frankreich, Rückkehr am 1. Oktober

11. Oktober　　　*Orlando* erscheint

1929
März　　　　　Virginia Woolf arbeitet an der endgültigen
　　　　　　　Version von *A Room of One's Own*
24. Oktober　　*A Room of One's Own* erscheint

1930
März　　　　　Virginia Woolf arbeitet an *The Waves*
29. April　　　Erste Version von *The Waves* beendet
Juni　　　　　Erneute Arbeit an *The Waves*

1931
7. Februar　　*The Waves* abgeschlossen
8. Oktober　　*The Waves* erscheint
November/
Dezember　　Virginia Woolf erkrankt, ist einen Monat
　　　　　　　lang unfähig zu arbeiten

1932
11. Oktober　　Arbeit an »The Pargiters« beginnt (später:
　　　　　　　The Years)
13. Oktober　　*The Common Reader: Second Series* er-
　　　　　　　scheint

1933
Mai　　　　　Die Arbeit an *The Years* wird fortgesetzt

1934
Juni　　　　　Erneut mit *The Years* beschäftigt
9. September　Tod Roger Frys
November　　Eine neue Version von *The Years* wird be-
　　　　　　　gonnen

1935
Februar –
April　　　　　Revision von *The Years* fortgesetzt
Oktober　　　Biographie von Roger Fry vorbereitet

1936

8. April	Der letzte Teil des Manuskriptes von *The Years* wird zur Druckerei gesandt; danach physischer Zusammenbruch
November	*Three Guineas* begonnen

1937

15. März	*The Years* wird publiziert
7. Juni	Julian Bell, Virginias Neffe, geht nach Spanien
18. Juli	Julian Bell fällt im Spanischen Bürgerkrieg

1938

April	Pläne für den Roman »Pointz Hall« (später *Between the Acts*)
2. Juni	*Three Guineas* veröffentlicht

1939

28. Januar	Besuch bei Sigmund Freud in Hampstead

1940

25. Juli	*Roger Fry: A Biography* erscheint
September	Die Hogarth Press wird von Mecklenburgh Square nach Letchworth, Hertfordshire, verlegt

1941

26. Februar	*Between the Acts* wird abgeschlossen
18. März	Virginia Woolfs Gesundheitszustand verschlechtert sich
28. März	Virginia Woolf beendet ihr Leben durch Suizid im River Ouse

Eine ausführliche Zeittafel hat Edward Bishop mit seinem Buch geliefert: *A Virginia Woolf Chronology,* Houndmills, Basingstoke, Hampshire, London 1989. Ergänzende Angaben finden sich bei Quentin Bell, *Virginia Woolf: A Biography,* London 1990 (¹1972).

BIBLIOGRAPHISCHER ÜBERBLICK

Die grundlegende Bibliographie der Werke Virginia Woolfs ist die von B. J. Kirkpatrick, *A Bibliography of Virginia Woolf*, Oxford 1957, ³1980.

Die Forschungsliteratur wird – allerdings mit Lükken – erfaßt von Thomas Jackson Rice, *Virginia Woolf: A Guide to Research*, New York, London 1984, und Robin Majumdar, *Virginia Woolf: An Annotated Bibliography of Criticism 1915–1974*, New York, London 1976. Außerdem sei verwiesen auf Maurice Beebe, *Criticism of Virginia Woolf: A Selected Checklist with an Index to Studies of Separate Works*, Modern Fiction Studies, 2, 1956, S. 36–45; Barbara Weiser, *Criticism of Virginia Woolf from 1956 to the Present: A Selected Checklist with an Index to Studies of Separate Works*, Modern Fiction Studies, 18, 1972, S. 477–486; *The New Cambridge Bibliography of English Literature*, ed. I. R. Willison, Cambridge 1972, Vol. IV: 1900–1950, Spalte 472–481.

Christoph Schöneich, *Virginia Woolf*, Darmstadt 1989, bietet in seiner umfassenden Darstellung der Woolf-Forschung den derzeit detailliertesten deutschsprachigen Überblick. Weiterhin liefert Annegret Maack einen *Forschungsbericht: Aspekte der Woolf-Kritik*, Literatur in Wissenschaft und Unterricht, 11, 1978, S. 230–253. Zum neuesten Stand der Forschung vgl. außerdem Vera und Ansgar Nünning, *»Fifty pairs of eyes were not enough to get round that one woman with...«: A Survey of Recent Developments in Virginia Woolf Criticism*, Literatur in Wissenschaft und Unterricht, 24, 1991, S. 41–64.

Neuerscheinungen verzeichnen: Annual Bibliography of English Language and Literature; MLA International Bibliography of Books and Articles on the Modern Languages and Literatures; Journal of Modern Literature; Twentieth Century Literature; Virginia Woolf Quarterly.

Die maßgebliche Textausgabe ist die Uniform Edition der Hogarth Press, die 17 Bände umfaßt: *The Voyage Out* [(1915) 1929], *Night and Day* [(1919) 1929], *Jacob's Room* [(1922) 1929], *The Common Reader* [(1925) 1929], *Mrs. Dalloway* [(1925) 1929], *To the Lighthouse* [(1927) 1930], *Orlando* [(1928) 1933], *A Room of One's Own* [(1929) 1931], *The Waves* [(1931) 1933], *The Common Reader: Second Series* [(1932) 1933], *Flush: A Biography* [(1933) 1933], *The Years* [(1937) 1940], *Three Guineas* [(1938) 1943], *Between the Acts* [(1941) 1953], *A Haunted House and Other Short Stories* [(1944) 1953], *The Moment and Other Essays* [(1947) 1952], *The Captain's Death Bed and Other Essays* [(1950) 1955]. Außerhalb dieser Ausgabe erschien: *Roger Fry: A Biography* (1940). – *The Complete Shorter Fiction of Virginia Woolf*, London 1985, ²1989, wurde von Susan Dick herausgegeben.

Nach Ablauf der Urheberfrist 1992 wurden in mehreren britischen Verlagen Neuausgaben der Werke Virginia Woolfs herausgebracht: *Oxford Modern Classics, Penguin Twentieth Century Classics, Virago Press* und *Hogarth Press*.

Eine gesonderte Ausgabe aller Essays brachte Leonard Woolf heraus: Virginia Woolf, *Collected Essays*, 4 Vols., London 1966–1967. Jean Guiguet edierte Essays und Besprechungen von Virginia Woolf, die sich auf zeitgenössische Autoren beziehen: Virginia Woolf, *Contemporary Writers*, London 1965.

Auskunft über die Entstehung der Romane geben folgende Veröffentlichungen: Virginia Woolf, *The Waves: The Two Holograph Drafts,* ed. J. W. Graham, London, Toronto 1976, und Virginia Woolf, *The Pargiters: The Novel-Essay Portion of »The Years«,* ed. Mitchell A. Leaska, New York 1977; Virginia Woolf, *Melymbrosia: An Early Version of »The Voyage Out«,* ed. Louise A. DeSalvo, New York

1982; Virginia Woolf, »*To the Lighthouse*«: *The Original Holograph Draft*, ed. Susan Dick, Toronto, Buffalo, N. Y. 1982; Virginia Woolf, *Pointz Hall: The Earlier and Later Typescripts of* »*Between the Acts*«, ed. Mitchell A. Leaska, New York 1983.

Wenig bekannt ist, daß Virginia Woolf auch eine Komödie verfaßte: Virginia Woolf, *Freshwater: A Comedy*, ed. Lucio P. Ruotolo, London 1976.

Auszüge aus ihren Tagebüchern, die einen Einblick in ihre künstlerische Arbeit geben, publizierte Leonard Woolf: *A Writer's Diary: Being Extracts from the Diary of Virginia Woolf*, London 1953. Eine vollständige Ausgabe des Tagebuchs hat Anne Olivier Bell herausgegeben: *The Diary of Virginia Woolf*, Vol. I: 1915–1919, London 1977; Vol. II: 1920–1924, London 1978; Vol. III: 1925–1930, London 1980; Vol. IV: 1931–1935, London 1982; Vol. V: 1936–1941, London 1984. Frühere Aufzeichnungen Virginia Woolfs sind unter dem Titel *A Passionate Apprentice: The Early Journals 1897–1909*, ed. Mitchell A. Leaska, London 1990, erschienen.

Unveröffentlichte autobiographische Materialien gab Jeanne Schulkind heraus: Virginia Woolf, *Moments of Being: Unpublished Autobiographical Writings*, London, Toronto 1976, ²1985.

Mehrere Tausend Briefe Virginia Woolfs sind in sechs Bänden vereinigt, die Nigel Nicolson und Joanne Trautmann unter dem Titel *The Letters of Virginia Woolf* edierten: Vol. I: 1888–1912 (Virginia Stephen), *The Flight of the Mind*, London 1975; Vol. II: 1912–1922, *The Question of Things Happening*, London 1976; Vol. III: 1923–1928, *A Change of Perspective*, London 1977; Vol. IV: 1929–1931, *A Reflection of the Other Person*, London 1978; Vol. V: 1932–1935, *The Sickle Side of the Moon*, London 1979; Vol. VI: 1936–1941, *Leave the Letters Till We're Dead*, London 1980. – Als gesonderte Ausgabe erschien: *Virginia Woolf & Lytton Strachey: Letters*, ed. Leonard Woolf, James Strachey, London 1956.

In deutscher Übersetzung erschienen: *Eine Frau von fünfzig Jahren: Mrs. Dalloway,* übers. von Th. Mutzenbecher, Leipzig 1928; *Orlando: Die Geschichte eines Lebens,* übers. von Karl Lerbs, Leipzig 1929; *Die Fahrt zum Leuchtturm,* übers. von Karl Lerbs, Leipzig 1931. Von Herberth E. und Marlys Herlitschka wurden übersetzt: *Flush: Die Geschichte eines berühmten Hundes,* Berlin 1934; *Die Jahre,* Frankfurt a. M. 1954; *Mrs. Dalloway,* Frankfurt a. M. 1955; *Die Fahrt zum Leuchtturm,* Frankfurt a. M. 1956; *Der schiefe Turm,* München 1957; *Die Wellen,* Frankfurt a. M. 1959; *Die Dame im Spiegel und andere Erzählungen,* Frankfurt a. M. 1960; *Granit und Regenbogen: Essays,* Berlin, Frankfurt a. M. 1960; *Orlando: Eine Biographie,* Frankfurt a. M. 1961; *Zwischen den Akten,* Frankfurt a. M. 1963; *Die Erzählungen und »Flush«,* Frankfurt a. M. 1965. Weiterhin erschienen in deutscher Übertragung: *Ein Zimmer für sich allein,* übers. von Renate Gerhardt, Berlin 1978; *Drei Guineen,* übers. von Anita Eichholz, München 1978; *Jacobs Raum,* übers. von Gustav K. Kemperdick, Frankfurt a. M. 1981; *Augenblicke: Skizzierte Erinnerungen,* übers. von Elizabeth Gilbert, Stuttgart 1981; *Nacht und Tag,* übers. von Michael Walter, Frankfurt a. M. 1983. – Im S. Fischer Verlag, Frankfurt a. M., erscheinen seit 1989 in deutscher Übersetzung das Romanwerk, die Tagebücher sowie Briefe und Essays. Diese Edition wird von Klaus Reichert herausgegeben. Bisher liegen folgende Bände vor: *Die Fahrt hinaus,* übers. von Karin Kersten, 1989; *Das Mal an der Wand: Gesammelte Kurzprosa,* übers. von Marianne Frisch, Brigitte Walitzek, Claudia Wenner, Dieter E. Zimmer, 1989; *Frauen und Literatur: Essays,* übers. von Hannelore Faden, Helmut Viebrock, 1989; *Der gewöhnliche Leser: Essays,* Vol. 1, übers. von Hannelore Faden, Helmut Viebrock, 1989; *Der gewöhnliche Leser: Essays,* Vol. 2, übers. von Hannelore Faden, Helmut Viebrock, 1990; *Orlando: Eine Biographie,* übers. von Brigitte Walitzek, 1990; *Tagebücher,* Vol. 1: 1915–1919, übers. von Maria Bosse Sporleder, 1990; *Die Wellen,* übers. von Maria Bosse-Sporleder,

1991; *Zum Leuchtturm,* übers. von Karin Kersten, 1991; *Zwischen den Akten,* übers. von Adelheid Dormagen, 1992.

Eine inzwischen überholte Biographie stammt von Aileen Pippett, *The Moth and the Star: A Biography of Virginia Woolf,* Boston, Toronto 1955. Jetzt grundlegend ist die Biographie, die Virginia Woolfs Neffe Quentin Bell verfaßte: *Virginia Woolf: A Biography,* 2 Vols., London 1972 (einbändige Neuauflage London 1990; dt. von Arnold Fernberg, *Virginia Woolf: Eine Biographie,* Frankfurt a. M. 1977). Bells Darstellung wurde mehrfach kritisiert, u.a. wegen der fehlenden Kommentare zu Virginia Woolfs Werken. Werner Waldmann ergänzt seine Biographie *Virginia Woolf* mit Selbstzeugnissen und Bilddokumenten, erschienen in Reinbek bei Hamburg 1983. Einen weiteren genauen lebensgeschichtlichen Einblick gibt Jürgen Klein, *Virginia Woolf: Genie -Tragik – Emanzipation,* München 1984. Einen Beitrag zur biographischen Deutung Virginia Woolfs liefert auch Renate Wiggershaus, *Virginia Woolf: Leben und Werk in Texten und Bildern,* Frankfurt a. M. 1987. – Ergänzende Materialien zur Biographie liefern: Jean O. Love, *Virginia Woolf: Sources of Madness and Art,* Berkeley, Cal., Los Angeles, London 1977 (geht dem Verhältnis Virginia Woolfs zu ihrer Mutter nach, untersucht das Todeserlebnis und seine Auswirkungen auf ihre künstlerische Entwicklung); Phyllis Rose, *Woman of Letters: A Life of Virginia Woolf,* New York 1978 (untersucht ihr Verhältnis zum Feminismus, ihr sozialkritisches Engagement); Roger Poole, *The Unknown Virginia Woolf,* Cambridge, London, New York 1978, Atlantic Highlands, N. J. [3]1990 (wendet sich gegen Bell und dessen Thesen von Virginia Woolfs »madness« und »insanity« und führt ihre psychischen Probleme darauf zurück, daß sie in früher Jugend von ihren beiden Halbbrüdern George und Gerald Duckworth mißbraucht wurde; zum gleichen Themenkreis äußert sich auch Louise A. DeSalvo, *Virginia Woolf: The Impact of Childhood Sexual Abuse on her Life and Work,* London, Boston 1989; dt. von Elfi Hartenstein, *Virginia Woolf: Die Auswirkungen se-*

xuellen Mißbrauchs auf ihr Leben und Werk, München 1990); Mark Spilka, *Virginia Woolf's Quarrel with Grieving,* Lincoln, Neb., London 1980 (sieht die psychische Problematik Virginia Woolfs in ihrer ›Unfähigkeit zu trauern‹, »her own inability to grieve« [S. 4], begründet, die wiederum aus frühen Kindheitserlebnissen stammt).

Über den Vater Virginia Woolfs informiert Noël Gilroy Annan, *Leslie Stephen: His Thought and Character in Relation to his Time,* Cambridge, Mass. 1952, ²1984.

Die Bedeutung der Mutter für Virginia Woolfs künstlerisches Schaffen untersucht Ellen Bayuk Rosenman, *The Invisible Presence: Virginia Woolf and the Mother-Daughter Relationship,* Baton Rouge, La., London 1986.

Das komplizierte Verhältnis Virginia Woolfs zu ihrer Schwester Vanessa Bell analysieren Diane Filby Gillespie, *The Sisters' Arts: The Writing and Painting of Virginia Woolf and Vanessa Bell,* Syracuse, N. Y. 1988, Jane Dunn, *A Very Close Conspiracy: Vanessa Bell and Virginia Woolf,* London 1990, und Mary Ann Caws, *Women of Bloomsbury: Virginia, Vanessa and Carrington,* New York, London 1990.

Von Virginia Woolfs Verhältnis zu Leonard Woolf handeln George Spater, Ian Parsons, *A Marriage of True Minds: An Intimate Portrait of Leonard and Virginia Woolf,* London 1977 (dt. von Barbara Scriba-Sethe, *Porträt einer ungewöhnlichen Ehe: Virginia & Leonard Woolf,* Frankfurt a. M. 1980). – Ergänzende Angaben finden sich in der fünfbändigen Autobiographie Leonard Woolfs: *Sowing (1880–1904),* London 1960; *Growing (1904–1911),* London 1961; *Beginning Again (1911–1918),* London 1964; *Downhill All the Way (1919–1939),* London 1968; *The Journey Not the Arrival Matters (1939–1969),* London 1969. Ein deutschsprachiger Auszug aus seiner Autobiographie erschien unter dem Titel: *Mein Leben mit Virginia: Erinnerungen,* herausgegeben und aus dem Englischen übersetzt von Friederike Groth, Frankfurt a. M. 1988.

Virginia Woolfs Beziehungen zu Vita Sackville-

West hat Joanne Trautmann dargestellt: *The Jessamy Brides: The Friendship of Virginia Woolf and V. Sackville-West,* University Park, Pa. 1973. Virginia Woolfs Verhältnis zur Familie und zu Vita Sackville-West untersucht Alma Halbert Bond, *Who Killed Virginia Woolf? A Psychobiography,* New York 1989.

Über Virginia Woolf und den Bloomsbury-Kreis liegen mehrere Darstellungen vor: Irma Rantavaara, *Virginia Woolf and Bloomsbury,* Helsinki 1953 (charakterisiert die intellektuelle Atmosphäre des Bloomsbury-Kreises, insbesondere auch die Bedeutung der Philosophie G. E. Moores für die Entwicklung einer ästhetisch-kontemplativen Einstellung zur Realität); J. K. Johnstone, *The Bloomsbury Group: A Study of E. M. Forster, Lytton Strachey, Virginia Woolf, and their Circle,* London 1954 (handelt von den philosophischen und ästhetischen Anschauungen des Bloomsbury Kreises, neigt zu einer starken Vereinheitlichung der Anschauungen); Quentin Bell, *Bloomsbury,* London 1968 (verfolgt die Entwicklung des Bloomsbury-Kreises, hebt die vielfältigen Zielsetzungen seiner Mitglieder im kulturellen Leben Englands seit Beginn des 20. Jahrhunderts hervor); *The Bloomsbury Group: A Collection of Memoirs, Commentary and Criticism,* ed. S. P. Rosenbaum, London, Toronto 1975 (bietet Materialien, keine eigene Deutung); Heinz Antor, *The Bloomsbury Group: Its Philosophy, Aesthetics, and Literary Achievement,* Heidelberg 1986 (berücksichtigt die Philosophie von G. E. Moore und J. M. E. McTaggart, die ästhetischen Anschauungen von E. M. Forster und Virginia Woolf).

Perry Meisel arbeitet in seinem Buch *The Absent Father: Virginia Woolf and Walter Pater,* New Haven, Conn., London 1980, die bisher wenig beachteten Beziehungen zwischen Virginia Woolf und Walter Pater heraus und bezieht sich dabei sowohl auf die Essays als auch auf die Romane.

Eine Zusammenstellung der frühen kritischen Reaktionen auf Virginia Woolfs Werk liefern Robin Majumdar, Allen McLaurin, *Virginia Woolf: The Critical Heritage*, London, Boston 1975.

Auf Kritik stießen Virginia Woolfs Auffassungen von der Form des Romans und ihre poetisch-lyrische Erzählweise. Vgl. M. C. Bradbrook, *Notes on the Style of Mrs. Woolf*, Scrutiny, 1, 1932, S. 33–38; William Troy, *Virginia Woolf: 1. The Poetic Method*, The Symposium, 3, 1932, S. 53–63, und vom gleichen Verf., *Virginia Woolf: 2. The Poetic Style*, The Symposium, 3, 1932, S. 153–166; Frank W. Bradbrook, *Virginia Woolf: The Theory and Practice of Fiction*, in: *The New Pelican Guide to English Literature*, ed. Boris Ford, Vol. VII: *From James to Eliot*, Harmondsworth 1983, S. 342–355. – Kritik an der Charakterzeichnung übten J. W. Beach, *Virginia Woolf*, The English Journal, 26, 1937, S. 603–612; Lord David Cecil, *Virginia Woolf*, in: Ders., *Poets and Story-Tellers: A Book of Critical Essays*, London 1949, S. 160–180. Sehr harte Urteile über ihre Ästhetisierung der Realität finden sich bei W. H. Mellers, *Mrs. Woolf and Life*, Scrutiny, 6, 1937, S. 71–75, und vom gleichen Verf., *Virginia Woolf: The Last Phase*, The Kenyon Review, 4, 1942, S. 381–387; F. R. Leavis, *After »To the Lighthouse«*, Scrutiny, 10, 1942, S. 295–298; D. S. Savage, *Virginia Woolf*, in: Ders., *The Withered Branch: Six Studies in the Modern Novel*, London 1950, S. 70–105. Kritik an den sozialkritischen Ideen Virginia Woolfs übt Q. D. Leavis, *Caterpillars of the Commonwealth Unite!*, Scrutiny, 7, 1938, S. 203–214.

Im Gegensatz zur scharfen Kritik an Virginia Woolfs Werk, die von F. R. Leavis und seinen Anhängern in England sowie von einigen amerikanischen Kritikern in Rezensionen und Essays vorgebracht wurde, ist in den Monographien bereits seit den 30er Jahren das Bemühen erkennbar, Virginia Woolfs Bedeutung für die moderne Literatur im positiven Sinne zu würdigen. Dies gilt für die erste englische Monographie von Winifred Holtby, *Virginia Woolf*, London 1932, repr. 1969, ebenso wie für Floris Delattres Buch *Le Roman Psychologique de Virginia Woolf*, Paris 1932, und Ingeborg Badenhausens Dissertation *Die Spra-che Virginia Woolfs: Ein Beitrag zur Stilistik des modernen englischen Romans,* Marburg 1932, der ersten größeren Stu-die, die in Deutschland publiziert wurde. Während Holtby auf die kinematographischen Aspekte und auf die Unter-schiede zwischen Virginia Woolf und Jane Austen einging und Delattre auf die Beziehungen zu Bergson und Proust aufmerksam machte, setzte sich I. Badenhausen das Ziel, sti-listische Eigenheiten der Erzählkunst Virginia Woolfs in Anlehnung an die Stilforschung Max Deutschbeins heraus-zuarbeiten.

Zu Beginn der 40er Jahre veröffentlichte David Daiches eine Monographie, *Virginia Woolf,* Westport, Conn. 1942, die 1963 neu aufgelegt wurde und bis heute ihre Bedeutung behalten hat; im Mittelpunkt steht die Analyse der experi-mentellen Züge ihrer Erzähltechnik. Bereits 1939 hatte Dai-ches Virginia Woolf in seinem Buch *The Novel and the Modern World,* Chicago 1939, [2]1960 ausführlich behandelt und ihre Erzählweise in einen kultur- und sozialgeschichtli-chen Zusammenhang eingeordnet. Joan Bennett versuchte in *Virginia Woolf: Her Art as a Novelist,* Cambridge 1945, [2]1964, einen Überblick über Themen und Formen ihres Er-zählens zu geben. Richard L. Chambers wandte sich in *The Novels of Virginia Woolf,* London 1947, gegen jene Kriti-ker, die in ihr nur eine Vertreterin des Ästhetizismus sahen, und arbeitete Elemente eines tragischen Humanismus bei Virginia Woolf heraus. Bernard Blackstone konzentrierte sich in *Virginia Woolf: A Commentary,* London 1949 (Neu-auflage 1972), auf die thematischen Bereiche »Love and Freedom«, »Marriage and Truth« und »The World and Re-ality«, verkürzte dabei aber die Bedeutung der Form und der Erzähltechnik.

Maxime Chastaing legte zu Beginn der 50er Jahre mit *La Philosophie de Virginia Woolf,* Paris 1951, eine Arbeit vor, in der er auf Grund der Werke Virginia Woolfs ein eigenes philosophisches Ideengebäude errichtete, das er mit der Tradition des britischen Empirismus in Verbindung brachte. Die (in anderem Zusammenhang schon erwähnten) Studien von Irma Rantavaara, *Virginia Woolf and Bloomsbury,* Helsinki 1953, und J. K. Johnstone, *The Bloomsbury Group: A Study of E. M. Forster, Lytton Strachey, Virginia Woolf, and their Circle,* London 1954, stellen demgegenüber ein wichtiges Korrektiv dar, insofern sie als »background studies« stärker auf die Zusammenhänge zwischen Virginia Woolf und den zeitgenössischen philosophischen Strömungen eingehen. James Hafley setzte sich in der Mitte der 50er Jahre mit *The Glass Roof: Virginia Woolf as Novelist,* Berkeley, Cal., Los Angeles 1954, repr. 1963, folgendes Ziel: »a general, factual examination of the development of her ideas as they are given definition by her technique« (S. 1). Auch wenn seine überaus positive Bewertung des Romans *The Years* und die Zuordnung der Romankunst Virginia Woolfs zur Philosophie Bergsons auf Kritik gestoßen sind, ist sein Buch mehrfach als der wichtigste Beitrag zur Virginia Woolf-Forschung der 50er Jahre bezeichnet worden. Ein ähnlicher Rang kommt in den 60er Jahren der Monographie von Jean Guiguet zu, die zunächst in französicher Sprache unter dem Titel *Virginia Woolf et son Œuvre: L'Art et la Quête du Réel,* Paris 1962, erschien und anschließend von Jean Stewart ins Englische übersetzt wurde: *Virginia Woolf and her Works,* New York 1965. Jean Guiguet lieferte mit dieser umfassenden Arbeit eine Darstellung der Haupttendenzen der Virginia Woolf-Kritik, des Bloomsbury-Milieus, der Biographie der Autorin, ihrer Essays und Pamphlete, ihrer erzählerischen Werke einschließlich der Kurzgeschichten und Biographien und beschloß seine Monographie mit einer systematischen Würdigung der Hauptaspekte ihres Werkes unter dem Titel »Basic Problems: The Apprehension of Reality and the Search for a Form«. Über den damit erreichten Forschungsstand konnten nur differenzierte Einzelanalysen der Werke oder ein grundsätzlich neuer methodischer Ansatz weiterführen.

Während sich Dorothy Brewster mit ihrer stark faktenbezogenen, beschreibenden Studie *Virginia Woolf,* New York

1962, N. C. Thakur mit seiner Untersuchung des Symbolge-
brauchs (*The Symbolism of Virginia Woolf,* London, New
York, Toronto 1965) und Josephine O'Brien Schaefer mit
der schematisierenden Analyse der Wirklichkeitsauffassung (*The Three-Fold Nature of Reality in the Novels of
Virginia Woolf,* London, The Hague, Paris 1965) methodisch in traditionellen Bahnen bewegten, markiert A. D.
Moodys konzise kritische Darstellung *Virginia Woolf,*
Edinburgh, New York 1963, den Beginn einer neuen Phase
insbesondere der englischen Virginia Woolf-Kritik: Er er-
teilt der Leavis-Schule eine scharfe Absage und versucht
eine angemessene Deutung dieser Autorin und ihres erzählerischen Werkes. Moody sieht die Eigenart und die Grenzen Virginia Woolfs darin begründet, daß sie stets an den Erfahrungshorizont und die Wertmaßstäbe der »upper
middle class« gebunden blieb, diesen Erfahrungsbereich
(aus der Innensicht) jedoch nicht nur darzustellen, sondern
zugleich kritisch zu durchdringen vermochte.

Das Buch von Herbert Marder, *Feminism & Art: A Study
of Virginia Woolf,* Chicago, London 1968, setzt eine Richtung in der Virginia Woolf-Forschung fort, die nach der Gesellschaftskritik in den Romanen, Erzählungen und Essays
fragt; eine Richtung, die, bedingt durch die Wandlungen im
politischen und gesellschaftlichen Bereich seit den 70er Jahren, in Amerika, England und auch auf dem Kontinent an
Bedeutung gewann. Setzte sich Herbert Marder das Ziel
»to study the relation between Virginia Woolf's feminism
and her art« (S. 2), so rückte Nancy Topping Bazin mit *Virginia Woolf and the Androgynous Vision,* New Brunswick,
N. J. 1973, das Androgynie-Motiv in den Mittelpunkt ihrer
Darstellung. Sie deutet Virginia Woolf als eine manisch-de-
pressive Frau und ordnet im Sinne der Androgynie-Theo-
rie den weiblichen Pol der manischen, den männlichen Pol
der depressiven Veranlagung zu. Damit wird die Deutung
der Romane allzu stark vereinfacht.

Einen Höhepunkt erreichte die sozialkritisch-feministi-
sche Deutung Virginia Woolfs in den 80er Jahren mit den

Arbeiten, die Jane Marcus vorlegte. In dem von ihr edierten Band *New Feminist Essays on Virginia Woolf,* Lincoln, Neb. 1981, rückt die Herausgeberin Virginia Woolf in die Nachbarschaft von Bert Brecht und Walter Benjamin: »Virginia Woolf, like Walter Benjamin, was both a ›Marxist‹ and a mystic« (S. 5). In dem Band *Virginia Woolf: A Feminist Slant,* ed. Jane Marcus, Lincoln, Neb., London 1983, vertritt sie für den Kreis der Kritikerinnen, die in ihrem Sinne arbeiten, die These: »We [...] claim that as an artist and a thinker Virginia Woolf was revolutionary in both form and content, that her achievement was not limited to aesthetics alone, for she left us a feminist ethic, a morality that entreats our present movement to remember our working-class brothers, that their oppression is ours« (S. 3). Diese Konzeption wurde in den Bänden *Virginia Woolf and Bloomsbury: A Centenary Celebration,* ed. Jane Marcus, London 1987, und Jane Marcus, *Virginia Woolf and the Languages of Patriarchy,* Bloomington, Ind., Indianapolis 1987, weiter ausgearbeitet, wobei auch die rhetorischen Strategien, die Virginia Woolf beispielsweise in *A Room of One's Own* anwandte, Beachtung finden.

In ihrem Buch *Virginia Woolf and London: The Sexual Politics of the City,* Chapel Hill, N. C., London 1985, stellt sich Susan M. Squier, »indebted to the work of many feminist literary critics« (S. IX), die Aufgabe, »to explore the cultural sources and significance of her experience as a woman, in a patriarchal society« (S. 3). In den frühen Romanen ist London für Virginia Woolf – in der etwas vereinfachenden Darstellung von Squier – der Inbegriff der männlich-patriarchalischen Tradition; später habe sich Virginia Woolfs Sicht der Stadt gewandelt: »Woolf deepened her perspective to include an appreciation of the city's power to embody women's experience« (S. 7). Pamela J. Transue versucht in ihrem Buch *Virginia Woolf and the Politics of Style,* New York 1986, zu zeigen, in welcher Weise Virginia Woolf bestimmte erzählerische Strategien einsetzte, um ihre feministische Vision der Wirklichkeit zum Ausdruck

zu bringen. So bemerkt sie über *Jacob's Room* beispielsweise: »By filtering her ideas through a variety of points of
view and abandoning the omniscient narrator as well as the
forward-directed traditional plot which demands a resolu-
tion, Woolf was able to offer for the first time a convincing-
ly female vision of the world« (S. 63). Makiko Minow-Pink-
ney lehnt sich in ihrem Buch *Virginia Woolf & the
Problem of the Subject,* Brighton 1987, an die Theorien Julia Kristevas an und deutet Virginia Woolfs experimentelle
Erzählweise als »a feminist subversion of the deepest formal principles – of the very definitions of narrative, writing,
the subject – of a patriarchal social order« (S. X). Sie wehrt
sich gegen eine eindeutige (dogmatische) Definition der Begriffe »woman« und »feminism« und begreift im Anschluß
an die Arbeiten der französischen feministischen Literaturkritik »feminity« als »a representation and cultural construction« (S. 11). Rachel Bowlby setzt sich in *Virginia
Woolf: Feminist Destinations,* Oxford, New York 1988, das
Ziel, zu zeigen, wie die weibliche Art zu denken und zu fühlen die gesamte Darstellungsweise Virginia Woolfs prägt.
Methodisch verarbeitet Bowlby Anregungen, die ihr Freud
und die psychoanalytische Kritik zu vermitteln vermoch-
ten. Sue Roe betont in ihrem Buch *Writing and Gender: Virginia Woolf's Writing Practice,* New York 1990, stärker die
Analyse der sprachlichen Strategien und Techniken, die Virginia Woolf in ihren Werken benutzte, um ihr weibliches
Selbst zu konstituieren. Nach Sue Roes Überzeugung verfolgte Virginia Woolf primär das Ziel »to forge a language
which could both reflect and enable the construction of gen-
dered identity within a work of art« (S. 10). Bemerkenswert
ist Roes Urteil über Virginia Woolfs Einstellung zu politischen Fragen: »She had no Marxist persuasions« (S. 171).
Den entgegengesetzten Standpunkt vertritt beispielsweise
Jeremy Hawthorn in seiner Monographie *Virginia Woolf's
»Mrs. Dalloway«: A Study in Alienation,* London, Toronto
1975.
Über die frühe amerikanische feministische Virginia

Woolf-Kritik hinaus versucht Pamela L. Caughie in ihrem Buch *Virginia Woolf & Postmodernism: Literature in Quest & Question of Itself*, Urbana, Ill., Chicago 1991, vorzudringen. Sie wirft dieser Richtung vor, daß sie eine realistische Ästhetik zugrunde legt und dementsprechend inhaltsbezogene Interpretationen liefert. Caughie möchte Virginia Woolf im Kontext postmoderner narrativer und kultureller Theorien deuten. Dabei geht sie umgekehrt von der Sprache und den formkünstlerischen Experimenten aus und betrachtet Virginia Woolfs Feminismus als ein Resultat ihrer veränderten erzählerischen Praxis. Ihr Interesse ist nicht auf eine fixe Bedeutung des Textes gerichtet, sondern auf seine Wirkung, auf seine dynamische Funktion: »No longer do we question what a text means (what it refers to, what it is about) but how it functions and how it finds an audience« (S. 17). »Playfulness«, »self-reflexiveness«, »contradictions« und »indeterminacy« sind die Aspekte der Woolfschen Texte, denen Caughie ihre besondere Aufmerksamkeit zuwendet. Und über die gesamte erzählerische Verfahrensweise Virginia Woolfs bemerkt diese Kritikerin: »By making narrative structures disposable, not by disposing of certain ›outdated‹ structures, Woolf has kept her narratives from exhausting reality and has resisted an authoritarian system« (S. 108).

In den Umkreis der feministischen Forschungen ist auch der von Elaine K. Ginsberg und Laura Moss Gottlieb edierte Band *Virginia Woolf: Centennial Essays*, Troy, N. Y. 1983, zu stellen. Bemerkenswert ist dabei die Kritik, die Joanne Trautmann in der Einleitung vorbringt: »What a disservice we do her when we impose upon Virginia Woolf any template at all, whether it be Marxist revolutionary, feminist, Lesbian, madwoman, suicide, victim, or whatever« (S. 6).

Im gleichen Sinn äußerte sich auch Alex Zwerdling, dessen Buch *Virginia Woolf and the Real World*, Berkeley, Cal., Los Angeles, London 1986, die Wechselbeziehungen zwischen der historisch-politischen und der fiktiven Wirk-

lichkeit bei Virginia Woolf herausarbeitet. Er wehrt sich dagegen, daß Virginia Woolf zur »matron saint of contemporary feminism« (S. 33) gemacht wird, und wendet gegen die
von Jane Marcus vertretene Richtung der Virginia Woolf-
Kritik folgendes ein: »Too often the ideological assumptions and imperatives of the late twentieth-century (chiefly
American) women's movement have been superimposed
on Woolf's own in order to minimize the distinctions between the two eras and cultures« (S. 32). Zwerdling ordnet
dementsprechend Virginia Woolfs Feminismus in die politischen und historischen Entwicklungen in der ersten Hälfte
des 20. Jahrhunderts ein und gelangt durch behutsame Interpretationen der fiktiven Texte zu einer Deutung des politischen und gesellschaftlichen Bewußtseins der Autorin.

Als Repräsentanten einer vorwiegend psychologischen und psychoanalytischen Virginia Woolf-Kritik können Jean O. Love, Shirley Panken und Elizabeth
Abel genannt werden. Jean O. Love (in: *Worlds in Consciousness: Mythopoetic Thought in the Novels of Virginia
Woolf,* Berkeley, Cal., Los Angeles, London 1970) ist vom
mythopoetischen Charakter des Werkes Virginia Woolfs
überzeugt, und sie übernimmt die Terminologie und Methode der »cognitive development psychology« (S. XV), um
wesentliche Aspekte der Romane zu deuten. Die Untersuchung ruht auf einem breit ausgeführten theoretischen Fun-
dament (Kap. 1–6), die Interpretationen (Kap. 7–14) leiden
an einer terminologischen Überfrachtung. Shirley Panken,
*Virginia Woolf and the »Lust of Creation«: A Psychoanalyt-
ic Exploration,* Albany, N. Y. 1987, neigt dazu, die besondere ästhetische Vermittlung psychologischer Vorstellung zu
ignorieren und die fiktionalen Figuren mit realen Personen
gleichzusetzen. Elizabeth Abel geht demgegenüber in ihrem Buch *Virginia Woolf and the Fictions of Psychoanalysis,*
Chicago 1989, behutsamer vor und ordnet die von Virginia
Woolf in unterschiedlichen Textsorten verarbeiteten Anregungen aus der Psychoanalyse in die geschichtliche Entwicklung dieser Wissenschaft ein.

Neben den feministischen und psychoanalytischen Studien erschienen auch in den 70er und 80er Jahren Arbeiten, in denen die Bemühungen um eine differenzierte Analyse der Erzählkunst Virginia Woolfs fortgesetzt wurden, wobei Form und Thematik unterschiedlich gewichtet und Anregungen aus den neueren Forschungsrichtungen mit verarbeitet wurden. Harvena Richter, *Virginia Woolf: The Inward Voyage*, Princeton, N. J. 1970, liefert eine systematische Beschreibung der Methoden der Bewußtseinsdarstellung bei Virginia Woolf. Alice van Buren Kelley, *The Novels of Virginia Woolf: Fact and Fiction*, Chicago, London 1973, geht von dem Kontrast zwischen faktischer und visionärer Wirklichkeit aus und verfolgt diese Antithese durch das gesamte Romanwerk hindurch, wobei allerdings die erzählerische Präsentation der visionären Erlebnisse differenzierter hätte analysiert werden müssen. Allen McLaurin, *Virginia Woolf: The Echoes Enslaved*, Cambridge 1973, untersucht zunächst die Beziehung zu Roger Fry und deutet dann drei Romane unter dem Gesichtspunkt »Repetition and Rhythm«. James Naremore, *The World Without a Self: Virginia Woolf and the Novel*, New Haven, Conn., London 1973, geht ebenfalls von den antithetischen Spannungen aus, die sich in Virginia Woolfs Werk abzeichnen, insbesondere zwischen der Hinwendung zum Leben und der Bereitschaft, sich dem Sog des Lebens und des Todes auszuliefern, und analysiert von diesem Ansatz her ihre Romane. Jean Alexander, *The Venture of Form in the Novels of Virginia Woolf*, Port Washington, N.Y., London 1974, bewegt sich mit ihrer These, daß Angst und die Erfahrung des Abgrundes das zentrale (existentielle) Erlebnis Virginia Woolfs ausmachen, in ähnlichen Bahnen; bei ihrer Deutung der Formprobleme zieht sie allerdings Vorstellungen und Symbole der okkulten Philosophie und Theologie heran, die eher bei Yeats als bei Virginia Woolf ihren Platz haben. Zu den Büchern, die von einem antithetischen Interpretationsmodell ausgehen, ist auch Jane Novaks Buch *The Razor Edge of Balance: A Study of Virginia Woolf*, Coral Gables, Fla. 1975, zu rechnen, in dem am Beispiel von vier Romanen Antithesen wie Faktum – Vision, Kunst – Leben, innere – äußere Wirklichkeit, Ordnung – Chaos, Wandel – Dauer für die Interpretation der Thematik wie der Form benutzt werden. Avrom Fleishman vereint in *Virginia Woolf: A Critical Reading*, Baltimore, Md., London 1975, zwar mehrere methodische Ansätze, vorherrschend ist aber der formalistische Ansatz, wobei er eine Reihe von bemerkenswerten Einsichten in die Struktur und den Stil der Romane Virginia Woolfs gewinnt. Er hat dafür in der amerikanischen Kritik weitgehend Anerkennung gefunden. Hermione Lees Buch *The Novels of Virginia Woolf*, London 1977, gibt sich von vornherein nicht nur als »another study of her achievement as a novelist« (S. 1), sondern auch als eine Untersuchung, die sich von weitverbreiteten, oft auch modischen Themen abwendet. Lee interpretiert die erzählkünstlerische Leistung Virginia Woolfs; Beachtung verdienen insbesondere die Ausführungen zu Stil und Sprache der letzten Romane. Diesem Buch ist T. E. Apter, *Virginia Woolf: A Study of her Novels*, London, Basingstoke 1979, zur Seite zu stellen, in dem die Wahrnehmung der Wirklichkeit und deren unterschiedliche Verarbeitung durch die einzelnen Personen untersucht wird; »perception« und »vision« sind Schlüsselbegriffe dieses Buches. Susan Rubinow Gorsky, *Virginia Woolf*, London, Boston 1978, [2]1989, und Michael Rosenthal, *Virginia Woolf*, London, Henley 1979, lieferten gegen Ende der 70er Jahre ausgewogene Bestandsaufnahmen des bis dahin erreichten Forschungsstandes. Biographie und literarische Theorie, erzählerische Leistung und sozialkritisches Engagement werden in jedem dieser beiden Bücher berücksichtigt. Gorsky fügt ihrem Überblick eine kommentierte Auswahlbibliographie hinzu, Rosenthal untersucht bei den sozialkritischen Essays auch die Form der Darbietung. Maria DiBattista eröffnet mit ihrem Buch *Virginia Woolf's Major Novels: The Fables of Anon*, New Haven, Conn., London 1980, der Forschung neue Perspektiven, insofern sie darauf hinweist, daß Virginia Woolf durchaus bemüht war, eine neue Erzählhaltung zu entwickeln, die sich deutlich von der solipsistischen Haltung vieler moderner Autoren unterscheidet. DiBattista hat ohne Zweifel von den Diskussionen der feministischen Richtung und der vielfachen Erörterung des Essays *A Room of One's Own* profitiert; sie zeigt, daß Beziehungen zwischen dem allwissenden Erzählerstandpunkt und einer patriarchalisch-autoritären Gesellschaftsstruktur bestehen und daß Virginia Woolf in zunehmendem Maße einer distanziert-unpersönlichen Erzählhaltung zustrebte, die Affinität zum Stil der Shakespeareschen Romanzen zeigt und auch der Komik einigen Raum zubilligt.

Louise A. Poresky vertritt in ihrem Buch *The Elusive Self: Psyche and Spirit in Virginia Woolf's Novels,* Newark, N. J., London, Toronto 1981, die These: »The heart of Virginia Woolf's work is her search for the Self« (S. 15). Unter dem »Selbst« versteht sie den Persönlichkeitskern, der nicht von gesellschaftlichen Rollen, die dem einzelnen zufallen, beeinflußt werden kann. Poresky versucht weiterhin nachzuweisen, daß es in jedem Roman einen Hauptcharakter gibt, der auf der Suche nach dem Selbst ist. Wenn Poresky über *The Waves* ausführt: »As Woolf makes clear in *The Waves,* the spiritually fallen nature of humankind prevents sustained Selfhood. Consequently, an individual can only hope to catch momentary glimpses of the Self and to heal himself somewhat from the human separation from God« (S. 16f.), dann wird deutlich, daß die Verf. von einem theologischen Standort aus urteilt, der bei Virginia Woolf selbst nicht vorgegeben ist. Auch das Buch von Howard Harper, *Between Language and Silence: The Novels of Virginia Woolf,* Baton Rouge, La., London 1982, ist auf das Motiv der Suche aufgebaut; so heißt es z.B.: »In this process of realizing its world, the narrative consciousness searches for meaning, order, stability. This is also a search for perspective« (S. 3). Von diesem Ansatzpunkt aus werden die einzelnen Erzähltechniken als Instrumente gedeutet, die in diesem Prozeß der Wirklichkeitsentdeckung und -deutung ganz unterschiedliche Funktionen haben können. Der Weg, den Virginia Woolf laut Harper zurücklegt, führt »from the lyric cry of *The Voyage Out* to the impersonal drama of *Between the Acts*« (S. 320f.). Wenn Virginia Woolfs erzählerisches Bewußtsein ein Ziel erreichte, läßt sich dieses nur in einer paradoxen Formulierung umschreiben: »In this last book it discovers once again the impossibility of transcendence through literary creation, but once again reveals the compelling necessity and the strange beauty of the effort itself, a necessity and a beauty which we recognize as transcendent despite everything we know« (S. 321).

Adrian Velicu betont in seiner Dissertation *Unifying Strategies in Virginia Woolf's Experimental Fiction,* Uppsala 1985, die Bemühungen Virginia Woolfs, Romane zu schreiben, die eine kompositorische Geschlossenheit aufweisen: Im Anschluß an die Diktion des Bloomsbury-Kreises sprach sie von »organic whole«, »unified whole«, »unity«, »design« oder »completeness«. Nach den Darstellungen von Velicu rekurrierte sie dabei auf das Modell des Zyklus, wobei sie den Tageszyklus (z.B. in *Mrs. Dalloway*) oder den Lebenszyklus (z.B. in *Jacob's Room;* dort allerdings schwächer ausgeprägt) wählte.

Im Gegensatz zu Velicu hat Lucio P. Ruotolo in seinem Buch *The Interrupted Moment: A View of Virginia Woolf's Novels,* Stanford, Cal. 1986, die These vertreten, daß bei Virginia Woolf nicht eine »aesthetic of wholeness« (S. 10) sondern eine »aesthetic of interruption« (S. 231) dominiere. Eine solche Ästhetik liege in jeweils abgewandelter Form ihren Romanen von *The Voyage Out* bis zu *Between the Acts* zugrunde; Virginia Woolf sei mit der auf William Godwin und Mary Wollstonecraft, auf Proudhon und Kropotkin zurückzuführende Tradition des anarchistischen Denkens in Verbindung zu bringen: »Along with the most prominent of anarchist theoreticians, she comes to question the validity of social structure itself, which is to say, those hierarchical assumptions that underlie most Western theories of governance« (S. 231). Ruotolos Arbeit ist (wie er selbst vermerkt) thematisch orientiert; eine stärkere Einbeziehung ihrer erzählerischen Verfahrensweise hätte ihn gezwungen, seine Thesen in höherem Maße zu differenzieren.

Susan Dick konzentriert sich in ihrem Buch *Virginia Woolf,* London, New York, Melbourne 1989, auf die erzählerischen Experimente und untersucht »the narrative voice«, »the treatment of character«, »the narrative structure« (S. X). Sie berücksichtigt in ihrer konzisen Gesamtdarstellung nicht nur die Tagebücher und Briefe, sondern auch Virginia Woolfs Kurzprosa, insbesondere auch die frühen erzählerischen Versuche, die zwischen 1906 und 1909 entstanden.

William A. Evans geht in seinem Buch *Virginia Woolf: Strategist of Language,* Boston 1989, der Entwicklung der erzählerischen Diktion der Autorin nach. Er untersucht »balance, abbreviation, interruption, repetition, amassment, sound, comparison, and leit-motif« (S. VIII) und bedient sich dabei der traditionellen Terminologie der Rhetorik. Bei der Auswertung seiner Befunde gelangt er zu Resultaten, die an die ältere Virginia Woolf-Kritik erinnern. Romane wie *The Years* und *Between the Acts,* die von der feministischen Literaturkritik aus thematischen Gründen in den Vordergrund gerückt wurden, werden von ihm als schwächere künstlerische Leistungen beurteilt.

An der positiveren Bewertung der Romane *The Voyage Out, Night and Day* und *The Years* hält Jane Wheare in *Virginia Woolf: Dramatic Novelist,* London 1989, fest, und sie versucht nachzuweisen, daß es Virginia Woolf mit Hilfe der dramatischen Form gelungen sei, in den genannten Romanen gesellschaftskritische Probleme darzustellen, ohne dabei in eine explizit didaktische Stilart zu verfallen. Eine einseitige Bevorzugung der »experimentellen« Romane hält Wheare nicht für gerechtfertigt.

Marilyn Kurtz und Stella McNichol rücken in ihren Büchern Virginia Woolfs Romane in die Nachbarschaft lyrischer Dichtung. So bemerkt Marilyn Kurtz in ihrem Buch

Virginia Woolf: Reflections and Reverberations, New York, Bern, Frankfurt a. M. 1990: »As in poetry, the images and rhythms evoke and enlarge meanings. Through them she conveys a sense of the motion of the mind and the movement of life's experiences« (S. 2). Bilder, Klänge und Rhythmus evozieren die besondere Atmosphäre des modernen Lebens (mit all seinen antithetischen Spannungen) und verleihen ihrer Darstellungsweise eine suggestive Kraft. Stella McNichol betrachtet in ihrem Buch *Virginia Woolf and the Poetry of Fiction,* London, New York 1990, Virginia Woolf als »a poet who used prose fiction as her medium« (S. XI). Auch sie konzentriert sich auf Bilder, Symbole und Rhythmen, weiterhin auf Motive und Strukturen, deutet *To the Lighthouse* als eine Elegie, *The Waves* (in Anlehnung an Virginia Woolfs Diktion) als »a playpoem« (S. 117), und spricht schließlich bei *Between the Acts* von »pure poetry«: »It is not the high mystical poetry of *The Waves* but the poetry of ordinary everyday existence« (S. 174). Patricia Ondek Laurence bezieht in ihrer Untersuchung *The Reading of Silence: Virginia Woolf in the English Tradition,* Stanford, Cal. 1991, ebenfalls den Rhythmus in ihre Betrachtungen mit ein, hebt aber insgesamt, von einer poststrukturalistischen Position her, die Unbestimmtheitsfaktoren in Virginia Woolfs Werken hervor; sie spricht von »inaccessibility«, »inconsistencies« (S. 11), »uncertainties« und »limitations« (S. 12). Sie betrachtet diesen besonderen Stilzug Virginia Woolfs als einen Beweis für die Bemühungen dieser Autorin, alle »totalizing tendencies« (S. 10) abzuwehren. Insgesamt stellt Laurence die Erzählerin Virginia Woolf den modernen Autoren (von Henry James und Flaubert bis Beckett und Pinter) zur Seite, die das Schweigen darzustellen versuchen: »And in learning to read Woolf's many silences – psychological, social, historical, philosophical, and structural – expressed in theme and methodology, we become readers of a new rhetoric of silence« (S. 217f.).

Die Biographie Virginia Woolfs, die Quentin Bell 1972 veröffentlichte, die Publikation der Briefe und Tagebücher und schließlich die Beschäftigung mit den ungedruckten Materialien, d.h. der Berg Collection in der New York Public Library; den Monks House Papers an der University of Sussex, und den Charleston Papers am King's College, Cambridge, bewirkten eine verstärkte Erforschung der Wechselbeziehungen zwischen Leben und Werk bei Virginia Woolf. Lyndall Gordon bekennt sich zu Beginn ihres Buches *Virginia Woolf: A Writer's Life,* Oxford 1984 (dt. *Virginia Woolf: Das Leben einer Schriftstellerin,* aus dem Englischen von Tommy Jacobsen, Frankfurt a. M. 1987), zu der These: »For Virginia Woolf, life and work were complementary. There were, of course, other influences from literature and history, but her life was her main source« (S. 8). Virginia R. Hayman rückt in *»To the Lighthouse« and Beyond: Transformations in the Narratives of Virginia Woolf,* New York, Bern, Frankfurt a. M. 1988, den Roman *To the Lighthouse* in den Mittelpunkt ihrer Untersuchung, weil er dem »odd family complex«, wie Virginia Woolf selbst es formulierte, am besten Ausdruck verleiht. Sie übt in Verbindung mit der Deutung des Androgynie-Begriffes bei Woolf Kritik an den Thesen zahlreicher Feministinnen und gewinnt von dem Roman *To the Lighthouse* her einen Zugang für eine eigene Würdigung der frühen wie der späten Werke der Autorin.

Für John Batchelor sind *Jacob's Room, Mrs. Dalloway, To the Lighthouse, The Waves* und *Between the Acts* die wichtigsten Romane, denen er sein Buch *Virginia Woolf: The Major Novels,* Cambridge 1991, widmet. Auch er geht von biographischen Fakten aus, zeichnet den persönlichen Erfahrungshorizont der Autorin nach und deutet vor diesem Hintergrund ihr künstlerisches Schaffen. Während in den 80er Jahren Virginia Woolf als eine militante Kämpferin beschrieben wurde, legt Batchelor den Nachdruck auf ihre Fragilität, auf ihre vorsichtig tastende Art, Wirklichkeit zu erfassen und darzustellen. Er betont dazu das Element der Heiterkeit, das sich in ihren Werken abzeichnet und bemerkt abschließend: »I believe that she wrote what I have described as both elegy and comedy as a way of controlling the dark side both of her own life and of the world in which she lived« (S. 150).

In ähnlichen Bahnen bewegen sich auch die Bücher von Edward Bishop und John Mepham. Im Vergleich zu Batchelor legt Edward Bishop, *Virginia Woolf,* London 1991, größeren Nachdruck auf die Sprache, derer sich Virginia Woolf bedient: »In fact, nearly all Woolf's major characters, from Rachel in *The Voyage Out* to Miss La Trobe in *Between the Acts,* are concerned with the elusive role of language in ordering reality, in apprehending others, in constituting the self« (S. 16). Jeder Roman stelle ein neues Experiment, eine neue sprachliche Entdeckungsfahrt dar, bei der sie die komplexen Wechselbeziehungen zwischen Literatur, Geschichte und Sprache zu erkunden versuche.

Ausgangspunkt für John Mephams Gesamtdarstellung in *Virginia Woolf: A Literary Life,* New York 1991, ist ihr Wille zu schreiben, und er verfolgt die Entfaltung dieses Willens in all seinen Äußerungsformen von ihrer Jugend bis zu ihrem freiwilligen Ende. Die schriftstellerische, künstlerische, geistige und persönliche Entwicklung bilden für Mepham eine Einheit. Woolfs künstlerische Leistung ist vor allem an ihrer Wandlungsfähigkeit abzulesen: »she constantly held in mind different ways of thinking about what life is, and needed ever new techniques in order to give voice to them all« (S. XIV). Innerhalb seiner Gesamtschau legt Mepham den Akzent auf die Romane *Jacob's Room, The Years* und *Between the Acts,* Werke, die nicht durch höchste formale Perfektion gekennzeichnet sind, sondern durch eine große Nähe zur alltäglichen materiellen Realität; in ihnen dominiert zugleich eine deutlich faßbare sozialkritische Einstellung. Hier wird erkennbar, in welcher Weise sich das Bild Virginia Woolfs in den beiden letzten Jahrzehnten in der Kritik gewandelt hat, auch wenn die Leistung, die sie mit den großen experimentellen Romanen erbrachte, nach wie vor ungeschmälert anerkannt wird.

Den Monographien zum Gesamtwerk seien folgende

englischsprachige Monographien zu einzelnen Romanen zur Seite gestellt: Irma Rantavaara, *Virginia Woolf's »The Waves«*, Helsinki 1960; Robert G. Collins, *Virginia Woolf's Black Arrows of Sensation: »The Waves«*, Ilfracombe 1962; Mitchell A. Leaska, *Virginia Woolf's Lighthouse: A Study in Critical Method*, London, New York 1970; Jeremy Hawthorn, *Virginia Woolf's »Mrs. Dalloway«: A Study in Alienation*, London, Toronto 1975; Lisa Ruddick, *The Seen and the Unseen: Virginia Woolf's »To the Lighthouse«*, Cambridge, London 1977; Louise A. DeSalvo, *Virginia Woolf's First Voyage: A Novel in the Making*, London, Basingstoke 1980; Grace Radin, *Virginia Woolf's »The Years«: The Evolution of a Novel*, Knoxville, Tenn. 1981; Alice van Buren Kelley, *»To the Lighthouse«: The Marriage of Life and Art*, Boston 1987; Patricia Maika, *Virginia Woolf's »Between the Acts« and Jane Harrison's Con/spiracy*, Ann Arbor, Mich. 1987; Eric Warner, *Virginia Woolf: »The Waves«*, Cambridge 1987; Stevie Davies, *Virginia Woolf: »To the Lighthouse«*, London 1989; Suzanne Raitt, *Virginia Woolf's »To the Lighthouse«*, New York 1990; David Dowling, *»Mrs. Dalloway«: Mapping Streams of Consciousness*, Boston 1991; Su Reid, *»To the Lighthouse«*, London 1991.

Weiterhin sei hingewiesen auf die von Harold Bloom edierten Sammelbände: *Virginia Woolf's »To the Lighthouse«*, New York 1988 und *Virginia Woolf's »Mrs. Dalloway«*, New York 1988.

In einer Reihe von Studien wird Virginia Woolf mit zeitgenössischen Autorinnen und Autoren verglichen, um Besonderheiten ihres künstlerischen Schaffens herauszuarbeiten. Genannt seien David Dowling, *Bloomsbury Aesthetics and the Novels of Forster and Woolf*, London, Basingstoke 1985; Marianna Torgovnick, *The Visual Arts, Pictorialism, and the Novel: James, Lawrence, and Woolf*, Princeton, N. J. 1985; Anne Herrmann, *The Dialogic and Difference: »An/Other Woman« in Virginia Woolf and Christa Wolf*, New York 1989; Daniel Mark Fogel, *Covert*

Relations: James Joyce, Virginia Woolf, and Henry James, Charlottesville, Va., London 1990; Karen Kaivola, *All Contraries Confounded: The Lyrical Fiction of Virginia Woolf, Djuna Barnes, and Marguerite Duras,* Iowa City 1991; Richard Pearce, *The Politics of Narration: James Joyce, William Faulkner, and Virginia Woolf,* New Brunswick, N. J., London 1991.

Im Rahmen des »Modernismus« wird Virginia Woolf in dem Buch von N Takei da Silva, *Modernism and Virginia Woolf,* Windsor 1990, erörtert.

Von den Darstellungen zum modernen Roman, in denen Virginia Woolf berücksichtigt wird, seien genannt: Robert Humphrey, *Stream of Consciousness in the Modern Novel,* Berkeley, Cal., Los Angeles 1954; Melvin Friedman, *Stream of Consciousness: A Study in Literary Method,* New Haven, Conn., London 1955; Ralph Freedman, *The Lyrical Novel: Studies in Hermann Hesse, André Gide, and Virginia Woolf,* Princeton, N. J. 1963; Margaret Church, *Time and Reality: Studies in Contemporary Fiction,* Chapel Hill, N. C. 1949, 1963; Gerhard Haefner, *Klassiker des englischen Romans im 20. Jahrhundert: Joseph Conrad, D. H. Lawrence, James Joyce, Virginia Woolf, Samuel Beckett. Begründung der Moderne und Abrechnung mit der Moderne,* Heidelberg 1990.

Über die frühe Rezeption Virginia Woolfs in Deutschland unterrichtet Wilhelm Füger, *Eine »Extravagante Engländerin«: Untersuchungen zur deutschen Frührezeption von Virginia Woolf,* Heidelberg 1980.

Nach dem Zweiten Weltkrieg gingen von Erich Auerbachs Kapitel: *Der braune Strumpf,* in: *Mimesis: Dargestellte Wirklichkeit in der abendländischen Literatur,* Bern, München 1946, [4]1967, S. 488–514, vielfältige Anregungen auf die Forschung aus. Hilde Spiel machte einen weiteren Leserkreis mit Virginia Woolf durch ihren Essay *Virginia Woolf: Bildnis einer genialen Frau,* in: *Der Park und die Wildnis: Zur Situation der neueren englischen Literatur,* München 1953, S. 13–35, bekannt (nachgedruckt u. a. in:

Hilde Spiel, *In meinem Garten schlendernd: Essays,* München 1981, S. 210–235).

Die folgenden Arbeiten lassen bereits vom Titel her erkennen, wie sich die Interessenrichtungen in der deutschen Forschung seit Ingeborg Badenhausens bereits erwähnter Dissertation verlagerten: Ilse Finke, *Virginia Woolfs Stellung zur Wirklichkeit,* Diss. Marburg 1933; Eva Weidner, *Impressionismus und Expressionismus in den Romanen Virginia Woolfs,* Diss. Greifswald 1934; Ruth Gruber, *Virginia Woolf: A Study,* Leipzig 1935; Gertrud Lohmüller, *Die Frau im Werk von Virginia Woolf: Ein Beitrag zur psychologischen und stilistischen Untersuchung des neuesten englischen Frauenromans,* Diss. Tübingen 1937; Erik Wiget, *Virginia Woolf und die Konzeption der Zeit in ihren Werken,* Zürich 1949; Aloysia Isenberg, *Studien zur Erzählkunst Virginia Woolfs,* Diss. Mainz 1952; Walter Apelt, *Das romantische Element in den Werken Virginia Woolfs,* Diss. Halle 1952; Margot Walter, *Strukturanalysen von Romanen Virginia Woolfs,* Diss. Bonn 1952; Franz Stanzel, *Die Erzählsituation in Virginia Woolfs »Jacob's Room«, »Mrs. Dalloway« und »To the Lighthouse«,* Germ.-Roman. Monatsschrift, 35, 1954, S. 196–213; Wilhelm Borgers, *»The Waves« von Virginia Woolf: Die Untersuchung eines literarischen Experiments,* Diss. Hamburg 1953; Helmut Kröger, *Die Essays Virginia Woolfs,* Diss. Kiel 1955; Heide Hackenberg, *Das Wirklichkeitserlebnis in den Werken Virginia Woolfs,* Diss. Freiburg 1957; Gerhard Pasternack, *Aspekte des Komischen bei Virginia Woolf,* Diss. Köln 1962; Robert W. Weber, *Die Glocken von Big Ben: Zur Strukturfunktion der Uhrzeit in »Mrs. Dalloway«,* Deutsche Vierteljahrsschrift, 39, 1965, S. 246–258; Rudolf Villgrader, *Die Konzeption der Wirklichkeit als Strukturelement der Erzählungen Virginia Woolfs,* Germ.-Roman. Monatsschrift, 47, 1966, S. 283–297; Magdalene Brandt, *Realismus und Realität im modernen Roman: Methodologische Untersuchungen zu Virginia Woolfs »The Waves«,* Bad Homburg 1968; Erika Dölle, *Experiment und Tradition in der Prosa Vir-*

ginia Woolfs, München 1971; Hermann Fischer, *Virginia Woolf*, in: *Englische Dichter der Moderne: Ihr Leben und Werk*, hg. v. Rudolf Sühnel, Dieter Riesner, Berlin 1971, S. 299–316; Ingeborg Weber-Brandies, *Virginia Woolf – »The Waves«: Emanzipation als Möglichkeit des Bewußtseinsromans*, Bern, Frankfurt a. M. 1974; Klaus Schwank, *Bildstruktur und Romanstruktur bei Virginia Woolf: Untersuchungen zum Problem der Symbolkonstitution in »Jacob's Room«, »Mrs. Dalloway« und »To the Lighthouse«*, Heidelberg 1975; Gabriele Schwab, *Das augenlose Schweigen: Zur Subjektivität in Virginia Woolfs »The Waves«*, Freiburger literaturpsychologische Gespräche, Erste Folge, hg. v. Johannes Cremerius, Wolfram Mauser, Carl Pietzcker, Frederick Wyatt, Bern, Frankfurt a. M. 1981, S. 149–165; Robert W. Weber, *Der moderne Roman: Proust, Joyce, Belyj, Woolf und Faulkner*, Bonn 1981; Wolfgang Wicht, *Virginia Woolf, James Joyce, T. S. Eliot: Kunstkonzeptionen und Künstlergestalten*, Berlin 1981; Thomas Riedl, *Emanzipation bei Virginia Woolf: Eine Studie zu ihrer nichtfiktionalen Prosa*, Essen 1986; Bernd Engler, *Virginia Woolfs »An Unwritten Novel«: Realistische Erzählkonventionen und innovative Ästhetik*, Anglia, 105, 1987, S. 390–413; Peter te Boekhorst, *Das literarische Leitmotiv und seine Funktionen in Romanen von Aldous Huxley, Virginia Woolf und James Joyce*, Frankfurt a. M., Bern, New York 1987; Verena Olejniczak, *Wirkungsstrukturen in ausgewählten Texten T. S. Eliots und Virginia Woolfs: Eine Untersuchung zur Leserwirkung moderner englischer Literatur*, Hildesheim, Zürich, New York 1987; Gabriele Schwab, *Entgrenzungen und Entgrenzungsmythen: Zur Subjektivität im modernen Roman; Daniel Defoe, Herman Melville, Virginia Woolf, James Joyce, Samuel Beckett, Thomas Pynchon*, Stuttgart 1987; Andrea Beck, *Konstitution von ästhetischen Sinnsystemen in sieben Hauptwerken Virginia Woolfs*, Frankfurt a. M., Bern, New York 1988; Sabine Hotho-Jackson, *Zwischen Tradition und Moderne: Geschichte bei Virginia Woolf*, Heidelberg 1990; Vera Nünning, *Die Ästhetik Virginia Woolfs: Eine Rekon-*

*struktion ihrer philosophischen und ästhetischen Grundan-
schauungen auf der Basis ihrer nichtfiktionalen Schriften,*
Frankfurt a. M., Bern, New York 1990; *Virginia Woolf,* hg.
v. Alexandra Lavizzari, Frankfurt a. M. 1991; Vera und Ansgar Nünning, *Virginia Woolf zur Einführung,* Hamburg
1991.

   Der Verfasser der vorliegenden Studie hat bisher folgende Einzeluntersuchungen zu Virginia Woolfs Romanen vorgelegt: *Virginia Woolf: »Mrs. Dalloway«,* in: *Der moderne
englische Roman: Interpretationen,* hg. v. Horst Oppel, Berlin 1965, ²1971, S. 160–200; *Nachimpressionistische Anschauungen über Kompositionstechnik und Farbsymbolik
in Virginia Woolfs Roman »To the Lighthouse«,* in: *Miscellanea Anglo-Americana: Festschrift für Helmut Viebrock,* hg.
v. Kuno Schuhmann, Wilhelm Hortmann, Armin Paul
Frank, München 1974, S. 148–183; *Zur Ästhetik des Augenblicks bei Virginia Woolf,* in: *Anglistentag 1980 – Gießen:
Tagungsbeiträge und Berichte,* hg. v. Herbert Grabes, Großen-Linden 1981, S. 241–261; *Function and Form of Virginia Woolf's Novels,* in: *Functions of Literature: Essays Presented to Erwin Wolff on his Sixtieth Birthday,* ed. Ulrich
Broich, Theo Stemmler, Gerd Stratmann, Tübingen 1984,
S. 283–303; *Feminismus und Androgynie bei Virginia
Woolf,* in: *Frauen und Frauendarstellung in der englischen
und amerikanischen Literatur,* hg. v. Therese Fischer-Seidel, Tübingen 1991, S. 115–140; *»The Waves«: Die Struktur
des Romans und ihre Beziehung zur Thematik,* in: *Virginia
Woolf,* hg. v. Alexandra Lavizzari, Frankfurt a. M. 1991, S.
138–161.

Die Beschäftigung mit der vorliegenden Forschung hat
dem Verfasser dieser Monographie vielfache Anregungen
vermittelt, was an dieser Stelle dankbar erwähnt sei.

Rüdiger Imhof/
Annegret Maack (Hrsg.)
Der englische Roman der Gegenwart

UTB 1467, 1987, 269 Seiten, DM 27,80
UTB-ISBN 3-8252-1467-2

Elsa Lattey/A.E. Hieke
Using Idioms in Situational Contexts
A Workbook
UTB 1589, 1990, XII, 200 Seiten,
DM 22,80
UTB-ISBN 3-8252-1589-X

Bernhard Greiner
Die Komödie
Eine theatralische Sendung:
Grundlagen und Interpreta-
tionen
UTB 1665, 1992, X, 512 Seiten,
DM 39,80
UTB-ISBN 3-8252-1665-9

Frank Griesheimer/
Alois Prinz (Hrsg.)
Wozu Literaturwissenschaft?
Kritik und Perspektiven
UTB 1640, 1992, 414 Seiten,
DM 34,80
UTB-ISBN 3-8252-1640-3

Horst Joachim Frank
Wie interpretiere ich ein Gedicht?
Eine methodische Anleitung
UTB 1639, 1991, 131 Seiten, DM 16,80
UTB-ISBN 3-8252-1639-X

Lilo Moessner/
Ursula Schaefer
Proseminar Mittelenglisch
Lehrbuch mit Texten,
Grammatik und Übungen
UTB 1466, 2., vollst. überarb. u. erw.
Aufl. 1987, 201 Seiten, DM 24,80
UTB-ISBN 3-8252-1466-4

Ewald Standop
Abriß der englischen Metrik
Mit einer Einführung in die
Prosodie der Prosa (Satzinto-
nation) und einem Aufsatz
über Rhythmus von Jost Trier
UTB 1524, 1989, VIII, 166 Seiten,
DM 22,80
UTB-ISBN 3-8252-1524-5

Manfred Markus
Mittelenglisches Studienbuch
UTB Große Reihe, 1990, X, 358 Seiten,
18 Abb., 78 Tab., DM 46,–
UTB-ISBN 3-8252-8046-2

UTB
FÜR WISSEN
SCHAFT

Francke